Social Capital and
Rural Poverty Reduction
Theory and Evidence

 河南大学哲学社会科学优秀成果文库 / 展龙　主编

彭文慧——著

理论及证据

社会资本与农村减贫

社会科学文献出版社
SOCIAL SCIENCES ACADEMIC PRESS (CHINA)

本著作得到国家社会科学基金项目
"社会资本与农村减贫的理论及证据研究"
（16BJL111）的资助

总　序

　　"这是一个需要理论而且一定能够产生理论的时代，这是一个需要思想而且一定能够产生思想的时代。"当代中国广泛而深刻的社会变革、宏大而独特的实践创新，为哲学社会科学的理论探索、学术繁荣提供了强大动力和广阔空间，一些传统学科焕发新的活力、形成新的优势，一些具有重大现实意义的新兴学科和交叉学科日益勃兴，一些冷门"绝学"得以传承和发展。新时代加快构建中国特色哲学社会科学体系，就是要不断推进哲学社会科学的学科建设和学术创新，深入研究和回答重大理论与现实问题，推出一大批重要学术成果，努力构建中国特色哲学社会科学学科体系、学术体系和话语体系。

　　高校是思想最为活跃的地方。做好高校哲学社会科学工作，必须坚持马克思主义的指导地位，明确哲学社会科学的发展方向，解放思想，实事求是，以高度的政治责任感和历史使命感，自觉肩负起学习、研究和宣传习近平新时代中国特色社会主义思想的使命任务，从改革发展的伟大实践中挖掘新材料、发现新问题、提炼新观点、提出新概念、构建新理论；从当代中国的伟大创造中规划创作主题，捕捉创新灵感，深刻反映新时代的历史巨变，描绘新时代的精神图谱，努力做到立时代之潮头、发时代之先声，为树立中国形象、宣讲中国故事、传播中国声音做出高校哲学社会科学的应有贡献。

　　河南大学人文社科历史悠久，积淀丰厚。1912 年，以林伯襄为代表的河南仁人先贤，在欧风美雨和辛亥革命胜利的曙光中，创办了"河南留学欧美预备学校"。后经中州大学、国立第五中山大学、省立河南大学等阶段，1942 年改为国立河南大学，成为当时学术实力雄厚、享誉海内外的综合性大学，聚集了范文澜、冯友兰、董作宾、萧一山、罗章龙、郭绍虞、姜亮夫、嵇文甫、高亨、张邃青、朱芳圃、缪钺、蒙文通、赵纪彬、关梦觉、王毅斋、徐旭生、张长弓、罗廷光、毛礼锐、江绍原、杨亮功、余家菊、陈仲凡、杜元载、罗梦册、李秉德等著名学者，开辟了河南大学哲学、法学、文学、经济学、历史学、考古学、语言学、教育学、心理学等学科领域。新中国成立后，经院系调整，学校成为一所以文见长的师范院校，李嘉言、任访秋、于安澜、孙作云、孙海波、李白凤、高文、胡思庸、华仲彦、赵俪生、郭人民、张明旭、凌培炎、杨震华、沙瑞辰、胡雄定、王寿庭等前辈学者在此执教，马佩、朱绍侯、李润田、吴祖谋、周守正、王汉澜、黄魁吾、张振犁、王云海、周宝珠、张今、刘炳善、刘增杰、刘思谦等后进学者承续薪火，致力于政治经济学、逻辑哲学、古典文献学、中国近现代文学、先秦秦汉史、宋史、中国近现代史、英语语言文学、教育学原理、民俗文化、人文地理、法理学等研究领域。1984年，学校复名"河南大学"，自此步入了快速发展的时期。2008年以来，河南大学先后跻身省部共建高校和国家"双一流"建设高校行列，办学层次整体提升，文科特色更趋鲜明，逐渐形成王立群等古典文献学研究团队，关爱和等中国近现代文学研究团队，王蕴智等古文字研究团队，梁工等圣经文学研究团队，李伟昉等比较文学研究团队，李振宏等史学理论研究团队，李玉洁等先秦史研究团队，程民生等宋史研究团队，张宝明等中国近现代史研究团队，阎照祥等区域与国别史研究团队，吕世荣等马克思主义哲学研究团队，李小建等农区发展研究团队，耿明斋等区域经济研究团队，苗长虹等人文地理研究团队，李申申等教育史研究团队，刘志军等课程与教学论研究团队，张大新等地方戏剧研究团队，赵振乾等书法艺术研究团队，牛保义等英语语言文学研究团队，栗胜夫等武术文化研究团队，程遂营等文化旅游研究团队……一代代学人，以三尺讲台、一方天地，焚膏油以继晷，恒兀兀以穷年，于中原沃土、大河之南修文治学、口授心传，承续百年文脉，引领学林之先，探求民生大计，才夯实了河南大学哲学社会科学的学科基础，奠定了河南大学哲学社会科学的发展格局。

回首百年，河南大学作为中国近现代高等教育的先驱，始终坚持"植根中原文化沃土，打造区域人才高地"的办学目标，心系民族命运，心系国家发展，心系人民福祉，逐渐形成了"明德新民，止于至善""团结、勤奋、严谨、朴实"的校训校风，铸就了"坚持真理、追求进步，百折不挠、自强不息，兼容并包、海纳百川"的精神气质。五四运动中，冯友

兰、嵇文甫等创办的《心声》杂志，成为河南传播新思想、新文化的重要
阵地；抗日战争中，马可带领"怒吼歌咏队"深入农村宣传抗日；范文澜
的名言"板凳宁坐十年冷，文章不写半句空"，是河南大学"铁塔牌"品
格的最好注脚；嵇文甫总结的河南精神"明时务，达治体，文而不弱，武
而不暴，蹈厉奋进，竭忠尽智，扶危困，振贫民"被融入办学理念；邓拓
在河南大学读书期间，便写出了经典著作《中国救荒史》……河南大学先
辈学人以一片丹心碧血，负轭前行，臻于至善，用自己的生命和信仰书写
着向往真理、追求进步的不朽乐章，是拓植代代河大人恪守本心、守护初
心的宝贵精神财富。

　　近年来，河南大学紧紧围绕"双一流"建设目标和"黄河流域生态保
护与高质量发展"国家战略，继往开来，开拓创新，产出了一大批重要学
术成果，"河南大学哲学社会科学优秀成果文库"就是其中的优秀代表。
"文库"所录成果既有微观的实证探究，也有宏观的理论阐述；既有断代
的专题考索，也有通代的整体梳理；既有材料的细致解读，也有观点的深
入诠释；既有问题的调研分析，也有对策的实践总结。这些成果一定程度
上深化、细化、升华了相关问题的研究，代表着河南大学哲学社会科学研
究的新成就、新特点和新趋向，对于促进我校哲学社会科学的繁荣发展，
助推"双一流"建设事业，无疑具有十分重要的意义。

　　新时代开启新征程，河南大学哲学社会科学将行远自迩，踔厉奋发，
继续坚持求知笃学、求真拓新、求实致用的学术志趣，在正本清源、守正
创新中呈现新担当，在百花齐放、百家争鸣中展现新作为，努力将"河南
大学哲学社会科学优秀成果文库"打造成荟萃熠熠思想的人文精粹，展示
灼灼真知的学林渊范，切实肩负起繁荣发展哲学社会科学的历史使命，为
构建具有中国特色、体现时代特征的哲学社会科学体系做出更多、更大
贡献。

展　龙

2020 年 12 月 24 日

摘　要

　　贫困在世界上不均衡地蔓延，严重威胁着落后地区的经济发展。实际上，贫困绝不是收入比别人低多少那么简单，或者说观察收入或支出看到的只不过是贫困的表象。起初，由于计算简单且易于为大众所理解，贫困线在实践中被广泛应用，从而强化了人们从收入角度对贫困的认知和它在反贫困政策制定中的作用。后来的观点认为，单纯强调收入和消费导致贫困线的外生给定，在资源有限的条件下会误导政府的反贫困政策，政府为实现政治目标倾向于补贴那些离贫困线最近的穷人，而非那些处于贫困最底层的人，从而带来发展的危害性。按照贫困的代际传递理论，贫困是自我维持的文化体系表现，它落后保守并在代际传递，渗透于穷人的社会参与、经济生活、家庭关系和社区环境之中。如果人们能够从所在的社会网络、信任及社团等社会互动中获取社会资源，那么他们不但能够获得自身创造收入的能力和机会，甚至可能在某种程度上降低社会排斥的程度，这正符合社会资本理论的思想。社会资本是一种存在于民众个人间交往关系中的经济资源，是一种社会网络以及由这种社会网络产生的相互信任与互惠模式，诸如信任、规范以及网络，它们能够通过促进合作来提高效率，特别是能够显著降低低收入群体的整体贫困程度，被称为"穷人的资本"。一些研究也发现，社会资本能够提供给贫困群体的非正式保险机制，缓解了外部对家庭成员的负面冲击，同时它能够有效地促进农村劳动力的流动，增加农民工的就业和收入。

　　可见，从社会资本的角度研究农村贫困的性质，并探讨农村贫困的决定因素具有重要意义。社会资本的概念与内涵经过近十几年的发展，已经在学术界达成共识，但对社会资本的度量仍然存在诸多困难。一些学者根据社会资本概念的要点进行了一些单一指标的衡量，如以献血率、慈善或各地区的社会信任作为社会资本的度量，从而可能从一些职能部门的记录和公开的数据角度对社会资本进行考察。但更多的则需要进行实地调查，这就涉及指标体系设计和数据处理问题。本书借鉴世界银行的社会资本指标体系，根据我国的现实情况对它进行了微调，并依托河南大学经济学院、河南大学新型城镇化与中原经济区建设河南省协同创新中心、河南大学黄河文明与可持续发展中心"百县千村"农村定点调查项目所形成的农村家庭数据库展开研究。书中的主体章节即依托该数据库基于不同视角进行的专题研究。

第二章：社会资本、财政支农与农村减贫。以各地区贫困发生率下降幅度为被解释变量，以各地区慈善发展指数衡量社会资本，并以财政支农为核心解释变量，基于 2000 ~ 2017 年我国 30 个省区市的数据，研究社会资本、财政支农的减贫效应。结果显示，财政支农资金在我国的农村减贫事业中发挥了重要的作用，但在不同地区减贫效应存在差异，中西部地区的减贫效应要强于东部地区。而社会资本体现了与财政支农同向的效应，总体上显著减少了各地区的贫困，而且在经济发展水平较低的中西部地区效应更突出，从而表明了社会资本对贫困人口的作用。进一步，社会资本对农村减贫兼具直接和间接效应，丰富的社会资本利于促进财政支农资金发挥作用从而促进农村发展和农民增收，并体现为农村贫困的减少。

第三章：社会资本、劳动力转移与农村减贫。农村贫困家庭高度依赖传统农业经营，而劳动力转移则是有效提高农村家庭收入进而实现农村减贫的重要途径。基于河南省 1054 户农村家庭的调查数据，证实了社会资本对劳动力转移具有促进作用，并能通过促进劳动力转移带来农民增收和减贫效应。通过对不同类型农村家庭的考察发现，社会资本促进贫困家庭劳动力转移的效果要好于非贫困家庭；分类考察也发现，贫困家庭的社会组织参与率极低，团体型社会资本极少。其政策含义是，针对贫困家庭偏重农业经营的现状，应有倾向性地发展劳动力转移的培训和组织，推动劳动力转移以实现贫困家庭增收减贫。

第四章：社会资本、公共品供给与农村减贫。大量文献讨论了由于缺乏公共品而导致的农村贫困问题，因此有效地进行农村公共品供给，以及促进农村公共品的高效率利用在农村减贫中具有重要意义。利用河南省农村调查微观数据对农村社会资本、公共品供给有关变量进行量化实证分析。研究结果表明，社会资本具有公共品性质，能够在贫困地区起到公共品替代作用以实现农村减贫。进一步，通过设定不同类型地区展开研究发现，贫困地区（国家级贫困县）的家庭层面社会网络具有较强的资源俘获效应，而非贫困地区的村庄层面社会信任更多地发挥了制度完善效应，表明在不同类型地区起公共品替代作用的社会资本存在差异，但均起到了增加农村公共品有效供给的作用。另外的研究发现，农户所在村庄的政治资本对减贫具有正向作用，在农村公共品主要由基层政府提供的当下，这进一步验证了社会资本对农村公共品供给的促进机制。

第五章：社会资本、农村借贷与农村减贫。农村贫困的一个重要原因是没有可以利用的有效的金融市场，农村的非正式金融体系发育很不完善，而正式金融体系又很难为农民提供必要的金融服务，因此研究农村借贷对于了解农民增收和农村减贫的机制和效果是重要的一个方面。利用河南省农村家庭微观数据，实证研究社会资本对农村借贷的影响及减贫效应。结果表明，社会资本作为一种非正式关系，扮演着道德抵押物的角色，能够有效地促进农村借贷的增加；并通过农村借贷的中介效应，进一步提升农村家庭的收入水平，减少农村贫困。

第六章：社会资本、多维贫困与农村减贫。以河南省农村定点调查数据为基础，从收入、教育、健康、生活水平 4 个维度，运用 A-F 方法，采用等权重计算的形式，对农户的多维贫困进行识别，并进行多维贫困指数计算，以判断多维贫困在我国农村的发生率。研究表明，社会资本显著降低了农户发生多维贫困的概率，并对农户多维贫困起到减轻的作用。但不同维度的社会资本在农村多维贫困减轻中的作用并不相同，信任、信息与交流等社会资本对农村多维贫困的减轻作用比较显著，而赋权和政治行动、社会凝聚力等社会资本的作用较小，体现出信任在传统社会中仍然发挥着较大作用。

第七章：社会资本、贫困代际传递与农村减贫。如果没有外部力量打破贫困的内部循环，由于农村家庭具有大致相同的条件和致贫因素，贫困代际传递很难被阻断。基于河南省一个镇的 600 个农村家庭的调查分析，证实了上述结论。通过关注社会资本对贫困代际传递的影响，验证了农村家庭父辈与子辈之间在多项社会资本指标中存在显著的相关关系。进一步，通过研究父辈社会资本与子辈外出务工、收入增长和公共事务参与等的相关关系发现，父辈社会资本对子辈收入增长和脱贫的作用具有代际传递效应，即社会资本的减贫效应能够通过代际传递弱化农村家庭贫困的代际传递效应，进一步证实了社会资本在农村减贫中的作用。

第八章：社会资本的差异分配与农村减贫。运用世界银行的社会资本指标体系，基于山东、河南和陕西三省461个农村家庭的调查数据，分析了农村家庭社会资本的结构和性质，得到一系列结果。其一，社会资本在不同收入农村家庭间的分配存在明显差异，不论是在社会资本6个大类的标准化指标还是在各大类中的核心指标上，贫困家庭的社会资本水平均明显低于非贫困家庭。其二，社会资本对贫困家庭的作用要优于非贫困家庭。社会资本是一种关系型资本，蕴含着可利用的资源，贫困家庭的社会资本水平虽然低于非贫困家庭，但由于他们在其他方面可利用的资源更少，从而显示出社会资本在贫困家庭收入中的比较优势。其三，贫困家庭主要依赖传统的农业经营，行为方式也更加具有传统农耕体系下的特征，对现代社会经济的认知程度较低，从而约束了自身获得资源的能力和机会。以上结论带来的启示为：营建培育社会资本的良好社会环境，投资社会资本以增强和增加农村家庭获得资源的能力和机会；转变以家庭为经营主体的传统农业发展方式，引进农业生产的企业化主体，以使农民能够借助现代市场来优化配置资源，从而从根本上获得摆脱贫困的能力。

书中的结论体现了如下五个方面的观点和思想。第一，以能力提高为核心的农村减贫依赖于市场化进程中社会资本的作用发挥。作为非正式制度，社会资本在传统社会中起到弥补正式制度不足的作用，但在正式制度日益完善的过程中，则应强调社会资本与市场机制的互补性。第二，在自由市场条件下，社会网络中的资源结构以及人们获得这种资源的能力共同构成了农村减贫的初始动力，并进一步决定经济社会发展的趋向。当市场发挥作用时，资源为寻求最大化价值而会改变自己在社会网络中的位置，这种既有结构的解构与重构过程蕴含着新的收益，家庭为获取这种潜在收益而在市场引导下改变行为模式以适应这种转变，这种经济社会发展趋向提供了减贫的重要机会。第三，农村贫困是暂时的，贫困反映了制度结构中的非均衡性，长期来看应该重视制度建设。中国长期的反贫困政策表明，局部和短期的贫困问题是易于解决的，但整体和长期的贫困依赖于制度的完善。第四，农村贫困既体现了经济社会发展中的结构刚性，也体现了不同维度社会资本作用的结果。如果资源能够自由流动以实现最大化价值，人群也能够自由转移以获取最大化收益，贫困问题就能够得到解决。第五，反贫困政策在一定时期对农村减贫具有决定性作用，但这一作用的长期效应取决于贫困群体的社会资本结构及其性质，政府的反贫困政策应着力于提高人的发展能力。目前来看，中国的反贫困政策虽然取得了瞩目的成效，但其长期效应还需要从人的发展能力角度证明。

目　录

第一章　导论

一　贫困的表象与性质

贫困在世界上不均衡地蔓延，严重威胁着落后地区的经济发展。由于贫困线是外生给定的，所以对于贫困问题的解决思路一直以来都存在争议。一种具有代表性的观点认为援助是解决贫困的有效方式，如萨克斯（Sachs，2005）认为，如果富国在 2005~2025 年每年拿出 1950 亿美元的资金来援助穷国，那么贫困问题到 2025 年末便可完全得到解决；世界银行（World Bank，1990）也认为，仅需要将发展中国家总消费的 3% 向贫困人口进行转移支付，就足以使他们摆脱贫困。但另外的观点则认为，援助对于解决贫困问题而言弊大于利，因为援助使人们不再积极寻找自己摆脱贫困的方法（Easterly，2006）；对于贫困人群而言，只要有自由市场和合适的激励机制，人们就能够找到解决自身贫困问题的途径（Moyo，2009）。现实似乎印证了第二种论断，作为世界上最贫困的地区，非洲获得了国际金融机构和联合国提供的援助的 45%，结果是贫困人口在 1996~2005 年从 59% 减少到 51%，但由于人口增长过快，绝对贫困人口从 1981 年到 2005 年反而增长了近一倍，进一步加大了反贫困的压力。在中国，随着扶贫开发战略的推行和实施，消除贫困取得了巨大的成功，参照国际贫困标准测算我国的贫困人口累计减少了 6.6 亿，但贫困问题依然严峻，特别是农村贫困问题较为突出。这些现象对制定反贫困政策提出了较大挑战。

贫困反映了我们对社会中底层群体的绝对生活水平的关注，但用什么方法来衡量生活水平从而来度量贫困呢？多数时候我们是以一条以消费为基础的贫困线来认定的，这条贫困线一般来说包含两个基础：一是可以用来满足最低标准的营养需要和其他基本必需品支出；另一个是体现国家间参与社会日常生活成本差异性的额外支出。显然，如何度量贫困是一个重要的理论问题，一种简单的方法是给出一条关于收入的准线，在这一准线之下就为贫困。世界银行在《1990 年世界发展报告》中对贫困进行的定义强调了生活水平，即年人均消费支出 275 美元为赤贫线，370 美元为贫困线。如果以此为单一的贫困线标准，则年人均消费支出 370 美元大概相当于每人每天 1 美元，这是基于 1985 年购买力平价的国际通行贫困线。如果按照世界银行的这一标准来统计，1985 年发展中国家有 11.15 亿人处于贫困状态，占全部人口的 1/3，有 6.3 亿人处于绝对贫困状态，占 18%。

2005 年，世界银行进行了一轮大规模的国际可比价的数据收集，上调贫困线为每人每天 1.25 美元，这一标准主要依据最贫穷的 15 个国家的贫困线的平均值，并根据购买力平价进行了调整。此后的每一次贫困线调整均主要依据购买力平价进行。10 年后把贫困线调整到 1.9 美元，随着贫困线的上调，贫困人口大幅减少，按照这一标准，2015 年全球贫困人口大约下降了 2 亿人，贫困人口占总人口的比重下降到 10% 以内。

我国自改革开放以来数次调整贫困线，1981 年首次确定，农业部确定的贫困线是人均集体收入 40 元，由于在当时的经济结构中农业占主导，人均 40 元也可换算成人均 150 公斤小麦或 200 公斤稻谷。到 1986 年国务院农村发展研究中心提出年人均 200 元的贫困线；20 世纪 90 年代初又把人均纯收入 300 元作为贫困县资格审查的最基本入选标准；2000 年又提高到 625 元，后又由于各种因素将贫困线修改为 668 元。这些标准显然与世界银行的人均每人每天 1 美元相去甚远；同时，我国强调贫困的收入度量，与世界银行强调的支出度量是不同的。

贫困一直困扰着发展中国家和地区，侵蚀了人们的大部分精力和时间，导致经济无法发展。就中国而言，改革开放以来共减少了 2.5 亿贫困人口，我国的扶贫减贫工作取得了巨大的成就；扶贫开发有力地促进了贫困地区的经济发展，改善了贫困地区群众的生产生活条件，但贫困问题依然严峻，从根本上解决贫困还存在诸多困难。从区域来看，贫困人口主要集中连片分布在 23 个省区市的 18 个连片贫困山区，这些农村地区的贫困情况虽然存在差异，但具有一些共同的特点。一是自然条件差，很多地区饱受干旱、风沙和雨雪等自然灾害侵扰，自然条件和农业生产条件均较差。二是社会发展程度低，交通不便，人们受教育水平低，人口增长快，特别是经济发展水平低，生产方式落后，粮食生产自供不够。对于这些处于贫困地区的人而言，摆脱贫困是困难的。

二 中国的扶贫与减贫

我国扶贫与减贫的着眼点首先在于城乡差异及其缩小，在改革开放之前，城乡之间存在巨大的鸿沟，主要有三个方面的表现。

一是收入差距。收入差距是城乡之间差距的主要方面，也是引起人们最多关注的问题，由此引发其他方面的一系列问题。据统计，在改革开放前的较长一段时间里，我国城乡收入之比基本上保持在 2.2：1 和 2.4：1 之间，由于我国农村人口比重大（1978 年我国总人口为 9.6 亿人，农村人口为 7.9 亿人，占比为 82%），城乡收入差距突出表现为超过 80% 的群体是贫穷的。在新中国成立初期的 1957~1959 年，城乡收入之比甚至接近 3：1（余攀，2010）。更为重要的是，城乡收入差距已经成为我国收入不平等中的突出部分，全国收入不平等的 40% 来源于城乡收入差距（Sicular，1989）。

二是工农差距。在改革开放以前，由于工业主要在城市发展，而农村则主要从事农业生产，工农差距和城乡差距具有一致性。一方面是工业劳动生产率较高而农业劳动生产率较低，另一方面则是从事工业的人员的工资水平远高于从业农业人员的收入水平：总体体现为城乡差距。在我国特定的历史条件下，由于产业间劳动生产率差距而导致的城乡差距或工农差距并不是最突出的方面，最令人诟病的是工农之间"剪刀差"的存在。特别是随时间推移，工业品价格高于其价值和农产品价格低于其价值均有扩大的趋势。"剪刀差"实际上是国家为了推进工业化而实施原始积累的手段，把农业剩余通过"剪刀差"的方式转移到工业。

三是社会发展差距。由于收入差距和工农差距，城乡社会发展差距是巨大的。可以认为，由于农村的主要产业是农业，而农业处于传统生产方式阶段，农村与城市存在阶段性差距。从农业的生产方式来看，传统农业以家庭为经营主体，同时家庭还是消费的主体，这导致家庭的生产决策总是与消费决策不可分，农村发展就很难在社会发展的统一架构下进行。特别是，由于国家处于经济发展的困难时期，无法在经济发展上全面推进，只能集中有限的资源发展工业，从而对农村农业发展投入极少，传统、落后、愚昧成为我国农村当时的真实写照。

城乡差距的根本原因在于城乡二元体制，核心在于城乡居民收入差距。根据国家统计局的数据，我国居民收入的基尼系数 2003 年为 0.479，在 2008 年达到 0.491 的高点之后开始下降，到 2014 年下降到 0.469。一般认为，0.4 是基尼系数的警戒线，超过这一数值就会因为过大的贫富差距而引发社会问题。在改革开放初期，我国居民收入的基尼系数在 0.3 左右，这一数据反映了我国城乡收入差距已经出现一系列引人深思的问题。

扶贫是解决农村贫困问题的政府思路，即对那些收入低于贫困线的人口进行援助，以最终帮助他们脱离贫困。新中国自成立伊始就采取多种形式的促进贫困地区发展的措施，如以工代赈等。但真正进行有组织的扶贫则是在 1978 年改革开放后，依靠国家和集体以及采用群众互助、分工负责、贫富互帮等办法，扶持贫困户发展生产和进行商品经济生产，以摆脱贫困，这一时期的扶贫主要是个体型。自 1983 年起进入地区型的扶贫阶段，国家开始投入力量对贫困地区实行经济开发，通过推进多种经营增强农村地区的自我发展能力，以使农村贫困人口摆脱贫困从而走上发家致富道路。

从扶贫手段来看，开发式扶贫相较之前的救济式扶贫有了很大的改进，以鼓励贫困者自力更生、奋斗致富为宗旨，主要针对具备劳动能力和劳动意愿却受外界条件限制而无法脱贫的人群。这种扶贫计划基于公平原则将扶贫资金分配给各贫困县，各县根据自身情况再按照效益原则来使用，如投入工业生产以转变经济结构，最终促进地方经济社会的整体发展。但从扶贫结果来看，对贫困地区人口生活状况的改善并不尽如人意。这样来看，基于国家战略或政策导向的扶贫存在两个方面的特点。一是以通过农村范围的内部发展来解决贫困问题为主，旨在提高贫困地区的工业化水平和投入水平，并没有有效地促进农村地区与外部区域之间的资源共享，贫困地区无法建立起与外部的相互联系和相互促进机制。二是从总体上促进贫困地区的经济发展和社会进步，而没有从家庭层面或个体层面实现贫困人群的脱贫和发展能力的提高。

三　社会资本与农村减贫

不平等和贫困并不是一个概念，但人们总是把不平等和贫困联系在一起，因为不平等加剧会导致减少贫困的宏观努力难以达到目标。经济不平等是这样一种情况，即允许一些人能够做出某些特定方面的选择，而另外的一些人却不能，不论是个人、国家还是社会层面的，这种差异导致了人与人之间的不平等。当然，贫困和富裕的比较体现了不平等，但不足以概括不平等，因为不平等可能是大家都富裕或者贫困，但富裕或贫困的程度不一样。当人无法摆脱贫困时，我们就需要关注贫困的程度、贫困产生的根源及治理贫困的办法。

贫困的本质是人们没有争取物质富裕最基本的机会，我们说最低限度能力的标准是"绝对的"，人被剥夺的事实是可以绝对地判断的，而且这也不仅仅是与社会上其他人被剥夺情况做一比较。如果一个人因为不能解决自己的饥饿问题而被视为贫困，那么这个贫困事实不会因为社会上还有很多其他人也处于饥饿状态而改变，关键是看他能不能生存下来。传统发展经济学最主要的缺陷在于：它们是以国家生产产品、总收入和特定产品的总供给为中心，而不是以对人们的"赋权"及人们产生的"能力"为中心。赋权是指有一个可供选择的产品集，而一个人在社会中可以掌控他拥有的选择权利与机会。

社会资本在减少贫困中发挥作用主要有三种途径。（1）社会资本显著提高了穷人的收入水平。Narayan 和 Pritchett（1999）对坦桑尼亚农村的研究表明，作为一种投入要素，穷人的社会资本会有较高的回报率。郭云南和姚洋（2013）指出社会网络促进了农村劳动力的流动，从而有力地增加了就业和收入。叶静怡和周晔馨（2010）进一步基于调查数据证实了社会资本利于提高农民工的工资水平。（2）社会资本能够为贫困群体提供非正式保险机制。保险机制缺失是贫困群体因病因灾致贫或返贫的重要原因，社会资本能够间接地将人们联系在一起并提供完全的保障。Coate 和 Ravallion（1993）最早从理论上研究了社会网络中的风险分担机制，这在 Bramoullé 和 Kranton（2007）的数理模型中得到了验证。Ambrus、Mobius 和 Szeidl（2010）则通过对秘鲁村庄的调查，发现了社会网络及其风险分担机制的存在。徐伟、章元和万广华（2011）通过对中国农村的调查发现，社会资本不但能够直接降低贫困程度，而且能够抵御家庭成员面对的负面冲击。世界银行（2000）由此得出结论，社会联系成为贫困者唯一的保障。（3）社会资本有效促进了贫困群体的公共品供给和技术采用。权利贫困理论强调了社会排斥对贫困群体的"侵削"，公共品匮乏严重约束了农民收入水平和消费水平的提高，使之落入长期贫困和贫困循环之中。社会资本是一种非正式制度，能够在贫困农村公共品供给中起到积极作用（Tsai，2007），包括提高公共品的投资水平（Munshi and Rosenzweig，2009）和提高公共品的供给效率（Xu and Yao，2009）。此外，技术采用和技术扩散在贫困地区也极大受益于社会资本的作用，对坦桑尼亚（Narayan and Pritchett，1999）和莫桑比克（Bandiera and Rasul，2006）的研究均发现了新技术采用和扩散对社会网络的依赖。

以上研究为人们提供了基于社会资本寻求消除贫困的理论基础，但仍有一些重要问题尚未得到解决。一是社会资本的异质性及其对减少农村贫困的作用程度。当前的研究倾向于使用相同的指标来度量不同群体的社会资本水平，当穷人能够获取和运用的社会资源少于富人时，会扩大收入差距（Lin，2001）。特别是，因为社会资本也需要投资，而穷人显然缺乏相应的投资能力，所以社会资本在减少绝对贫困的同时会拉大收入差距（Collier，2002）。这样来看，对于社会资本对不同类型的贫困的差异化作用，以及何种形式的社会资本在减贫中不起积极作用，还需深入探讨。二是社会资本减少贫困的理论建模及研究范式构建。现有文献主要开展基于调查的经验分析，在社会资本度量、社会资本变迁及其投资行为模型等层面尚缺乏系统化的理论研究，特别是社会资本与贫困之间的作用机制还需要进行理论探讨并进行模型化，以实现理论预测与实证分析的一致性。三是全球化和市场化进程中社会资本的减贫效应。社会资本能够有效地促进收入增长和抑制贫困，但有证据显示社会资本的作用随市场化的深入反而减弱（陆铭、张爽和佐藤宏，2010），一种猜测是随正式制度的完善和市场化的深入，社会资本的功能可能发生了改变（Stiglitz，2000），但原因仍没有得到回答。这说明对社会资本与减少贫困的因果机制还需要进行深入研究，并寻找市场化进程中政府反贫困政策的重点与方向。

四　研究设计与主要结论

　　社会资本的概念与内涵经过近十几年的发展，已经在学术界达成共识，但对社会资本的度量仍然存在诸多困难。一些学者根据社会资本概念的要点进行了一些单一指标的衡量，如以献血率、慈善或各地区的社会信任作为社会资本的度量，从而可能从一些职能部门的记录和公开的数据角度对社会资本进行考察。但更多的则需要进行实地调查，这就涉及指标体系设计和数据处理问题。本书借鉴世界银行的社会资本指标体系（Grootaert，Narayan and Jones et al.，1998），根据我国的现实情况对它进行了微调，并依托河南大学经济学院、河南大学新型城镇化与中原经济区建设河南省协同创新中心、河南大学黄河文明与可持续发展中心"百县千村"农村定点调查项目①所形成的农村家庭数据库展开研究。全书的主体章节即依托该数据库基于不同视角进行的专题研究。

　　本书以社会资本为视角和核心工具，从财政支农、劳动力转移、公共品供给、农村借贷、多维贫困和贫困代际传递等诸方面研究了农村减贫的机制和效应，把农村减贫看作作为非正式制度的社会资本在市场化进程中的作用结果。由于市场机制和社会资本在某种情形下具有替代性，在另外一些情形下又具有互补性，农村贫困的减少和消除就依赖于这两种制度的关系性质。社会资本蕴含着可获得的资源，农村家庭拥有的社会资本的维度和结构不但暗示着他们可获得资源的质和量，而且决定了他们获取资源的能力。投资于社会资本并拥有丰富的社会资本不但利于贫困群体脱贫，也利于收入差距的缩小。

　　书中的结论体现了如下五个方面的观点和思想。第一，以能力提高为核心的农村减贫依赖于市场化进程中社会资本的作用发挥。作为非正式制度，社会资本在传统社会中起到弥补正式制度不足的作用，但在正式制度日益完善的过程中，则应强调社会资本与市场机制的互补性。第二，在自由市场条件下，社会网络中的资源结构以及人们获得这种资源的能力共同

---

① 该调查涵盖河南省的 18 个地级市，涉及 122 个县（市、区）和 346 个村，从 2014 年起连年进行定点入户调查，因此所形成的农村家庭数据库较为全面完备。

构成了农村减贫的初始动力，并进一步决定经济社会发展的趋向。当市场发挥作用时，资源为寻求最大化价值而会改变自己在社会网络中的位置，这种既有结构的解构与重构过程蕴含着新的收益，家庭为获取这种潜在收益而在市场引导下改变行为模式以适应这种转变，这种经济社会发展趋向提供了减贫的重要机会。第三，农村贫困是暂时的，贫困反映了制度结构中的非均衡性，长期来看应该重视制度建设。中国长期的反贫困政策表明，局部和短期的贫困问题是易于解决的，但解决整体和长期的贫困依赖于制度的完善。第四，农村贫困既体现了经济社会发展中的结构刚性，也体现了不同维度社会资本作用的结果。如果资源能够自由流动以实现最大化价值，人群也能够自由转移以获取最大化收益，贫困问题就能够得到解决。第五，反贫困政策在一定时期对农村减贫具有决定性作用，但这一作用的长期效应取决于贫困群体的社会资本结构及其性质，政府的反贫困政策应着力于提高人的发展能力。目前来看，中国的反贫困政策虽然取得了瞩目的成效，但其长期效应还需要从人的发展能力角度证明。

第二章　社会资本、财政支农与农村减贫

一　研究背景与文献评述

（一）研究背景

从新中国成立以来的发展进程来看，政府在减贫中具有重要的地位。20世纪80年代，国家就开始有计划地进行扶贫开发，先后制定并实施了《国家八七扶贫攻坚计划》《中国农村扶贫开发纲要》等，而这些政策的实施是以有计划的财政资金为基础的。这种财政支持主要在于两个方面。一是财政专项扶贫资金。目前已经形成综合性扶贫政策体系，中央财政和地方财政均加大了对扶贫开发的支持力度，包括向农村贫困地区和贫困人口倾斜，加大对贫困地区的一般性转移支付力度。同时，中央财政还对国家扶贫开发工作重点县及连片特困地区一般预算进行补助和返还，以增强贫困地区的财力保障能力。根据《中国农村扶贫开发纲要（2011～2020年）》，"十二五"期间，中央财政支出的财政专项扶贫资金超过2001～2010年的1440.34亿元（胡静林，2016），从而成为我国扶贫开发中的重要支撑。二是财政支农资金。由于我国的贫困主要是农村贫困，而农村发展是一个综合的过程，财政支农资金的运用在农村扶贫减贫中就发挥了重要的作用。在财政支农的研究中，一般是把国家财政用于农业的总支出作为考察对象，所以广义的财政支农资金与财政专项扶贫资金有部分的重合。从财政统计角度而言，财政支农资金在2008年以前主要包括支农支出、农业基本建设支出、农业科技三项费用和农村救济费，到2008年这一统计口径发生了较大的改变，综合成农林水支出一项，包括农业、林业、水利、农村扶贫、农业综合开发和农业综合改革等支出。

由于贫困的成因具有复杂性，所以解决贫困问题的手段趋于多样化。而财政是一个具有综合性的减贫手段，财政政策是国家实现宏观经济调控的主要手段。国家通过财政政策有效地调节资源配置，促进经济社会发展，所以早期人们认为减贫不是财政的直接目标。近年来，财政在减贫中的重要性得到了足够的重视，特别是财政在支农方面发挥了越来越重要的作用。这背后是财政支农力度的不断加大和财政支农体系的不断完善。2017 年，全国农林水支出为 19088.99 亿元，占一般公共预算支出的 9.39%，而 2008 年全国农林水支出为 4544.01 亿元，占一般公共预算支出的 7.11%：不但规模快速增长，而且占比趋于增长。财政支农在农村减贫中发挥重要作用，不但由于财政的直接支出促进农业增长、农民增收而实现减贫，也经由推动农村基础设施建设推进农村发展而实现减贫。本章在讨论财政支农促进农民收入增长从而促进农村减贫理论和机制的基础上，运用 2000～2017 年的数据探讨财政减贫的效果和机制。

（二）文献评述

1. 财政支农与农民增收

在国家财政支农资金逐年增加的背景下，农民收入逐年增长。由于财政支农与农民收入增长之间存在直接的关系，同时财政支农通过农村农业发展间接对农民收入增长发挥作用，特别是农民工收入增长是财政支农的一个重要目标，大量文献聚焦于这一方面进行深入研究和探讨。但文献的研究结论并不一致，一些文献的研究结论支持了财政支农的积极效应。如罗东和矫健（2014）通过运用 2007～2012 年的数据分析财政支农与农民收入的关系发现，财政支农对农民收入有显著的影响；在 2007 年以前，农业基本建设支出与农民收入之间的关系不显著；其余支出项目与农民收入均存在显著的正相关关系。特别是，四项支出资金是以现金形式发放的，它们实际上已经转变成为农民的转移性收入。黄寿峰（2016）则基于 1997～2013 年我国 30 个省区市的数据，应用空间面板分位数回归的方法，考察了财政支农与农民收入之间的关系。张强和张映芹（2015）以陕西省为例，综合多项影响因子进行了实证研究，结论是财政支农对农民收入的影响是最重要的。陈鹏和李建贵（2018）的研究则表明，财政支农资金的增收效应主要体现在对贫困人口方面，地区发展水平越是落后，社会性支农资金的减贫效应越是明显。

但也有另外的观点认为财政支农与农民收入之间不存在必然的正向关系。如崔姹、孙文生和李建平（2011）的研究显示，农业借款和财政支农与农民收入之间存在长期的稳定关系，但对农民增收的作用不大；汪海洋、孟全省和亓红帅等（2014）在运用 1978～2010 年的财政支农数据，分析我国财政各类支出与农民收入的关系后发现，各项财政支农支出在促进农民收入增长中的贡献度和影响力有显著差异，且存在一定的时滞，财政支农支出占比最高但对农民收入的贡献最少。其他的研究如李燕凌和欧阳万福（2011）利用县乡政府 2004～2006 年的混合数据，在县级层面进行了研究，发现县乡政府财政支农对农民收入的影响不显著，效率不高。

2. 财政支农与农业增长

财政支农对农业增长的作用显而易见。从发达国家的经验来看，对农业的投入与农业增长之间具有强烈的正向关系，在美国等农业发达国家，政府为农业提供的财政支持相当于农业增加值的 25% 左右，在日本、以色列这样的耕地面积较小的国家，财政支农资金更多，相当于农业增加值的 45%～95%。关于农业增长的文献主要集中在制度、金融等领域，但财政支农与农业增长的研究较为繁荣。辛冲冲和陈志勇（2017）将财政支农对农业增长的效应分解为活动效应、结构效应和效率效应，在应用 31 个省份的数据实证研究后发现，财政支农支出对农业增长的活动效应贡献最大，而其余两个效应则不明显，效率效应甚至存在负影响，这表明我国财政支农的规模和结构均存在一定的调整空间。朱万里和胡瑜杰（2019）则从农业技术创新角度进行了研究，发现财政支农对农业增长具有区域性特征，即优化发展区域影响效应较大，而控制发展区域影响较小。彭志敏（2018）在研究了山西省的数据后发现，不同层级政府的财政支农资金对农民收入增长的效应存在差异，基层政府财政支农的影响要大一些。

3. 财政支农资金使用效率

2004 年以来，国家出台的中央一号文件均指向农业，对农业的财政支持力度不断加大，表现在支出总量稳步上升、投资结构不断优化、资金管理逐步加强等方面，但资金使用的效率一直受到学术界的重视。王银梅和刘丹丹（2015）实证测度了我国财政支农资金的使用效率，结果表明三项支出资金在投入上都有所过度和浪费，支持农业生产支出和各项事业费支出无效率的资金最多，农村社会事业发展支出的资金使用效率也比较低。究其原因在于支农资金规模仍然偏小，而且结构上不合理。从文献来看，财政支农资金的使用效率一般从多个方面来探讨，包括规模效率、结构效率。李祥云（2010）运用 DEA 方法对我国 2007～2008 年的财政支农进行了绩效评价，发现我国的财政支农投入绩效不高，而且存在区域差异，西部地区最低。邓菊秋、王祯敏和尹志飞（2018）系统回顾了我国改革开放以来财政支农政策从多取少予到多予少取再到只予不取的转变，评价了财政支农体系的结构和性质，认为财政支农虽然从总体上促进了农村基础设施建设和社会事业发展，增加了农民收入，但仍然存在缺乏长远规划、目标不清晰、资金使用绩效差等问题。大量的文献是从区域的角度来讨论财政支农资金使用效率的。如张建国和郭平（2018）研究了广西财政支农的效率问题，发现广西农业生产进入平稳阶段，财政支农规模偏低，财政支农效率有限，财政支农的生产性特征偏离农业需求实际；高群和华晓月（2018）则研究了江西的财政支农效率，认为总体上看江西省的财政支农效率较高，但存在波动态势，省内各地区之间存在差距。

4. 财政支农的理论基础

公共选择理论是形成于 20 世纪 50～60 年代的一种新兴理论。它以微观经济理论的基本假设为前提，并将微观经济的理论和方法作为分析工具，讨论为人们提供、分配公共品的行为与过程，目的是实现社会效用的最大化。由于主要研究政治市场上的主体行为，是介于经济学和政治学之间的新兴交叉学科（王爱琴，2014）。

公共选择理论的理论渊源是亚当·斯密的自由经济思想。在亚当·斯密的理论体系里，经济自发秩序是政治经济学唯一的确切原理，要使市场运行并保持人们的自由和福利，就要保证市场交易的自由和有效。其后，威克赛尔提出市场经济中个人的有限理性、个人主义的方法以及经济发展的政治与社会作用，这也被认为是现代公共选择理论的三大基石。此外，意大利的公债理论和国家学说对公共选择理论的形成也具有重要的影响。相关学派运用古典边际价值论的分析模式来研究公共行为的结构，认为当时意大利的民主秩序存在缺陷，应该由一个小的集团来代表集体进行选择。投票机制及对它的阐释开始产生重要作用，布莱克认为，如果参与人的偏好均是单峰值的，则简单多数规则可产生唯一均衡解，从而解释了公共物品选择中的中间投票偏好规则，这就形成了对公共选择理论具有重要基础作用的中间投票人定理。后来，阿罗在《社会选择与个人价值》中提出阿罗不可能定理。这一定理的含义是由于每个人的利益需求偏好存在差异，所以就很难运用同一标准来定义社会需求偏好，其意义是个人偏好不可能表达社会偏好。这些观点和结论对布坎南的公共选择观点的形成产生了深远的影响，他提出了人们能够从交换中获得各自利益的观点，从而形成了系统的公共选择理论观点。

公共选择理论的基本观点是，简单多数规则存在内在缺陷，导致政府开支的无限扩张，既对政府的办事效率无益，也无法保障人民的利益。这为理解经济运行中政府行为及政府行政范围和方法提供了工具，但公共选择理论也存在一些缺陷。一是个体和整体的关系，公共选择理论认为个体是整体的组成部分，个体行为是整体行为的前提。实际上，个体目标与整体目标往往不一致，基于个体行为分析的利益集团的行为结果存在一定的偏差。二是对经济人假设的分歧，经济人假设不适合用于解释政治行为方面的问题。政治活动与经济活动密不可分，但二者存在较大差异，经济活动的最终目标在于个体福利，而政治活动的最终目标在于社会整体进步，两个领域的参与人群和行为规则也不相同，基于经济人的假设无法有效解释。更进一步，经济人假设所强调的利己主义与利他主义的交织，导致在公共选择理论中过于放大利己主义及其作用。公共选择理论在经济学基础假设之上，试图应用经济学的理论和方法来解释政治行为，并基于政府的经济手段来实现社会目标，具有一定的借鉴价值。

5. 社会资本与财政支农效率

财政支农在不同地区和不同时期的效率差异引发了人们的思考，财政支农作为财政投入，本身存在增长效应，对农村减贫发挥作用，但更重要的层面是，财政支农形成的基础设施会通过农村的非正式制度发挥作用。陈鹏和李建贵（2018）的研究认为，社会性的财政支农资金发挥作用具有地区性的差别，越是贫穷的地区其效应越突出，而在经济相对发达的地区，这一效应反而不明显。孙泽宇和齐保垒（2020）的研究则关注了企业的创新层面，即信任环境通过增强经济主体的创新意愿来实现绩效提升，由于社会信任对创新的激励作用与企业的发展阶段有关，在不同地区财政支出通过企业发展发挥作用会受到信任环境的影响，这从另一个侧面表达了此类结果。另外，一些文献在梳理我国财政支农政策演变的经验和做法时发现，制度完善的过程也是财政支农效应逐步变化的过程。近年来，农村公益事业越来越在财政支农的框架里得到重视，在一定层面，公益事业的环境体现了社会资本的发育水平（漆学科，2017）。钟成林和巢文（2013）通过对 1995～2011 年我国农村教育和财政支农的投资效果的研究发现，财政支农发挥作用具有直接作用和间接作用两个层面，财政支农在长期内发挥作用在于农村受教育水平的提高，以及农村非正式制度的完善。张红丽和孙明雪（2018）使用我国 31 个省区市 1997～2016 年的数据，在研究了财政支农的门槛效应后发现，财政支农的作用受社会资本的门槛效应限制，在社会资本水平较低的时期，财政支农的效应比较不突出，而在社会资本水平达到某一门槛值后，财政支农对农村的减贫效应比较明显。这些都表明，研究财政支农的减贫效应，需要关注社会资本的作用。

二 财政支农的发展及特征

（一）财政支农的发展历程

我国财政支农政策的演变过程与社会主义经济体制的发展过程一致，经历了几个重要的转变，不同阶段我国财政支农的性质和结构均不同。

计划经济体制时期的多取少予财政支农政策。这一时期，为尽快摆脱一穷二白的落后状态，国家实施重工业优先发展战略，并通过高度集中的计划经济体制来提供保障。为筹措推进重工业发展的资金，不但不能对农业进行投入，还需要依赖农业为工业化提供积累，以工农"剪刀差"的形式转移农业剩余。截至 1978 年，通过"剪刀差"转移的农业剩余估算为 3375.6 亿元（李溦，1993），而 1952～1990 年，通过"剪刀差"转移的农业剩余估算为 8708 亿元，平均每年 223 亿元（冯海发和李溦，1993）。即使如此，在计划经济体制时期，国家在农业发展方面也有大量的财政支持，包括农田水利建设、农业生产条件改善、农业生产发展等方面。总体上看，这一时期的财政支农主要在于兴建农业发展基础设施，在教育文化卫生等方面投入不足。

改革开放到分税制改革时期财政支农力度也较小。由于这一时期国家财政收入和支出处于转折时期，国家资金规模小，而地方更多地关注工业化和城镇化发展，对农业支持较少。财政支农主要是实行农业生产资料补贴政策、对农民实行增产不增税的轻税政策、建立对地方财政支农的激励机制等。另外，在价格改革后，农产品价格快速上升，而对城市居民的农产品价格变动较小，由此产生的价格倒挂由财政补贴，从而也形成一定意义上的支农效应。

分税制改革后（至 2003 年）的支农政策调整。财政支农资金的规模和管理机制发生了重大调整，加上国家对"三农"问题的重视，财政支农资金进入快速增长期。财政支农也由过去的直接支持农产品生产经营转向支持农业生产和农业市场体系建设，开展农村税费改革试点，多予少取方针在这一时期得到了体现。

2004 年以来为统筹城乡发展战略时期。随着财政支农政策的重大转变，国家出台了大量的惠农富农政策。这一时期财政支农的方向转变体现为由原来的少予多取转变为多予少取及多予不取。更重要的是，这一时期的财政支农由原来强调的农业生产领域向农民整体素质提高方向转变，在教育、环境和发展条件的改善等方面投入成为重点。特别是，从 2004 年起，中央一号文件连续 16 年聚焦"三农"问题，从而也引导财政支农向"三农"综合发展方向转变，从农业税费减免、农业多层面补贴到对农业科技的投入等支农政策和措施不断发布和逐步全面化。

（二）财政支农的体制特征

我国财政支农最明显的体制特征就是自上而下，由政府制定支农政策，依据支农政策进行财政投入。在这一体系中，政府主导，由政府在整个财政支农体系中居于中间地位，负责财政政策的制定和实施，分配财政支农资金，设计财政支农渠道和机制，组织财政支农实施的各项过程，并为财政支农的项目运行提供保障。这种自上而下的体制特征既体现了财政体制本身的性质，也体现了财政支农的权威性和保障性，使它能够高效地推进和实施，但在一些时期会脱离经济发展的现实。

财政支农的另外一个显著特征就是分级特征。对"三农"投入的领域非常复杂，和我国财政体制一致，财政支农也具有财政分级特征，中央政府承担财政支农的主要资金来源，地方政府根据不同类别支出部分的配套资金。

这种分级财政支出体现了国家预算体制的内容，也为财政支农的管理运行提供了保障。2004 年以来，我国在财政支农体系中提出了一些明确的规定和制度。如 2005 年提出新增财政支出和固定资产投资要向"三农"倾斜，并通过立法的手段落实相关资金增速高于上年的硬性要求，即国家财政支农资金增量要比上年大，固定资产投资用于农村和政府土地出让金用于农村建设的要比上年多。2006 年则提出把新增的耕地占用税收入增长部分用于农村建设。不但体现了分级特征，也体现了分级财政中的统筹兼顾特征。

财政支农的第三个特征是多方联动。虽然目前我国根据基于财政体制设定的职能部门来对财政支农资金进行管理和安排，但由于财政支农资金的规模越来越大和分类越来越复杂，所以涉及多部门联动。从财政支农的发展方向来看，主要是以投入增长为核心，依托税费减免和税费改革减轻农民负担，全方位地实施农业生产补贴政策。同时，对国家和地方的支农资金进行分块管理。如农业主管部门以管理农业基本建设支出为主，科技部门以管理农业科技费用为主，农业主管部门和财政部门共同负责农业综合开发资金的使用。

（三） 财政支农的数量特征

1. 财政支农的规模

2007 年以来，国家财政支出项目发生了调整，其中财政支农项目由原来的支农支出、农业基本建设支出、农业科技三项费用和农村救济费综合成农林水支出一项。1978～2006 年近 30 年间，财政支农资金一直呈上升趋势，从 1978 年的 150.66 亿元增长到 2006 年的 3172.97 亿元，绝对规模增长 20 倍多。但从财政支农资金占财政支出的比重来看，呈下降趋势（见图 2-1），从 1978 年的 13.42% 逐步下降到 2006 年的 7.85%。2007 年起，国家财政的农林水支出规模是 3404.7 亿元，到 2018 年增长到 21085.59 亿元，11 年增长 5.19 倍，在财政支出中所占的比重由 6.83% 增长到 9.55%。总体来看，改革开放以来，我国财政支农占比以 2007 年统计口径变化为界，前期在总体下降趋势中波动明显，后期则呈现稳定上升趋势。

2. 财政支农与相关财政支出的比较

从财政支出的横向比较来看，改革开放以来我国财政支出项目在不同年份有多次调整，但最大的一次调整是在 2007 年，这导致前后数据不可

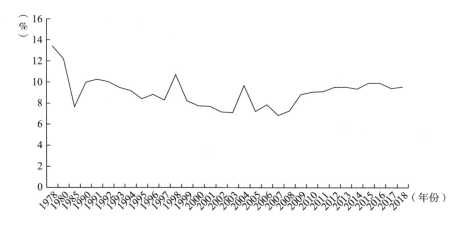

图 2-1 财政支农占比

数据来源：据相关年份《中国统计年鉴》相关数据计算。

比，即使这样，也能够观察到一些结构的变动及其趋势。以与科技支出占比和行政管理支出占比的比较为例，2007 年以前，财政支农占比呈小幅下降并波动趋势，在此期间，科技支出占比则呈稳定趋势，1978 年科技支出占比为 4.71%，到 2006 年为 4.17%，变化幅度不大。但行政管理支出占比则呈快速增长趋势，1978～2006 年从 4.37% 增长到 13.95%，增幅最大。2007 年以来，科技支出占比仍然呈稳定趋势，最高水平是 2010 年的 4.67%，最低水平为 2015 年的 3.33%。然而，行政管理支出占比呈大幅下降趋势，从 2007 年的 17.10% 下降到 2018 年的 8.32%，即使这样，行政管理支出占比仍然居于高位（见图 2-2）。

3. 财政支农与农业发展比较

财政支农的目的是推进农业发展和农民增收，并最终推进经济社会的现代转型，因此观察财政支农的发展进程，以及这一进程中的粮食增长和农业发展、农民收入等层面的结构具有重要意义。伴随着财政支农的快速增长，农业总产值增长迅速，从 1999 年的 24519.1 亿元增长到 2018 年的 113579.5 亿元，20 年间增长 3.6 倍。如果以财政支农与农业总产值的比率来粗略度量随财政支农增长的农业增长，则从 1999 年的 0.0442 增长到 2018 年的 0.1856，呈上升趋势（见图 2-3）。而代表农业机械化发展水平的农业机械总动力，1999 年为 48996.12 万千瓦，到 2018 年增长到 100271.34 万千瓦，增长 1.05 倍，以财政支农与农业机械总动力的比率来考察财政支农对农

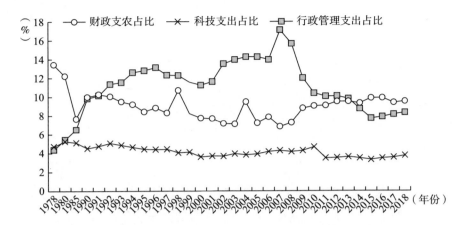

图 2-2　财政支农占比与科技支出占比、行政管理支出占比比较

数据来源：根据相关年份《中国统计年鉴》数据计算。

业机械化的推动，20 年来的作用增强趋势亦显突出。

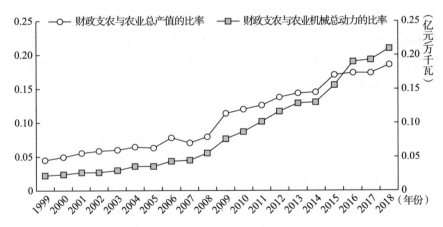

图 2-3　财政支农与农业增长

数据来源：根据相关年份《中国统计年鉴》数据计算。

三　社会资本、财政支农与农村减贫的实证分析

（一）模型与数据

1. 理论模型

根据高远东、温涛和王小华（2013）的研究，借鉴 Ravallion 和 Chen

（1997）关于地区贫困与经济增长的关系式构建以下模型：

$$\ln PI_{it} = \alpha_i + \beta \ln Y_{it} + \gamma_t + \varepsilon_{it} \quad (i = 1,2,\cdots,N, t = 1,2,\cdots,T) \tag{2-1}$$

其中，PI_{it} 表示农村减贫，α_i 反映地区差异，β 是减贫的经济增长弹性，Y_{it} 是地区生产总值，γ_t 反映时间差异，ε_{it} 为随机误差项。不失一般性，如将地区生产总值 Y_{it} 扩展为柯布－道格拉斯型，则有：

$$Y_{it} = A_{it} K_{it}^{\beta_1} L_{it}^{\beta_2} S_{it}^{\beta_3} \tag{2-2}$$

其中，K_{it} 表示农村地区的（物质）资本，L_{it} 则表示农村地区的劳动，S_{it} 表示农村地区的社会资本。

农村地区的资本包括三部分来源，其一为财政政策投入，即财政支农资金（CZ），其二为金融政策引导的资金流入（JZ），其三为农户投入的资本（ZZ）。则有：

$$K_{it} = (E_1 CZ)^{\gamma_1} (E_2 JZ)^{\gamma_2} (E_3 ZZ)^{\gamma_3} \tag{2-3}$$

其中，E_i 对应各资本的投资转化率。将式（2-2）和式（2-3）代入式（2-1）并简化可得：

$$\ln PI_{it} = C + \omega_1 \ln CZ_{it} + \omega_2 \ln JZ_{it} + \omega_3 \ln ZZ_{it} + \omega_4 \ln L_{it} +$$
$$\omega_5 \ln S_{it} + \omega_6 \ln CON_{it} + \varepsilon_{it} \tag{2-4}$$

式（2-4）为本章讨论财政支农减贫效应的基本模型，CON 代表控制变量。

2. 变量选取与数据来源

本章以 2000～2017 年我国 30 个省区市作为研究样本[①]，以考察财政支农的减贫效应，实证研究所涉及的变量及相关数据说明如下。

（1）农村减贫（PI）。农村贫困常用的替代指标是贫困发生率，即贫困人口在总人口中的比重，本章用当年贫困发生率相对于基年的下降幅度来表示农村减贫，即 PI = 2000 年贫困发生率 – 当年贫困发生率。

（2）财政支农（CZ）。财政支农是本章的核心解释变量，以各地区财政支农资金为代理变量，即财政支出中的农林水支出。

---

① 由于数据所限，未包括香港、澳门和台湾，西藏亦没有包括在内。部分省区市的 2017 年数据有缺失，使用平滑平均法进行了补充。

（3）金融支农（JZ）。用各地区农业信贷来表示，数据来源于中国经济数据库。

（4）农户投资（ZZ）。用各地区农村固定资产投资扣除住宅投资部分表示，数据根据相关年份《中国农村统计年鉴》中相应数据计算。

（5）劳动投入（L）。选取各地区农村就业人员数量来替代，数据来源于《中国统计年鉴》。

（6）社会资本（S）。本章借鉴戴亦一、潘越和刘新宇（2014）的办法，利用各省区市慈善发展指数作为社会资本的替代变量，数据来源于北京师范大学中国慈善事业研究中心发布的《中国慈善发展指数报告（2001～2011）》《中国慈善发展指数报告（2012）》和《中国慈善进步指数（2014）》等。

（7）控制变量（CON）。多种因素影响财政支农的减贫效应，本章主要选取三个变量：其一是受教育水平（EDU），用各地区农村居民平均受教育年限来代表；其二是经济发展水平（ECO），用各地区人均GDP来代表；其三是经济发展阶段（URB），用各地区城镇化率来代表。以上数据均来源于《中国统计年鉴》，缺失的数据则由相关省区市统计年鉴数据补齐。

（二）实证结果

对基本模型即式（2-4）进行回归，结果如表2-1所示。列（1）中，CZ 的系数为正，表明财政支农对农村减贫具有正向的作用。由于本章选取的是财政支出中的农林水支出，这是一种生产性支出，也是指向大农业的支出，且在大多数文献中均选取这一指标反映政府对农业发展的支持，所以可认为在当前市场机制条件下，政府对农业发展的支持已经极大提高了农民收入和促进了农业发展，成为农村减贫的重要力量。同时发现，EDU 和 ECO 的系数为正且显著，URB 的系数为正但不显著，体现了受教育水平、经济发展水平和经济发展阶段在农村减贫中的作用是正向的。为了进一步考察资本在农村减贫中的作用，在列（2）、列（3）中逐步加入了 JZ 和 ZZ 两个变量，可以发现，三类表示资本投入水平的变量的系数均为正，从而得出了本章的结论，即对农村和农业进行投资是促进农民增收、农村减贫的重要手段。

表 2 – 1　全样本回归结果

变量	(1) FE	(2) FE	(3) FE	(4) FE	(5) FE
C	– 0. 4981 *** (0. 014)	– 0. 4706 *** (0. 053)	– 0. 3374 *** (0. 063)	– 0. 3831 *** (0. 064)	– 0. 4606 *** (0. 042)
CZ	1. 8374 *** (0. 541)	2. 3854 *** (0. 835)	2. 6436 *** (0. 812)	2. 6655 *** (0. 812)	2. 4321 *** (0. 595)
JZ		0. 2965 * (0. 098)	0. 3451 (0. 021)	0. 3125 (0. 073)	0. 3809 *** (0. 055)
ZZ			0. 0543 ** (0. 013)	0. 0683 ** (0. 019)	– 0. 0595 (0. 0148)
L	1. 8368 *** (0. 068)	2. 1722 *** (0. 012)	2. 1917 *** (0. 028)	2. 0681 *** (0. 154)	2. 2064 *** (0. 135)
S	0. 2014 *** (0. 006)	0. 1045 *** (0. 027)	0. 1687 *** (0. 035)	0. 1274 *** (0. 042)	0. 1759 *** (0. 105)
$S \times CZ$			0. 8114 ** (0. 012)	0. 2615 ** (0. 0117)	
$S \times EDU$				1. 1284 *** (0. 147)	
EDU	0. 1068 *** (0. 026)	0. 0972 *** (0. 017)	0. 1197 *** (0. 049)	0. 1194 *** (0. 022)	0. 1089 *** (0. 085)
ECO	1. 8777 ** (0. 0049)	1. 0859 ** (0. 0122)	1. 8614 ** (0. 0116)	1. 8615 ** (0. 0117)	1. 8583 ** (0. 0064)
URB	0. 8765 (0. 019)	0. 0867 * (0. 022)	0. 8874 * (0. 016)	0. 8455 * (0. 017)	0. 8453 (0. 014)
中西部地区					0. 1876 *** (0. 032)
调整的 R^2	0. 9891	0. 9679	0. 9313	0. 9820	0. 9888
Hausman 检验, P 值	0. 0001	0. 0000	0. 0000	0. 0001	0. 0014

注： * 、 ** 和 *** 分别表示10% 、5% 和1% 的显著性水平，括号内为 t 值；本章余同。

我们在每个模型里均放入了社会资本变量，结果均令人满意。为了进一步考察社会资本在财政支农框架下对农村减贫的效应，在列（3）和列（4）中逐步加入了社会资本与财政支农、社会资本与受教育水平的交互项。结果显示，社会资本显著地强化了财政支农的农村减贫作用，也显著地强化了人力资本对农村减贫的作用。换言之，社会资本不但对农村减贫具有直接效应，而且通过提高财政支农资金的使用效率来实现减贫，更可以通过提高人力资本水平来实现减贫。

由于我国区域经济发展战略的时序性安排，东中西三大地区的经济发展水平、经济发展阶段存在不同，各地区的农村贫困也具有一定的差异。为了观察财政支农在不同地区的差异化效应，在列（5）中加入了地区变量，可以看到，不同地区财政支农对农村减贫的效应存在显著差异，中西部地区财政支农的减贫效应要远较东部地区显著。

为了探讨这种地区差异的原因，我们分别对东部、中部和西部进行回归，以考察区域差异的性质，回归结果如表 2 - 2 所示。其中列（1）和列（2）是对东部地区 11 个省份的回归结果，列（3）和列（4）是对中部 8 个省份的回归结果，而列（5）和列（6）则是对西部 11 个省份的回归结果。结合表 2 - 1 和表 2 - 2，发现以下几点。

表 2 - 2 东部、中部和西部地区回归结果

变量	(1) FE	(2) RE	(3) RE	(4) RE	(5) RE	(6) RE
C	- 0.2282 ***	- 0.4588 ***	- 0.4373 ***	- 0.4898 ***	- 0.5677 ***	- 0.8242 ***
	(0.052)	(0.068)	(0.067)	(0.073)	(0.064)	(0.074)
CZ	2.5317 ***	1.6305 ***	4.7892 ***	3.3886 ***	1.5942 *	0.4423 **
	(1.418)	(2.336)	(1.310)	(3.536)	(0.648)	(1.716)
JZ	0.4784 ***		0.1126 **		0.0221	
	(0.049)		(0.142)		(0.160)	
ZZ	0.0569 ***		0.2158 *		0.1059 **	
	(0.016)		(0.121)		(0.054)	
L	0.1069 **		0.2541 ***		0.3256 ***	
	(0.109)		(0.033)		(0.059)	
S	0.1617 **	0.1861 ***	0.2252 ***	0.2824 ***	0.4353 ***	0.6634 ***
	(0.111)	(0.123)	(0.143)	(0.126)	(0.221)	(0.102)
$S \times CZ$	0.0357 **		0.0805 ***		0.0918 ***	
	(0.009)		(0.023)		(0.141)	
$S \times EDU$	0.0207 **		0.0896		0.1001 ***	
	(0.314)		(0.066)		(0.053)	
EDU	0.1264 ***		0.6272 ***		0.5330 *	
	(0.012)		(0.245)		(0.280)	
ECO	0.8457 ***		0.8246 ***		0.8211 ***	
	(0.011)		(0.017)		(0.011)	

续表

变量	(1) FE	(2) RE	(3) RE	(4) RE	(5) RE	(6) RE
URB	0.3317 ** (0.612)		0.0416 (0.063)		0.2517 *** (0.051)	
样本（个）	11	11	8	8	11	11
观测数（个）	198	198	144	144	198	198
调整的 R²	0.9864	0.9334	0.9115	0.9307	0.9111	0.9852
Hausman 检验，P 值	0.0014	1.0000	0.0787	0.4455	0.1138	0.2666

第一，虽然东部地区的财政支农资金规模较大，但比较而言，中西部地区的财政支农减贫效应要强于东部地区。导致这种结果的原因可能在于：首先，中西部地区农村贫困发生率高于东部地区，随着经济的快速发展，贫困发生率越高的地区，贫困发生率下降的幅度越大，从而体现为财政支农效果较好；其次，农业在东部经济发展中的占比较低，对农业的支持在总体上的效应也弱一些。

第二，社会资本对农村减贫具有总体上的促进作用，但在不同地区效应存在差异。在东部地区的减贫效应要弱于中西部地区，这和财政支农的效应存在一致性，表明作为"穷人的资本"，社会资本在经济发展水平低的地区效应会更显著。进一步，交互项回归结果显示，社会资本仍然兼具直接效应和间接效应，不但可以直接促进农村减贫，而且可以通过促进财政支农资金使用效率和农村居民受教育水平提高来实现农民增收和农村减贫。

第三，三种资本投入对农村减贫的效应有所不同，在三大地区之间也存在差异。虽然三种资本投入总体上对农村减贫均具有促进作用，但总体来看，仍然是财政支农资金的减贫效应强于金融支农资金，更强于农民投资资金。实际上，农民在农业生产的投入上长期处于稳中有降的状态，这和财政支农资金持续增长的趋势是不同的。在三大地区之间，金融支农资金对农村减贫的作用也具有差异，即东部地区的减贫效应强于中西部地区，这体现了东部地区市场化程度和经济活跃程度较高，金融支农资金的作用机制和作用效果均较明显。

第四，受教育水平、经济发展水平和经济发展阶段对农村减贫的作用在区域间存在差异。对于农村减贫而言，除政府的财政支农外，区域的经济发展和农民的自身条件具有重要的作用。

四 结论与政策启示

（一）结论

我国财政支农体制本身存在自上而下的特征，政府是财政支农的主体，政府通过制定并依据支农政策向农业生产进行财政投入。由于政府管理体制具有分级特征，所以财政支农的分级特征也比较明显。改革开放以来，国家对农业发展的重视程度不断提高，各级政府对农业发展的投入快速增长，从而形成财政支农支出的快速增长，并形成促进农村减贫的重要力量。但财政支农在促进农民收入增长和实现农村减贫中具有不同的效应。其一是直接效应，财政支农直接推进了农村的资本积累，并通过投资形成农村地区的基础设施和公共服务，这些都成为实现农村发展和农村减贫的重要依托，并在农村增收和农村贫困发生率下降方面呈现出来。其二是间接效应，财政支农促进了农村发展、农民增收和农村经济社会结构变迁，而这些都是促进减贫的重要方面。

社会资本也是促进农村减贫的重要力量。从文献来看，社会资本是指农村社会网络，它蕴含着资源，并给予农民获取这种资源以实现收入增长并减贫的机会。运用各地区慈善发展指数作为社会资本的替代变量，研究社会资本和财政支农对农村减贫的作用，结果发现，社会资本对农村减贫的效应是显著的。进一步讨论社会资本的减贫机制时发现，社会资本对不同主体起作用的效应存在差异性，分地区回归的结果表明经济发展水平较低的地区社会资本的减贫效应要强，而经济相对发达地区的减贫效应要弱一点，这从另一个层面印证了社会资本是"穷人的资本"这一论断。穷人的社会资本水平低于富人的社会资本水平，穷人没有更多的其他资源可以运用，这就体现了社会资本对于农村贫困人口的价值。此外，社会资本和财政支农的交互项回归结果也表明，社会资本是通过促进财政支农资金发挥更大效应来促进农村减贫的，即社会资本对农村减贫兼具直接和间接效应。

比较而言，对于农村减贫而言，财政支农的作用要大于社会资本的作用，也大于农户投资的作用。这表明，对于当下的我国农村发展而言，促进农民增收和农村减贫，关键还是对农村和农业进行投资。

（二）政策启示

本章研究结论，具有非常重要的政策启示。

第一，加大财政支农的力度。财政支农是促进农村社会发展和农民收入增长的重要力量，我国是一个农业大国，农业人口占据较大比重。经过改革开放以来的快速城镇化进程，农村贫困问题反而变得突出，这体现为农村的产业以传统农业为主，留在农村的人口在受教育水平、生产能力等诸方面均较低下，收入增长具有困难性。财政支农在近年来有所增长，但与农业在国民经济中的基础地位、农村发展需要的支持相比仍然存在较大的差距，加大财政支农的力度本质是要形成财政支农的长效机制，形成农业农村发展的良好机制。

第二，优化财政支农的结构。目前来看，财政支农存在一系列可改进的方面。从财政支农的投入结构来看，包括农业基本建设、支援农业生产和农村救济等诸方面。生产性财政支农对农业发展和农村发展的作用比较突出，而且具有长期促进作用。农业基本建设支出的增长最终会形成农业生产的基础，在增强农业抵御自然灾害能力、提高农业生产效率和强化农民生产能力等方面都具有重要的意义。

第三，对农民进行教育培训，促进农村人力资本形成。提高农民的综合能力，发展农村教育，特别是对农民进行有效的技能教育、职业教育具有重要意义。政府在对农村进行财政支持时应该提高农业科技三项费用的比重，提高科研开发的能力。特别是在对农业生产科技的应用和推广方面，财政投入既要考虑科技下乡的软硬件建设和网络建设，又要注重对农民应用现代科技的接受能力。如此才能从根本上提高农民的生产能力，提高他们的收入水平，从根本上解决农村脱贫减贫问题。

第四，营建良好的农村社会资本环境。农村的脱贫减贫离不开农村自身发展能力的培育和提升。对于农村而言，资本缺乏是不争的事实，由于农村的主导产业是农业，而农业的传统生产方式和低下的生产率对于农民增收和农村减贫而言存在困难。社会网络是农村赖以交流的重要依托，理论和实践均已证实了社会资本对农村减贫的重要作用。政府应该重视社会资本在农村减贫中的作用，鼓励农民发展农村合作组织，完善村民自治和成立农业协会，以提高农户的自发脱贫能力，并通过良好的农村社会资本体系促进财政支农资金的效用发挥。

第三章　社会资本、劳动力转移与农村减贫

一　研究背景与文献评述

（一）研究背景

改革开放以来，我国在减贫方面的贡献有目共睹。中国有 7 亿多人脱贫，成为世界上减贫人口最多的国家，对世界减贫的贡献率超过了 70%。[①]党的十八大以来，我国的扶贫减贫事业在国家的推动和社会的努力下，有了更为突出的进展，截至 2018 年底，我国贫困发生率降到了 1.7%[②]。我国当前使用的贫困线标准为年人均纯收入 2300 元（2010 年不变价），水平较低，如果使用国际贫困线标准来衡量目前我国的贫困发生率，贫困人口占比仍处在一个相对较高的水平，这反映出我国的反贫困事业仍然面临严峻的局面。

从我国的反贫困经验来看：其一是扶贫开发，对贫困地区贫困人群进行政策性的帮扶，以提高贫困人群的生产能力；其二是深入改革，推进经济发展以提高总体收入水平，并最终实现贫困的消除。现在来看，这两个途径是并行不悖的，特别是改革开放带来的经济发展和要素流动，对整体收入的提高产生了巨大的效应，并成为促进人们快速致富的重要因素。我国的贫困主要发生在农村，这和农村以农业为主要产业有关，和城市非农产业相比，农业生产率低下，且受自然条件影响较大，这导致农业生产经

---

① 数据来源：联合国 2015 年《千年发展目标报告》（http://www.cn.undp.org）。
② 数据来源：国家统计局网站（http://www.stats.gov.cn）。

营的收益低下，农业人口收入水平低下。改革开放的一个巨大成就是拆除了城乡流动的壁垒，大量的农村劳动力能够自由地在城乡之间流动和选择就业，这促进了农民收入的多样化，工资性收入逐渐成为农民收入的主体。同时，随着农村人口的流动、农业生产的规模化发展和现代化技术手段的应用，农业经营效益逐步提升，进一步促进了农民增收。

显然，推进农村劳动力迁移的因素及其作用机制是促进农村减贫的重要力量。由于农村受传统文化影响深远，同时农民又不具备更规范的转移渠道，传统的地缘、亲缘对农村劳动力转移起到了重要作用，正是传统文化中的信任和规范引导着农村劳动力的流动和就业行为。越来越多的人开始关注社会资本在农村劳动力迁移中的作用，并将其与农民增收和农村减贫相关联。本章以此为视角，以河南农村定点调查数据为基础，研究社会资本与劳动力迁移对农村减贫的影响，以期探讨这一过程中的作用机制和作用方式，理解非正式制度在农村减贫中的作用。

（二）文献评述

1. 劳动力转移与农民增收

农村劳动力向城市非农产业的转移，从现实来看带动了农民收入的快速增长，从而引起了学术界的极大关注，大量的文献对农村劳动力转移与农民增收之间的关系进行了研究。改革开放初期的1978年，我国农民人均纯收入仅为133.6元，到1992年即快速增长到784元，特别是，非农纯收入占比由7%快速增长到25.8%，这体现了外出务工对农民增收的重要作用；同时，阳俊雄（2004）的研究还表明，农民收入增长的速度与农业劳动力转移的速度密切相关，进一步明确了二者的关系。许经勇（2001）以及徐刚和鲍旺虎（2003）的研究也证实了这种关系的存在。

在这一背景下，更多的文献开始进一步探讨促进农村劳动力转移的途径，以及阻碍农村劳动力转移的因素。如王洪涛、李伟和于海霞（2010）认为应该大力发展乡镇企业和农村服务业，以扩大和提高农村劳动力转移的规模和速度；徐振斌、彭小菊和冯建林（2008）则从农村消费角度出发以四川为例进行劳动力转移与农民收入的调查。近期的研究则开始深入社会的不同层面。如郭敬和邢帅（2019）以农村土地流转为视角，认为由于我国目前农村的社会保障体系不够完善，农村劳动力转移出现多种阻碍，这源于农民的保障维系在土地上，如果能够有效地促进土地流转制度的建设，就能够较好地推进农村劳动力的转移，进而促进农民收入的增长。马轶群和孔婷婷（2019）分析了区域间农民收入的差距，并将其归于农业技术进步和劳动力转移的区域差距；同时指出，农业技术进步本身对农民收入增长具有直接和间接的双重作用，而间接作用就是影响了农村劳动力的转移。李谷成、李烨阳和周晓时（2018）将农业机械化和劳动力转移置于一个框架内进行分析，结论是农业机械化对劳动力转移具有中介效应，即农业机械化既直接作用于农民收入增长，也经由推进劳动力转移促进农民收入增长，但劳动力转移对农民收入增长只具有直接效应。以上文献梳理的一个重要结论是，农民收入增长的重要支撑是劳动力转移，劳动力转移不但直接促进农民增收，而且是通过技术进步、资源配置和人力资本等促进农民增收的途径。

2. 劳动力转移与农村减贫

农民收入增长对于不同收入水平的农村家庭而言意义存在差异。贫困线以下的农户，收入水平较低，消费结构偏向于以生存消费为主，人力资本和物质资本水平都较低。这部分人群收入的提高机制与贫困线以上的农户具有一定的差异。关于劳动力转移对贫困人群收入提高的影响机制研究体现了更为重要的意义。王德文、蔡昉和张国庆（2008）分析了我国农村贫困发生率的变迁，并从劳动力流动的视角对其进行了系统研究。结果表明，劳动力流动是促进贫困发生率下降的重要途径，这源于劳动力流动的经济增长效应与劳动力流动的非农就业效应，但劳动力流动对城市的贫困消除效应不太明显，因为来自劳动力市场的歧视和城市中农民工的边缘化境地都对贫困人口的能力建设产生了负面的影响。他们指出，应该加强贫困人口的能力建设，建立把农民工纳入的城市一体化社会保障机制体制，并对农民工进行培训以提高他们的收入增长能力等。更多的文献则关注劳动力流动的减贫效应。如王博（2017）基于甘肃14个贫困地区的调查发现，贫困地区的劳动力流动显著增加了贫困户的收入，减少了贫困发生率，对促进地区的整体脱贫具有显著的积极作用。同时也发现，农村劳动力转移由于具有低龄化、男性化特征，对于农村的长期发展而言是不利的。严丽娜（2019）基于中国家庭追踪调查数据，建立包括教育、健康、生活水平、主观福利和收入五个维度、共十二个指标的多维贫困指标体系，研究了劳动力流动与农村减贫之间的关系。结果表明，劳动力流动对农村减贫具有重要的促进作用；而且，对于不同类型家庭而言，这一效应存在差异，家庭收入贫困的发生次数与外出务工之间的关系较为明显，劳动力流动对农村多维贫困的作用具有多层面的作用。

另外的研究得到的结论比较复杂。如张磊和伏绍宏（2019）以收入和"两不愁三保障"为考察指标，对凉山彝区贫困农民的调查发现，农民外出务工对减贫的影响存在双重悖论：一方面，转移就业能够增加农户收入，但劳动力转移会弱化农业经营，对推动农户长期脱贫产生不利影响；另一方面，劳动力转移会导致学生辍学增加，也形成不利于长期脱贫的因素。张杰飞（2019）基于区域异质性的视角，利用中国家庭追踪调查两期的数据展开研究，发现农村劳动力转移对农村家庭贫困的效应是明显的，但这一效应在西部地区远弱于中东部地区。洪业应（2020）基于重庆的调查指出，劳动力转移不但增加了农民的非农收入，同时也增加了农民的农业收入，有利于缩小城乡差距，提高农业劳动力的人力资本水平。王红（2018）总结了劳动力转移的减贫机理，指出减贫和经济发展与劳动力转移存在一致性，即劳动力转移是促进经济发展的动力，而经济发展本身就是减贫的最主要来源，因此减贫的当务之急就是推进农村劳动力向城市的转移，并由此推动城镇化进程。张桂文、王青和张荣（2018）指出，通过非农就业增加农民收入，是基于经典人口流动模型进行的理论分析，是刘易斯模型在现实中的体现；促进农业规模经营以提高农业的收入，其实是一种资源配置效应，人力资本投资收益模型对这一机制有系统的研究，而劳动力转移的人力资本积累主要来源于在职培训；另外，目前我国的农业主要是小农户经济，这是由我国人多地少的国情决定的，降低农业人口的比重能够有效地改善农业人地结构，进行农业的规模化经营。

3. 社会资本与劳动力转移

在劳动力转移的影响因素方面，人们的关注随经济的发展变迁。早期的研究一般运用经典人口流动理论来解释农村劳动力的转移，在刘易斯模型里，人口的城乡迁移源于城乡之间的经济势差，城市的就业和收入水平均高于农村，成为促进劳动力由农村向城市流动的重要力量（彭文慧，2007）。后期的研究开始从现实角度讨论劳动力流动的推进因素。大量的调研发现，农村劳动力的流动具有一定的社会性质，即同一村庄的劳动力在转移的地域和行业上均具有高度的一致性。如李恒（2006）的调查发现农民外出务工的主要原因是"跟别人一起去"；而胡必亮（2004）在调查中探讨了"关系"在人口与劳动力流动的作用，而这正是源于农村传统的社会网络。

社会资本是一种网络型资本，根据世界银行的定义，社会资本是指政府和市民为了相互利益的最大化而采取的集体行动。社会资本广泛存在于社会结构之中，包括社会网络、规范、信任、权威、行动的共识等。按普特南等（Putnam，Leonardi and Nanetti，1993）的定义，社会资本是一种社会网络以及这种社会网络产生的相互信任与互惠模式，如信任、规范、网络等。大量的文献研究了社会资本在农村劳动力转移中的作用。刘林平和张春泥（2007）使用是否参加工会来作为社会资本的替代变量，研究了是否合作网络与收入水平提高，结果表明二者之间具有正的促进作用。赵伟和李芬（2007）区分了高技能和低技能劳动力，并研究两种不同类型的劳动力流动，发现高技能劳动力的社会资本水平高，且聚集的力量远高于低技能劳动力。马红梅和陈柳钦（2012）对贵州的调查结果表明，社会资本对民族地区的农村劳动力转移具有重要的影响，但这种影响受劳动力流动的结构影响，也受地区民族传统的习俗影响。另外的研究认为，社会资本对劳动力转移的影响具有多重意义。由于社会资本在劳动力转移中的影响包括社会资本通过创新人力资本来促进流动，这就会依赖个人认知能力的差异，社会资本能够显著增强个人的风险抵御能力，这又依赖人们对信息的掌握和处理程度。因此，理解社会资本对劳动力流动的作用应从其约束的性质出发（郭娅娟，2013）。陆铭和张爽（2008）研究了劳动力流动对公共信任的影响，研究结果表明在劳动力流动到一个陌生的城市环境后，在新环境里会受到一定的歧视，这会使他们对原来的居住环境产生信任。高虹和陆铭（2010）基于农村的调查数据（涉及我国22个省区市），发现整合型社会资本对劳动力流动的作用在减弱，而且随市场化的进程减弱的趋势在加强。

二　数据来源与统计分析

（一）数据来源

本章研究使用的数据来自河南大学经济学院、河南大学新型城镇化与中原经济区建设河南省协同创新中心、河南大学黄河文明与可持续发展研究中心 2018 年 7～8 月开展的河南省"百县千村"农村定点调查项目。河南省位于中部地区农耕经济体系的核心区域，是农业大省同时又是人口大省，是农村劳动力转移的重要省份，来自河南省的样本数据极具典型性和代表性。这对于研究结论的可靠性以及政策建议的可实施性都是有重要意义的。

"百县千村"农村定点调查采取抽样调查的方法选取农户样本，进行入户调查，调查涵盖河南省的 18 个地级市以及与河南省搭界的山东省聊城市，共 122 个县（市、区）、346 个村，收回 1054 份有效家户问卷。样本分布如表 3 - 1 所示。

表 3 - 1　农村家庭调查中样本家庭分布

地级市（市区县数：个）	市区县（家庭数：户）
南阳市（12）	南阳市区（11）、邓州市（8）、方城县（7）、南召县（12）、内乡县（12）、社旗县（12）、桐柏县（11）、西峡县（6）、新野县（9）、镇平县（10）、淅川县（7）、唐河县（8）
洛阳市（9）	洛阳市区（21）、洛宁县（10）、孟津县（9）、汝阳县（11）、新安县（12）、伊川县（11）、宜阳县（8）、偃师市（7）、栾川县（7）
商丘市（8）	商丘市区（12）、民权县（12）、宁陵县（12）、夏邑县（10）、永城市（6）、虞城县（12）、柘城县（7）、睢县（7）
新乡市（8）	新乡市区（9）、长垣县（1）、封丘县（12）、辉县市（9）、卫辉市（10）、新乡县（10）、延津县（12）、原阳县（12）
郑州市（8）	郑州市区（11）、登封市（7）、巩义市（8）、上街区（11）、新密市（9）、新郑市（8）、中牟县（10）、荥阳市（11）
周口市（10）	周口市区（12）、郸城县（2）、扶沟县（3）、淮阳县（10）、鹿邑县（12）、商水县（11）、沈丘县（10）、太康县（1）、西华县（1）、项城市（10）
驻马店市（9）	驻马店市区（11）、泌阳县（1）、平舆县（11）、确山县（5）、汝南县（9）、上蔡县（10）、西平县（7）、新蔡县（6）、正阳县（5）
平顶山市（7）	平顶山市区（11）、宝丰县（10）、鲁山县（12）、汝州市（9）、舞钢市（1）、叶县（8）、郏县（11）
开封市（6）	开封市区（10）、祥符区（12）、兰考县（10）、通许县（8）、尉氏县（7）、杞县（12）
安阳市（6）	安阳市区（8）、安阳县（10）、滑县（6）、林州市（10）、内黄县（11）、汤阴县（10）
信阳市（9）	信阳市区（5）、固始县（6）、光山县（8）、淮滨县（5）、罗山县（2）、商城县（8）、息县（8）、新县（11）、潢川县（2）

续表

地级市（市区县数：个）	市区县（家庭数：户）
濮阳市（6）	濮阳市区（9）、范县（7）、南乐县（12）、清丰县（11）、台前县（3）、濮阳县（9）
焦作市（6）	焦作市区（7）、博爱县（5）、孟州市（9）、沁阳市（9）、温县（9）、武陟县（10）
许昌市（5）	许昌市区（10）、襄城县（9）、许昌县（5）、禹州市（10）、鄢陵县（11）
漯河市（3）	漯河市区（11）、临颍县（8）、舞阳县（11）
三门峡市（5）	三门峡市区（1）、灵宝市（7）、陕县（8）、义马市（11）、渑池县（3）
鹤壁市（3）	鹤壁市区（7）、浚县（11）、淇县（9）
聊城市（1）	莘县（9）
济源市（1）	济源市区（8）

（二）指标选取

1. 社会资本的指标选取

每个维度指标选取的方式和计量方式见表 3 - 2。

表 3 - 2　社会资本指标详细说明

维度	问题	说明
社会信任	1. 你非常信任你周围的人？ 2. 你对中央和省级干部很信任？ 3. 你对县乡干部很信任？ 4. 你对村委干部很信任？	非常信任 = 5，信任 = 4，一般 = 3，不信任 = 2，非常不信任 = 1
集体行动与合作	1. 如果在本地建一个公共项目，对别人有利，对你没有什么用，你愿意在这个项目上花时间？ 2. 如果在本地建一个公共项目，对别人有利，对你没有什么用，你愿意在这个项目上花金钱？ 3. 如果当地有修路（或修桥、供水）等问题，大家愿意合作干这件事？	非常同意 = 5，同意 = 4，一般 = 3，不同意 = 2，非常不同意 = 1
社会凝聚力与包容	1. 人们之间的关系比以前更亲近了？ 2. 当你一个人在家时，你感到很安全？	非常同意 = 5，同意 = 4，一般 = 3，不同意 = 2，非常不同意 = 1
权力和政治行动	1. 一般情况下，你认为自己很幸福？ 2. 你觉得你有能力做出一些决定来改变你的生活？ 3. 村里的人经常会去找村委干部来解决村里的公共事务？ 4. 你在选举中投过票吗？	非常同意 = 5，同意 = 4，一般 = 3，不同意 = 2，非常不同意 = 1；投过 = 1，没投过 = 0

维度	问题	说明
信息与交流	你上一年的通信和交通支出是多少？单位（元）	根据实际调查数据
群体和网络	你上一年的人情支出是多少？单位（元）	根据实际调查数据

2. 劳动力转移的指标选取

随着国内经济社会的发展，中西部地区承接东南沿海地区的工业转移，大量劳动密集型产业由沿海转移至内陆，劳动力转移由从中西部流向东南沿海地区转变为以就近流动为主。所以，在劳动力转移的指标选取方面我们不再以工作地点为考察指标，而是以劳动力流向非农产业即第二、第三产业为考察指标。在调查问卷中我们设置了这样一个问题——"您在去年是否有三个月以上的从事非农工作的时间？"用来考察有无劳动力转移行为，并对"您主要从事的非农行业是什么？"设置了 13 个行业选项（见表 3-3）。

表 3-3 劳动力转移指标详细说明

指标	问题	说明
劳动力转移	您在去年是否有三个月以上的从事非农工作的时间？	是 =1，否 =0
劳动力转移行业	您主要从事的非农行业是什么？	d 副业（家庭加工或手工业），f 制造（企业化的生产、加工及装配），g 旅游餐饮，h 建筑（含装修），i 运输（含交通服务和物流、搬运），j 采掘，k 商业和商务中介（含房地产中介），l 教育，m 医疗（仅指医疗服务，而医疗器械的生产归入 f，医药用品的营销归入 k），n 金融，o 生活服务，p 行政，q 其他_____
劳动力转移地点	您的主要工作地点在哪？	A 本村，B 本县，C 本省，D 外省，E 海外

3. 贫困的界定

我国目前对贫困的界定是人均纯收入 2300 元/年（2010 年不变价）以下，由于我们考察的样本位于河南省，所以本章研究对贫困的界定使用河南省 2017 年发布的人均纯收入 3208 元/年为贫困界定标准，用以区分贫困家庭和非贫困家庭，以便考察社会资本在不同收入条件下对劳动力转移和农民收入的影响。

4. 户主个体特征和农村家庭特征

关于户主个体特征我们设置了以下项目：性别、年龄、受教育程度、健康状况。关于农村家庭特征我们设置了以下项目：家庭年收入、家庭人口数、家庭人均纯收入。具体指标设置见表 3 - 4。

表 3 - 4　户主个体特征和农村家庭特征指标详细说明

指标	项目	说明
户主个体特征	性别	男 =1，女 =0
	年龄	数值
	受教育程度	不识字 =1，识字 =2，小学 =3，初中 =4，高中 =5，大学及以上 =6
	健康状况	健康 =1，不健康 =0
农村家庭特征	家庭年收入（单位/元）	根据实际调查数据
	家庭人口数（单位/人）	根据实际调查数据
	家庭人均纯收入（单位/元）	根据实际调查数据

（三）统计分析

以 2017 年全国农村居民人均纯收入 13432 元为标准，样本中的家庭人均纯收入略低，为 13000 元。从农村家庭规模来看，1054 户家庭平均人口为 5.43 人，远高于 2010 年全国第六次人口普查中河南省家庭平均人口 3.47 人的水平。河南省的贫困线标准在 2017 年为人均纯收入 3208 元，在此次调查中有 165 个家庭低于贫困线标准，占全部样本的比例为 15.65%。

1. 描述性分析

（1）性别状况。在被调查的 1054 户农村家庭中，户主为男性的家庭有 1009 户，占样本的 95.73%，户主为女性的家庭仅有 45 户，占样本的 4.27%。在调查过程中，我们向受访者明确说明了户主的定义，即本家庭的主要收入创造者，这样的户主性别比例说明在农村社会中依然是以男性为主导。

（2）年龄构成。受访家庭户主的平均年龄为 53.58 岁，年龄主要集中在 45 ~ 65 岁这个阶段，共有 736 人，占总样本的 69.83%；20 ~ 30 岁共有 16 人，占总样本的 1.52%；31 ~ 44 岁共有 166 人，占总样本的 15.75%；65 岁以上有 136 人，占总样本的 12.90%（如表 3 - 5 所示）。

表 3 - 5　户主年龄构成

年龄段	样本数（个）	占比（%）
20~30 岁	16	1.52
31~44 岁	166	15.75
45~65 岁	736	69.83
65 岁以上	136	12.90

（3）受教育程度。户主受教育程度主要集中在初中这一阶段，共有 498 人，占比为 47.25%；接下来依次是高中、小学、大学及以上、不识字、识字（如表 3 - 6 所示）。可知，受访家庭户主的受教育程度大部分在初中及以下，受教育程度普遍较低。

表 3 - 6　户主受教育程度

受教育程度	样本数（个）	占比（%）
不识字	24	2.28
识字	17	1.61
小学	189	17.93
初中	498	47.25
高中	271	25.71
大学及以上	55	5.22

（4）家庭人口数。家庭规模对农户收入有重要影响。受访家庭平均人口 5.43 人，受访家庭中 5 口家庭最多，有 399 户，占总样本的 37.86%；4 口家庭 183 户，占比为 17.36%；4 口以下家庭 141 户，占比为 13.38%；6 口家庭 156 户，占比为 14.80%；6 口以上家庭 175 户，占 16.60%（如表 3 - 7 所示）。贫困家庭平均人口达到了惊人的 7.49 人，可见农村家庭规模普遍较大，贫困家庭更是如此。

表 3 - 7　家庭人口数

家庭人口数	样本数（个）	占比（%）
4 口以下	141	13.38

续表

家庭人口数	样本数（个）	占比（%）
4 口	183	17.36
5 口	399	37.86
6 口	156	14.80
6 口以上	175	16.60

（5）劳动力转移。在调查的样本中，有劳动力转移即有从事非农工作的家庭有 781 户，占比为 74.1%；没有从事非农工作的家庭有 273 户，占比为 25.9%。贫困家庭中有劳动力转移的家庭占比为 52%，非贫困家庭中有劳动力转移的家庭占比为 78%。以劳动力转移情况来看，非贫困家庭劳动力转移的比例明显高于贫困家庭，可见劳动力转移对农户收入有很大影响。

（6）健康状况。在健康状况的调查中，有 18% 的户主身体健康情况较差。由于大量青壮劳动力外出务工，留守在农村的人员以老人居多，而老龄化也体现为健康状况会有所下降。

（7）社会组织的参与。在社会组织的参与这一方面，我们设置了两个问题——"你是否参加了专业经济组织？""你是否参加了宗教组织？"参加专业经济组织的农户有 23 户，参加宗教组织的农户有 27 户，分别占 2.18% 和 2.56%，没有参加任何社会组织的农户占绝大多数。可见农村地区的社会组织参与率极低，团体社会资本水平更是如此。

2. 不同家庭社会资本的差异分配

对社会资本各维度进行赋值，得到家庭社会资本水平的测量值。并根据是否具有劳动力转移的情况进行分组，具体情况如表 3-8 所示。

表 3-8　两类家庭的社会资本比较

维度	总样本（N=1054 个）		无劳动力转移家庭（N=273 个）		有劳动力转移家庭（N=781 个）	
	均值	标准差	均值	标准差	均值	标准差
社会信任	4.087	0.72755	4.0842	0.75565	4.089	0.71796
集体行动与合作	3.789	0.892739	3.650794	0.9240746	3.837388	0.8769877

续表

维度	总样本 （N = 1054 个）		无劳动力转移家庭 （N = 273 个）		有劳动力转移家庭 （N = 781 个）	
	均值	标准差	均值	标准差	均值	标准差
社会凝聚力 与包容	3.926	0.7396	3.890	0.7281	3.939	0.7437
权力和 政治行动	3.892	0.670296	3.848596	0.697708	3.908237	0.6602051
信息与交流	1587.54	1375.91	1248.47	1118.696	1706.678	1437.3058
群体和网络	4508.69	4546.32	3796.22	4108.354	4758.108	4666.8263

就两类家庭而言，无劳动力转移家庭在社会资本各个维度均低于有劳动力转移家庭。基本结论为，社会资本对劳动力转移有正向影响。因为每一维度社会资本下面均有数目不同的分项指标，并对应农村家庭的具体社会资本内容，深入分析后会有更细致的发现。

（1）社会信任。在多数研究中人们是把社会信任与社会资本等同使用的，包括普特南等有关社会资本研究的早期文献。社会信任被等同于社会资本，高度信任能够促进交往，也能够有效地降低交易成本。在本次的调查中，我们对社会信任设置了四个问题，分组比较结果如表3-9所示。

表3-9　两类家庭的社会信任比较

问题	无劳动力转移家庭 （N = 273 个）		有劳动力转移家庭 （N = 781 个）	
	均值	标准差	均值	标准差
你非常信任你周围的人？	4.03	0.88	4.03	0.873
你对中央和省级干部很信任？	4.20	0.839	4.20	0.778
你对县乡干部很信任？	4.03	0.927	4.03	0.954
你对村委干部很信任？	4.08	0.942	4.09	0.943
社会信任	4.0842	0.75565	4.089	0.71796

从两类家庭对这四个问题的总体回答来看，并没有太大差异，甚至前三个问题赋值的均值相同，仅在对村委干部的信任程度上无劳动力转移家庭略低于有劳动力转移家庭，而且我们发现村民对中央和省级干部的信任程度明显高于对其他干部和周围的人。说明村民对距离自己最远的中央和

省级政府有着高度的信任，这是一种对我国目前制度和政策满意的体现。但是从简单的统计来看，社会信任对劳动力转移没有显著影响。

（2）集体行动与合作。在改革开放之前，村民的生产活动是以集体为单位的，家庭联产承包责任制推行之后，农村的生产活动转变为以家庭为单位进行。在调查中发现，村民所参与的集体活动基本上限于婚丧嫁娶事项，在生产领域和公共事业方面较少。

为考察村民对集体行动与合作的态度，我们设计了三个问题。对于第一个问题，在有劳动力转移家庭中，选择非常愿意花费时间和金钱的户数分别是 233 户和 199 户，分别占 29.83% 和 25.48%，而无劳动力转移的家庭则分别占 28.83% 和 19.41%。对于对公共项目的态度，两类家庭关于花费时间的结果相差不大，但是关于花费金钱，有劳动力转移家庭明显意愿强于无劳动力转移家庭，这给了我们劳动力转移影响家庭收入的强烈暗示。具体差异见表 3-10。

表 3-10　两类家庭的集体行动与合作比较

问题	无劳动力转移家庭 (N=273 个)		有劳动力转移家庭 (N=781 个)	
	均值	标准差	均值	标准差
如果在本地建一个公共项目，对别人有用，但对你没有什么用，你愿意在这个项目上花时间？	3.70	1.253	3.81	1.170
如果在本地建一个公共项目，对别人有用，但对你没有什么用，你愿意在这个项目上花金钱？	3.19	1.374	3.53	1.297
如果当地有修路（或修桥、供水）等问题，大家愿意合作干这件事？	4.07	0.945	4.17	0.816
集体行动与合作	3.650794	0.9240746	3.837388	0.8769877

（3）社会凝聚力与包容。这一维度考察的主要是村民对人们之间关系变化的感受以及安全感。对人们关系亲近还是疏远的看法影响着受访户对社会的认同以及凝聚力。关于第一个问题，有劳动力转移家庭回答非常同意和同意的总数占到了 67.6%，而无劳动力转移家庭的同样回答仅占

60.4%，两类家庭对人们关系变化的感受不同，对社会的认同也有差异。对于第二个问题，两类家庭的回答也有差别（具体如表 3 – 11 所示）。有劳动力转移家庭这一社会资本维度的状况好于无劳动力转移家庭。

表 3 – 11　两类家庭的社会凝聚力与包容比较

问题	无劳动力转移家庭（N = 273 个）		有劳动力转移家庭（N = 781 个）	
	均值	标准差	均值	标准差
人们之间的关系比以前更亲近了？	3.63	1.050	3.68	1.105
当你一个人在家时，你感到很安全？	4.15	0.794	4.20	0.765
社会凝聚力与包容	3.890	0.7281	3.939	0.7437

（4）权力和政治行动。权力和政治行动包括村民对行使权利和参与政治的意识，也考察实际的情况，包括对自身能力的认同。这一维度的社会资本使用参与村务管理和对自己能力的认可度两个指标来度量。

无劳动力转移家庭在选举中投过票的比例为87%，略高于有劳动力转移家庭的86%，都处于一个比较高的水平，不过除此之外关于幸福感、对自己改变生活能力的认可和对村里公共事务的参与，有劳动力转移家庭的情况均好于无劳动力转移家庭（具体见表 3 – 12）。

表 3 – 12　两类家庭的权力和政治行动比较

问题	无劳动力转移家庭（N = 273 个）		有劳动力转移家庭（N = 781 个）	
	均值	标准差	均值	标准差
一般情况下，你认为自己很幸福？	4.14	0.743	4.17	0.715
你觉得你有能力做出一些决定来改变你的生活？	3.65	1.074	3.71	1.049
村里的人经常会去找村委干部来解决村里的公共事务？	3.76	1.022	3.84	0.935
你在选举中投过票吗？	0.87	0.335	0.86	0.343
权力和政治行动	3.848596	0.697708	3.908237	0.6602051

（5）信息与交流。在之前的文献中，主要使用人们使用电话的次数和时长来考察他们的对外信息交流情况，但由于电话通信包括正式的工作联系，也包括传统亲缘联系，这一指标的可信度并不高。在互联网普及的当下，亲情联系更多地被互联网即时通信替代，通信支出既包括打电话的费用也包括上网的流量费，而且根据经验，除了必要的事情外村民一般不会花费金钱出行，所以通信和交通支出能够反映农民信息与交流的情况。对比来看，两类家庭的差别十分明显，有劳动力转移家庭的通信和交通支出明显高于无劳动力转移家庭（具体如表3－13）。

表3－13 两类家庭的信息与交流比较

问题	无劳动力转移家庭 (N=273 个)		有劳动力转移家庭 (N=781 个)	
	均值	标准差	均值	标准差
你上一年的通信和交通支出是多少？单位（元）	1248.47	1118.696	1706.678	1437.3058

（6）群体和网络。中国是一个人情社会，在传统文化传承深厚的农村地区更是如此，而人与人之间的关系是靠双方付出来维持的，婚丧嫁娶中"随份子"就是维持的一种手段，甚至成为一种不成文的规范，亲朋好友有红白喜事如果"份子钱"送得不合适就没有后续的发展。与此同时，关系不好或者不熟的人与人之间也就不存在"随份子"以及互相请客吃饭，所以我们使用人情支出作为群体和网络的替代变量，来考察农户的接触群体广度和社会网络深度。

在这一方面，有劳动力转移家庭显著高于无劳动力转移家庭（见表3－14）。有劳动力转移家庭在人情方面有较大支出，这对其社会网络构建和扩展以及质量的不断提高有着重要影响，而农村劳动力转移从事非农职业的一个重要渠道就是通过亲朋老乡之间的"传—帮—带"，这也是亲缘性社会资本和地缘性社会资本的体现。据此我们得出基本结论，群体和网络这一社会资本维度对劳动力转移有促进作用。

表 3 - 14　两类家庭的群体和网络比较

问题	无劳动力转移家庭 （N = 273 个）		有劳动力转移家庭 （N = 781 个）	
	均值	标准差	均值	标准差
你上一年的人情支出 是多少？单位（元）	3796. 22	4108. 354	4758. 108	4666. 8263

3. 劳动力转移与农户收入

在调查过程中，关于农户的收入来源我们设置了 16 个选项：a 种植，b 林，c 牧（含养殖），d 副业（家庭加工或手工业），e 渔，f 制造（企业化的生产、加工及装配），g 旅游餐饮，h 建筑（含装修），i 运输（含交通服务和物流、搬运），j 采掘，k 商业和商务中介（含房地产中介），l 教育，m 医疗（仅指医疗服务，而医疗器械的生产归入 f，医药用品的营销归入 k），n 金融，o 生活服务（如洗浴、裁缝、维修、安保、捡拾等），p 行政。这些选项涵盖三次产业中绝大部分农户能接触以及正在从事的行业，选项可以多选。

统计结果表明，单选种植的有 216 户，选择中包括种植的有 617 户，分别占总样本的 20.49% 和 58.54%；在除传统种植业之外的第一产业中，单选林、牧、副、渔的分别有 3 户、8 户、22 户、1 户；单选制造、建筑、运输、采掘等第二产业的农户分别有 46 户、91 户、35 户、4 户；单选旅游餐饮、商业和中介服务、教育、医疗、金融、生活服务、行政等第三产业的农户的分别有 12 户、13 户、11 户、8 户、0 户、45 户、43 户。

在贫困户中，单选种植的有 80 户，占比为 48.49%；非贫困户样本中单选种植的有 136 户，仅占 15.29%。这说明对于贫困农户而言，高度依赖传统种植业是显著特征。而从劳动力转移的家庭比例来看，非贫困家庭中有劳动力转移的户数是 696 户，占比为 78.29%；而贫困家庭中有劳动力转移的户数为 85 户，仅占 51.51%。通过上述统计分析，我们认为劳动力转移对农户收入有一定影响。

三　社会资本、劳动力转移与农村减贫的实证分析

（一）研究假设

根据上一节我们对调查所获取数据的统计分析，在社会资本的六个维

度中，除了社会信任方面有劳动力转移家庭与无劳动力转移家庭差距不明显外，集体行动与合作、社会凝聚力与包容、权力和政治行动、信息与交流、群体和网络等五项社会资本，有劳动力转移家庭的水平显著高于无劳动力转移家庭；非贫困家庭的劳动力转移比例显著高于贫困家庭。综合社会资本及劳动力转移相关理论，关于社会资本通过劳动力转移对农村减贫的影响，我们做出以下假设：

假设 3 - 1　社会资本对劳动力转移具有正向影响，社会资本水平提升则农村劳动力转移随之增加。

假设 3 - 2　劳动力转移对农户收入有正向影响，劳动力转移增加则农户收入随之增长。

（二）社会资本促进劳动力转移的实证分析

1. 基于主成分分析的社会资本测度

社会资本是一种潜在的变量，在前文中也已经提到，它长期以来受不可观测因素的影响从而对它的测度颇有争议。本章研究参考以往文献的思路，使用主成分分析法对社会资本进行测度。

因为之前已经对社会资本的六个维度——社会信任、集体行动与合作、社会凝聚力与包容、权力和政治行动、信息与交流、群体和网络的含义和取值进行了详细描述，在此就不再赘述。我们将社会信任、集体行动与合作、社会凝聚力与包容、权力和政治行动的赋值取均值，将信息与交流、群体和网络的替代变量通信和交通支出、人情支出的均值取对数，进行主成分分析，以构建社会资本综合指数。

在此根据 6 个指标进行主成分的提取，特征值大于 1 的因子有 2 个，方差贡献率是衡量公因子的重要指标，其值越大表示公因子对社会资本的解释力度越大，累计方差贡献率要达到 85% 以上才符合主成分分析的标准，因此我们选取前五个主成分，累计方差贡献率为 91.53%（如表 3 - 15所示）。

表 3 - 15   社会资本综合指数因子方差贡献率

主成分	特征值	变异	方差贡献率	累计方差贡献率
Comp1	2. 186	0. 851538	0. 3643	0. 3643
Comp2	1. 33446	0. 626134	0. 2224	0. 5867
Comp3	0. 708328	0. 0465293	0. 1181	0. 7048
Comp4	0. 661799	0. 0606386	0. 1103	0. 8151
Comp5	0. 60116	0. 0929107	0. 1002	0. 9153
Comp6	0. 50825	—	0. 0847	1. 0000

通过对载荷矩阵进行旋转，可以得到相应的特征向量（见表 3 - 16），也就是主成分分析模型中的系数。这个系数越大，说明主成分对该变量的代表性就越强。

表 3 - 16   旋转成分矩阵

变量	Comp1	Comp2	Comp3	Comp4	Comp5
社会信任（X_1）	0. 5275	- 0. 0815	0. 1346	- 0. 0094	0. 4114
集体行动与合作（X_2）	0. 4678	0. 0421	- 0. 7449	- 0. 1973	0. 2575
社会凝聚力与包容（X_3）	0. 4839	- 0. 1672	0. 5908	0. 1351	0. 1818
权力和政治行动（X_4）	0. 5004	- 0. 0042	- 0. 0844	0. 2106	- 0. 8265
信息与交流（X_5）	0. 0223	0. 7104	- 0. 0509	0. 6766	0. 1841
群体和网络（X_6）	0. 1336	0. 6775	0. 2611	- 0. 6637	- 0. 1199

注：旋转法为 Kaiser 标准化的正交旋转法。

因而前五个主成分为：

$$F_1 = 0.5275 \times X_1 + 0.4678 \times X_2 + 0.4839 \times X_3 + 0.5004 \times X_4 + 0.0223 \times X_5 + 0.1336 \times X_6$$

$$F_2 = -0.0815 \times X_1 + 0.0421 \times X_2 - 0.1672 \times X_3 - 0.0042 \times X_4 + 0.7101 \times X_5 + 0.6775 \times X_6$$

$$F_3 = 0.1346 \times X_1 - 0.7449 \times X_2 + 0.5908 \times X_3 - 0.0844 \times X_4 - 0.0509 \times X_5 + 0.2611 \times X_6$$

$$F_4 = -0.0094 \times X_1 - 0.1973 \times X_2 + 0.1351 \times X_3 + 0.2106 \times X_4 + 0.6766 \times X_5 - 0.6637 \times X_6$$

$$F_5 = 0.4114 \times X_1 + 0.2575 \times X_2 + 0.1818 \times X_3 - 0.8265 \times X_4 + 0.1841 \times X_5 - 0.1199 \times X_6$$

此处总体 KMO 的取值是 0.7054，表示可以进行因子分析，各个变量的 KMO 取值也大多在 0.70 以上（如表 3 - 17 所示），是适合做因子分析的，从而表明模型的构建是有意义的。

表 3 - 17　KMO 检验结果

维度	KMO 指数
社会信任	0.7183
集体行动与合作	0.7623
社会凝聚力与包容	0.7271
权力和政治行动	0.7613
信息与交流	0.5007
群体和网络	0.5426
合计	0.7054

最后，对各主成分以方差贡献率为权重进行求和，即可得出每个农户的社会资本综合指数：

$$SC = 0.3643 \times F_1 + 0.2224 \times F_2 + 0.1181 \times F_3 + 0.1103 \times F_4 + 0.1002 \times F_5$$

2. 变量选取

（1）被解释变量（劳动力转移）。我们将农户每年从事非农就业超过三个月定义为有劳动力转移，存在劳动力转移行为的家庭记为"1"，不存在劳动力转移行为的家庭记为"0"。

（2）解释变量（社会资本综合指数）。在前文中我们对社会资本的六个维度分别进行了介绍，为了更好地衡量农户的社会资本总量，我们通过主成分分析法构建了社会资本的综合指数，用以度量农户的社会资本水平。

（3）控制变量。参考相关研究成果，本部分的控制变量分为两类——农村家庭层面和户主个体层面。在农村家庭层面我们选取了家庭人口规模作为特征变量，在户主个体层面我们选取了年龄、受教育程度、健康状况（是否患有疾病）作为特征变量。变量赋值及含义如表 3 - 18 所示。

表 3 - 18　变量含义和赋值（1）

变量类型	变量名称	含义	赋值
被解释变量	劳动力转移	是否进行劳动力转移	1 = 是，0 = 不是
解释变量	社会资本综合指数	社会资本	基于主成分分析的数值

续表

变量类型	变量名称	含义	赋值
控制变量	家庭人口规模	家庭人口数量	家庭人口数量
	年龄	年龄	年龄值
	受教育程度	受教育情况	1 = 不识字，2 = 识字，3 = 小学，4 = 初中，5 = 高中，6 = 大学及以上
	健康状况	是否患有疾病	1 = 有疾病，0 = 没有疾病

3. Logit 模型构建

劳动力转移实质上是农户在综合各方面因素的基础上做出的一种决策，属于离散型的变量，即必须在既定的两个选项中做出选择。劳动力转移模型主要研究农户是否进行劳动力转移的影响因素：

$$Y = 1: 存在劳动力转移行为$$
$$Y = 0: 不存在劳动力转移行为$$

$P(Y = 1 \mid x_i) = p_i$ 表示农户存在劳动力转移的概率，可能影响被解释变量 Y 的 k 个解释变量分别记为 x_1，x_2，$\cdots$，x_k，得到 Logit 模型如下：

$$p_i = \frac{1}{1 + e^{-(\alpha + \sum_{i=1}^{k} \beta_i x_i)}} = \frac{e^{\alpha} + \sum_{i=1}^{k} \beta_i x_i}{1 + e^{\alpha + \sum_{i=1}^{k} \beta_i x_i}} \qquad (3-1)$$

$$1 - p_i = 1 - \frac{e^{\alpha} + \sum_{i=1}^{k} \beta_i x_i}{1 + e^{\alpha + \sum_{i=1}^{k} \beta_i x_i}} = \frac{1}{1 + e^{\alpha + \sum_{i=1}^{k} \beta_i x_i}} \qquad (3-2)$$

$\dfrac{p_i}{1 - p_i}$ 表示农户发生劳动力转移和不发生劳动力转移的优劣比，对数变换后得到 Logit 模型的线性模式：

$$\ln\left(\frac{p_i}{1 - p_i}\right) = \alpha + \beta_1 x_1 + \beta_2 x_2 + \cdots + \beta_k x_k = \alpha + \sum_{i=1}^{k} \beta_i x_i \qquad (3-3)$$

其中，α 为常数项，β_i 表示解释变量的系数，反映解释变量影响农户劳动力转移的方向及程度。基于以上理论，本章研究的 Logit 模型设定如下：

$$Tran = \alpha + \beta_1 SC_i + \beta_2 Pop_i + \beta_3 Age_i + \beta_4 Edu_i + \beta_5 Ill_i + \varepsilon_i \qquad (3-4)$$

其中，*Tran* 代表劳动力转移，*SC* 代表社会资本综合指数，*Pop* 代表家庭人口规模，*Age* 代表年龄，*Edu* 代表受教育程度，*Ill* 代表健康状况，α 代表常数项，ε 代表随机项。

4. Logit 模型回归分析

根据建立的 Logit 模型和变量设置，结合研究主题，运用 Stata 15.0 软件进行了回归分析。在这一部分当中，回归目的是考察社会资本对劳动力转移的影响，回归结果显示 *SC* 的系数大于零（见表 3 - 19），这意味着社会资本对劳动力转移有正向影响。列（3）和列（4）分别对非贫困家庭样本和贫困家庭样本进行了回归，以探究社会资本在不同收入状况家庭中对劳动力转移的影响。列（5）和列（6）分别对四口及以上家庭和四口以下家庭进行了回归，以分析在不同人口规模家庭中社会资本对劳动力转移的影响。此时，所有变量均被纳入模型。

表 3 - 19　社会资本与劳动力转移

变量	（1）	（2）	（3）	（4）	（5）	（6）
SC	0.492 ***	0.366 ***	0.237 *	0.632 **	0.371 ***	0.305
Age		− 0.072 ***	− 0.062 ***	− 0.081 ***	− 0.066 ***	− 0.113 ***
Edu		0.301 ***	0.258 *	0.117	0.316 ***	0.332
Pop		0.030	0.067	0.099 **	0.007	− 0.434
Ill		0.097	0.198	0.018	0.098	0.282
常数项	1.073 ***	3.767 ***	3.264 ***	3.986 ***	3.443 ***	6.856 ***
样本量(个)	1054	1048	885	163	908	140
R^2	0.015	0.101	0.065	0.145	0.090	0.188

注：* 表示 $p < 0.1$，** 表示 $p < 0.05$，*** 表示 $p < 0.01$；本章余同。

列（1）只纳入了社会资本综合指数。从模型回归的结果来看，在总体样本中，社会资本与劳动力转移之间具有显著的正相关关系，*SC* 的系数为 0.492，且在 1% 的水平上显著，这说明社会资本对劳动力转移有着强烈的正向影响，社会资本水平的提高可以显著增加劳动力转移。列（2）中加入了年龄、受教育程度、家庭人口规模、健康状况等控制变量。加入控制变量后 *SC* 的系数仍然在 1% 的水平上显著，为 0.366；年龄与劳动力转移之间具有显著的负相关关系，*Age* 的系数为 − 0.072，且在 1% 的水平上显著，这说明户主年龄增长会减少劳动力的转移，青壮年在劳动力转移中比中老年更具优势。受教育程度与劳动力转移之间具有显著的正相关关系，Edu 的系数为 0.301，且在 1% 的水平上显著，这意味着在当前经济社会环境下，劳动力的受教育程度决定着农户的劳动力转移能力和水平，受教育程度越高，越能够从事非农工作以提高收入。家庭人口规模与劳动力转移之间无显著的相关关系，这与我们之前的调查结果相吻合，虽然家庭的人口规模有所不同，但是主要劳动力人数大致相同。Ill 的系数为正，但是并不显著，可能的解释是，对于农户来说，身体健康状况并不是人们是否选择外出务工的重要因素。

在非贫困家庭中，SC 的系数在 10% 的水平上显著，为 0.237。年龄与劳动力转移之间具有显著的负相关关系，Age 的系数为 -0.062，且在 1% 的水平上显著。受教育程度与劳动力转移之间具有显著的正相关关系，Edu 的系数为 0.258，且在 10% 的水平上显著。家庭人口规模和健康状况与劳动力转移之间无显著的相关关系。在贫困家庭中，社会资本与劳动力转移之间具有显著的正相关关系，SC 的系数为 0.632，且在 5% 的水平上显著。年龄与劳动力转移之间具有显著的负相关关系，Age 的系数为 -0.081，且在 1% 的水平上显著。受教育程度与劳动力转移之间无显著的相关关系。家庭人口规模与劳动力转移之间具有显著的正相关关系，Pop 的系数为 0.099，且在 5% 的水平上显著。健康状况与劳动力转移之间无显著的相关关系。

在人口多于等于 4 人的家庭，社会资本与劳动力转移之间具有显著的正相关关系，SC 的系数为 0.371，且在 1% 的水平上显著。年龄与劳动力转移之间具有显著的负相关关系，Age 的系数为 -0.066，且在 1% 的水平上显著。受教育程度与劳动力转移之间具有显著的正相关关系，Edu 的系数为 0.316，且在 1% 的水平上显著。健康状况与劳动力转移之间无显著的相关关系。在人口少于 4 人的家庭中，社会资本与劳动力转移之间无显著的相关关系。年龄与劳动力转移之间具有显著的负相关关系，Age 的系数为 -0.113，且在 1% 的水平上显著。受教育程度与劳动力转移之间无显著的相关关系。家庭人口规模与劳动力转移之间无显著的相关关系。健康状况与劳动力转移之间无显著的相关关系。

综合上述结果，可以得出结论：社会资本对劳动力转移有正向影响。

在贫困家庭中这一影响水平更高，这符合社会资本是"穷人的资本"的社会资本理论。贫困家庭由于收入等原因在人力资本和物质资本方面的投资低于非贫困家庭，但是由于社会资本具有特殊性，在人力资本和物质资本远有不足时对社会资本的投资会有更高的收益率。在4口及以上规模的农村家庭中，社会资本对劳动力转移的影响程度要高于4口以下规模家庭。总而言之，回归结果符合假设。

5. 稳健性检验

为了检验回归结果的稳健性，本章使用 Probit 模型进行稳健性检验，将相关数据进行标准化处理之后，分别代入方程。稳健性检验结果表明，社会资本对劳动力转移的影响系数的正负性和显著性与 Logit 模型基本一致（见表3-20），通过稳健性检验。

表 3 - 20   稳健性检验结果（1）

变量	（1）	（2）	（3）	（4）	（5）	（6）
SC	0.293 ***	0.209 ***	0.128	0.399 **	0.214 ***	0.155
Age		− 0.041 ***	− 0.035 ***	− 0.049 ***	− 0.038 ***	− 0.059 ***
Edu		0.178 ***	0.149 *	0.062	0.187 ***	0.173
Pop		0.020	0.037	0.064 **	0.007	− 0.267
Ill		0.051	0.106	0.025	0.057	0.102
常数项	0.657 ***	2.152 ***	1.888 ***	2.409 ***	2.030 ***	3.713 ***
样本量（个）	1054	1048	885	163	908	140
R^2	0.015	0.099	0.064	0.147	0.089	0.177

（三）劳动力转移促进农户增收的实证分析

上文分析了社会资本对劳动力转移的影响，结论是社会资本对劳动力转移有正向影响。本章研究的主题是社会资本、劳动力转移和农村减贫，在确定了社会资本和劳动力转移的关系之后，需要分析劳动力转移对农村减贫即农户收入的影响，这样便会完整完成社会资本通过劳动力转移作用于农村减贫的计量研究。

1. 变量选取

（1）被解释变量（家庭总收入）。在此使用家庭总收入作为被解释变

量，考虑到虽然农村家庭人口规模不同，但家庭结构相似，特别是家庭主
要劳动者的结构相似，家庭成员越多，则家庭中非劳动人口越多，这些非
劳动人口或是失去劳动能力的老人，或是正在读书的未成年子女，则使用
家庭总收入比使用家庭人均纯收入更接近于现实。

（2）解释变量（劳动力转移）。我们将每年从事非农就业超过三个月
定义为有劳动力转移，存在劳动力转移行为的农户记为"1"，不存在劳动
力转移行为的农户记为"0"。

（3）控制变量。参考相关研究成果，此处的控制变量分为两类——农村
家庭层面和户主个体层面。在农村家庭层面我们选取了家庭人口规模、是否
贫困家庭、电费支出，在户主个体层面我们选取了年龄、受教育程度、健康
状况。变量赋值及含义如表3-21所示。

表 3-21　变量含义和赋值（2）

变量类型	变量名称	含义	赋值
被解释变量	家庭总收入	农村家庭总收入	家庭总收入的对数
解释变量	劳动力转移	是否进行劳动力转移	1 = 是，0 = 不是
控制变量	家庭人口规模	家庭人口数量	家庭人口数量
	是否贫困家庭	是否贫困	非贫困 = 1，贫困 = 0
	电费支出	一年中关于电费的支出	电费支出的对数
	年龄	年龄	年龄值
	受教育程度	受教育情况	1 = 不识字，2 = 识字，3 = 小学，4 = 初中，5 = 高中，6 = 大学及以上
	健康状况	是否有疾病	1 = 有疾病，0 = 没有疾病

2. OLS 模型构建

为研究劳动力转移对家庭总收入的影响，我们建立 OLS 方程：

$$I_i = \alpha + \beta_1 Tran_i + \beta_2 Pop_i + \beta_3 Pow_i + \beta_4 Poor_i + \beta_5 Age_i + \beta_6 Edu_i + \beta_7 Ill_i + \varepsilon_i \quad (3-5)$$

其中，I 为家庭总收入，$Tran$ 为劳动力转移，Pop 为家庭人口规模，$Poor$
为是否贫困家庭，Pow 为电费支出，Age 为年龄，Edu 为受教育程度，Ill
为健康状态，ε 为误差项。

根据建立的 OLS 模型和变量设置，结合研究主题，在 Stata 15.0 软件
中进行了回归分析，回归结果如表 3-22 所示。

表 3 – 22　劳动力转移与家庭总收入

变量	（1）	（2）	（3）	（4）	（5）	（6）
Tran	0.496 ***	0.115 **	0.072	0.251 ***	0.126 **	0.076
Poor		1.454 ***			1.426 ***	2.003 ***
Age		− 0.007 ***	− 0.008 ***	− 0.008	− 0.008 ***	− 0.005
Pop		0.072 ***	0.056 ***	0.097 ***	0.076 ***	− 0.004
Ill		− 0.142 ***	− 0.075	− 0.368 ***	− 0.150 ***	− 0.098
Edu		0.105 ***	0.123 ***	0.039	0.086 ***	0.171
Pow		0.264 ***	0.281 ***	0.126 **	0.258 ***	0.300 ***
常数项	1.000 ***	− 2.157 ***	− 0.791 **	− 1.176 **	− 2.047 ***	− 3.036 ***
样本量（个）	1054	1034	874	160	898	136
R^2	0.057	0.514	0.178	0.473	0.520	0.480

　　列（1）只纳入了劳动力转移变量。从模型回归的结果来看，在总体样本中，劳动力转移与家庭总收入之间具有显著的正相关关系，*Tran* 的系数为 0.496，且在 1% 的水平上显著，表明劳动力转移对家庭总收入有着强烈的正向影响，劳动力转移会显著增加家庭总收入。列（2）中加入了控制变量。加入控制变量后 *Tran* 的系数在 5% 的水平上显著，大小为 0.115，比起未加入控制变量时有所减小，可能的原因是，控制变量对家庭总收入的影响部分抵消了劳动力转移的影响。年龄与家庭总收入之间具有显著的负相关关系，*Age* 的系数为 − 0.007，且在 1% 的水平上显著，这说明户主年龄增长会对家庭总收入产生负向影响，在问卷调查过程中我们对户主的定义是家庭收入的主要创造者，随着户主年龄增长家庭总收入会减少。受教育程度与家庭总收入之间具有显著的正相关关系，*Edu* 的系数为 0.105，且在 1% 的水平上显著。这意味着在现今的经济社会环境下，劳动力的受教育程度影响农民的家庭总收入，受教育程度越高，越能够加深对当前社会经济的认知，从而在当前环境下从事收入相对较高的工作。*Pop* 的系数为 0.072，在 1% 的水平上显著，家庭人口规模越大农村家庭总收入越高。*Ill* 的系数为 − 0.142，在 1% 的水平上显著，疾病会减少家庭总收入，这解释起来也很简单，患有疾病会影响工作或者说劳动从而收入降低。*Pow* 的系数为 0.264，在 1% 的水平上显著，电费支出源自用电量，现在的生产性

支出中电费是一个重要方面。

为了分析劳动力转移在不同收入状况家庭中对家庭总收入的影响，分别对非贫困家庭样本和贫困家庭样本进行了回归，结果分别见列（3）和列（4）。在非贫困家庭中，$Tran$ 的系数为正，但不显著。年龄与家庭总收入之间具有显著的负相关关系，Age 的系数在 1% 的水平上显著。受教育程度与家庭总收入之间具有显著的正相关关系，Edu 的系数在 1% 的水平上显著；Pop 的系数为 0.056，在 1% 的水平上显著。Ill 的系数为负，但不显著。Pow 的系数为正，在 1% 的水平上显著。在贫困家庭中，劳动力转移与家庭总收入之间具有显著的正相关关系，$Tran$ 的系数为 0.251，且在 1% 的水平上显著。年龄与家庭总收入之间具有负相关关系，但不显著。Edu 的系数为正，但不显著；Pop 的系数为正，在 1% 的水平上显著。Ill 的系数为 −0.368，在 1% 的水平上显著，这说明在贫困家庭中，疾病是影响家庭总收入的重要因素，因病致贫、因病返贫的情况大量存在。Pow 的系数为正，在 5% 的水平上显著。

为了探究劳动力转移在不同人口规模的家庭中对家庭总收入的影响，分别对人口规模大于等于 4 人和小于 4 人的农户样本进行了回归，结果分别见列（5）和列（6）。在人口规模大于等于 4 人的家庭中，劳动力转移与家庭总收入之间具有显著的正相关关系，$Tran$ 的系数为正，且在 5% 的水平上显著。年龄与家庭总收入之间具有负相关关系，Age 的系数在 1% 的水平上显著。受教育程度与家庭总收入之间具有显著的正相关关系，Edu 的系数在 1% 的水平上显著。Pop 的系数为 0.076，在 1% 的水平上显著。Ill 的系数为负，在 1% 的水平上显著。Pow 的系数为正，在 1% 的水平上显著。在人口规模小于 4 人的家庭中，$Tran$ 的系数为正，但不显著，控制变量的系数多数不显著，可能的原因是，农村 4 口以下家庭多是由无劳动能力的老人组成的家庭或者与子女分家但是由子女赡养的特殊家庭，主要收入来源是政府和子女的转移性支付，劳动力转移情况较少，所以回归结果不显著。

综合上述结果，可以得出结论：劳动力转移对家庭总收入有正向影响。在贫困家庭中这一影响程度更高，在 4 口及以上规模的农村家庭中，劳动力转移的影响程度要高于 4 口以下家庭。总而言之，回归结果符合假设。

3. 稳健性检验

为验证回归结果的稳健性，重新选择人均纯收入作为农户收入的表征变量进行稳健性检验。将相关数据进行标准化处理之后，进行回归，得到以下实证结果（如表 3 - 23 所示）。

表 3 - 23　稳健性检验结果（2）

变量	（1）	（2）	（3）	（4）	（5）	（6）
Tran	0.470***	0.198**	0.221**	0.037***	0.169**	0.272
Poor		0.429***			0.511***	1.521***
Age		-0.007	-0.009*	-0.001	-0.006	-0.011
Pop		-0.166***	-0.247***	-0.004***	-0.083***	-1.637***
Ill		-0.234***	-0.267*	-0.037**	-0.184**	-0.468
Edu		0.217***	0.260***	0.006	0.180**	0.282
Pow		0.637***	0.710***	0.016*	0.652***	0.710*
常数项	0.952***	-3.203**	-2.972*	0.146*	-3.853***	-0.429
样本量（个）	1054	1034	874	160	898	136
R²	0.011	0.190	0.161	0.156	0.191	0.268

稳健性检验结果表明，劳动力转移和主要控制变量系数的正负性和显著性均与前文回归结果一致，通过稳健性检验。

四　结论和政策建议

在文献梳理的基础上，总结出社会资本对劳动力转移的作用机制以及劳动力转移对农户收入的作用机制。利用河南大学"百县千村"农村定点调查的农户资料，研究社会资本、劳动力流动与农村减贫的关系，通过统计分析不同家庭社会资本的差异探究社会资本与劳动力转移之间的关系，通过统计分析不同收入状况家庭的劳动力转移情况探究劳动力转移与农户收入的关系。之后应用主成分分析法构建社会资本综合指数，在此基础上构建 Logit 模型实证分析社会资本对劳动力转移的作用，构建 OLS 模型实证分析劳动力转移对农户收入的作用。基于统计性描述分析和模型回归结果得出以下结论并给出相应的政策建议。

（一）结论

第一，农村贫困家庭普遍存在高度依赖传统农业的情况，而土地经营规模有限，人地矛盾突出，农业劳动边际生产率低，农民自身素质不高，以及农业自身所特有的弱质性等因素制约了农民收入的持续增长。家庭人口规模大，子女多，对现代社会经济的认知程度低，从事非农就业进行劳动力转移情况较少，是导致农村家庭贫困的直接原因。

第二，在社会资本的六个维度中，社会信任在有劳动力转移家庭和无劳动力转移家庭中的水平差别不大，其余五个维度的社会资本均是有劳动力转移家庭的水平高于无劳动力转移家庭，在信息与交流、群体和网络这两个维度尤为明显，这印证了社会资本对劳动力转移的理论作用机制。据此提出社会资本对劳动力转移有正向影响的假设，通过 Logit 模型进行回归分析，验证了该假设，得出社会资本对劳动力转移有促进作用的结论。

第三，统计分析不同收入家庭的收入来源发现，农村贫困家庭劳动力从事非农就业的比例明显低于非贫困家庭，而劳动力转移理论认为农民通过转移至非农产业，可提高边际产出率，以增加收入。据此提出劳动力转移对农户收入有正向影响的假设，通过 OLS 模型进行回归分析，验证了该假设，同时印证了劳动力转移的理论机制，得出劳动力转移对农户收入有促进作用的结论。

第四，社会资本是贫困家庭获取资源的重要途径。贫困家庭不仅社会资本少于非贫困家庭，而且占有资源更少，社会资本对于贫困家庭的意义更大。为了考察社会资本在不同收入家庭中对劳动力转移的作用，在实证分析中对贫困家庭和非贫困家庭分别做了回归分析。结果表明，社会资本在贫困家庭中对劳动力转移的影响系数为 0.632，而在非贫困家庭中的影响系数为 0.237，两者相比，贫困家庭中社会资本的作用要比非贫困家庭强，从而支持了社会资本是"穷人的资本"这一理论观点。

第五，从理论上来看，团体型社会资本对劳动力转移有促进作用，但是统计分析发现农民的社会组织参与率极低，团体型社会资本极少，这与刘坚（2006）和胡荣（2006）的观点一致。

综上所述，农村家庭贫困的主要原因是高度依赖传统农业，劳动力转移情况较少，而社会资本可以促进劳动力转移以增加农户收入，从而使之摆脱贫困。

（二）政策建议

（1）农村减贫的核心在于提高农村居民收入，从现阶段来看，促使农民由传统农业向非农产业转移是提高农民收入的主要手段，而这又依赖农民可利用的社会资本。因此，政府要加大对农民社会资本方面的投资力度，增强和提高农民获得资源的机会和能力。社会资本是一种蕴含在文化、传统和惯例中的关系，和投资物质资本或人力资本不同，投资社会资本需要深入对文化传统的理解和传承，建立完善的农村信息网络，使现代知识信息、技术方法、管理规范等能够有效地在农村传播，形成促进社会资本形成的良好环境。

（2）加大对农村地区教育的投资力度，切实保障义务教育的全面实施，提高农村居民的受教育水平。教育对积累丰富的社会资本具有根本的作用，教育能够增加社会知识存量，增强人们处理不确定性事务的能力。

（3）推进农村劳动力转移。研究分析农村劳动力转移的影响因素，消除那些阻碍劳动力流动的因素，统筹城乡产业发展，形成城乡就业一体化的体制机制；优化农村劳动力转移路径，拓展农村劳动力转移渠道，从而引导农村劳动力有序、快速转移，增加农村家庭收入，使之摆脱贫困。

（4）推进农村社会的现代化转型。同步促进农村劳动力转移和农民增收的根本是农村整体发展，而促进农村整体发展的根本又在于转变农村传统的农业发展方式。我国农业发展落后的表现是传统的农业生产方式，小农经济主体，耕作技术落后，生产效率低下，背后的原因是农业生产经营主体以家庭为主，家庭是基本的消费单位，同时承担了生产的职能。这导致农民只有基于消费来进行生产决策，从而能够利用的资源局限于农业生产体系内部。转变农业生产方式在于引入市场机制，改变以小农家庭为生产经营主体的发展方式，提高农业生产效率，以提高促进农村劳动力转移和农民增收的效果。

第四章   社会资本、公共品供给与农村减贫

一   研究背景与文献综述

（一）研究背景

改革开放以来，我国贫困人口数量明显减少，为全球反贫困事业做出了巨大贡献。根据世界银行的分析，脱贫人口的贫困脆弱性仍较强，返贫率较高。在与贫困的长期斗争过程中，人们开始从新的角度寻找减贫的方法。近年来，学者和政策制定者日益关注存在于社会交往和社会联系之中的一种特殊形式的资本——社会资本。一些学者提出应该从社会资本的角度来制定反贫困政策（Woolcock and Narayan，2000）。

"三农"问题历来是我国政府和学界关注的重点，特别是随着我国社会和经济的飞速发展，城乡差距日益扩大，"三农"问题越发突出。2004年以来，"中央一号文件"连续十八年聚焦"三农"问题，中央和地方政府、基层组织等出台了较多的强农、惠农政策。然而，整体来看，从2003年到2012年，中央政府在"三农"领域的投入要远超视工业化、城市化为重点的地方政府。其间，政府为农村地区提供了多种的公共物品或服务，如包括农村道路在内的"村村通"工程和其他公共基础设施的完善、对农田灌溉和水利工程的修缮、对农村医疗和卫生服务供给的增补和改善以及对农村教育系统的大力提升等。无论是从面积还是从人口规模来看，农村地区仍是维系人口、社会的稳定和健康发展并关系整个国家利益和长治久安的重中之重，农村治理以及"三农"问题的解决直接影响国家的安定团结和可持续发展。而随着农村社会和经济发展，农民对公共品的需求逐渐出现多元化、标准化和实用化的趋向。人们也逐渐认识到农民的这种

需求对农村公共品有效供给的重要性。目前，我国农村公共品整体上既有供给总量欠缺的瓶颈问题，也存在结构性失衡的问题，而这两个问题最终落脚在农村公共品综合效益和综合效率偏低方面。政策制定者正在积极采取相关措施①，针对"三农"问题提出"均衡"的理念，认为要使农业农村尽快补齐短板，并缩小城乡差距促进公共资源的均衡配置和充分利用，提高城镇公共服务和公共物品均等化水平。同时，要提高城镇公共服务的辐射强度，加快推动公共服务向农村地区延伸，将社会资本融入农村公共品有效供给方面，引导、支持和鼓励社会资本更多、更积极地参与公共服务项目。

改革开放以来，我国发生了大规模的农村务工人员跨区域流动，伴随着中国城镇化的步伐，人口流动还将持续下去。农村人口的流动造成农村社会空心化现象日益严重；交通网络体系的日益发达使得农村社区的范围和边界逐渐模糊；政府倡导下的新农村建设和新型城镇化进程导致传统的村落共同体逐渐解体；农村地区传统的伦理道德、地方规范和类似的"乡贤"制度文化被破坏。那些社会网络松散、人际关系冷淡、社会信任缺失或社会规范瓦解的村庄，社会资本水平整体的落后导致农村集体行动效率大幅降低。而我国特有的城乡二元结构固化又使得原本差异巨大的城乡公共品供给矛盾日益加大。对于上述所说的这些问题和矛盾，仅依靠政策制定者或者市场力量是无法解决的。如果政府提供的公共品无法满足农村对公共品的基本需求，村集体组织和农民也无力提供，就会影响农民增收、农业发展和农业增产。而那些社会资本充足的村庄，能够通过集体行动有效解决公共品供给不足问题，在诸如水利灌溉设施的维护、村庄公共基础设施的完善等方面发挥作用。因此，社会资本是影响农村公共品供给的重要因素，可以作用于农村减贫和贫困治理。本章利用河南大学经济学院、河南大学新型城镇化与中原经济区建设河南省协同创新中心、河南大学黄河文明与可持续发展中心的"百县千村"农村定点调查数据，考察不同层面和维度的社会资本对农村公共品供给的影响，同时研究这种影响是如何发挥减贫效应。

（二）文献综述

已有的研究已经证实公共品的投入对反贫困特别是对农村减贫具有显

---

①　例如，2015 年 12 月 31 日中共中央和国务院下发《关于落实发展新理念加快农业现代化实现全面小康目标的若干意见》。

著的作用。社会资本正是通过对行动者的协调来提升整体经济效率的，主要表现在社会网络、信任和规范等方面（Putnam，Leonardi and Nanetti，1993），本身具有公共品的部分属性，同时也包含较强的外部性（Coleman，1990）。Fan 和 Zhang（2004）的研究发现政府在诸如医疗、公共卫生、教育文化等方面的支出对减少贫困有非常显著的作用。而集体层面的农业研发、农田水利、农业灌溉以及农村地区公共基础设施建设等对农业生产、农村经济发展能够产生减贫效应和起到降低不平等程度的作用。从世界范围来看，多数国家的实证研究显示，无论是发展中国家还是发达国家和地区，政府主导的公共品投资活动和行为对农村减贫、农民增收都具有显著的作用（Winters，Davis and Carletto et al.，2009）。泰国中央政府以"社群经济"为核心，对农村公共品供给进行发展和管理。其中一个明显的特征表现为，对于基于村民之间的联合及其社会关系而形成的行政村，公共品主要基于社群组织的自愿供给方式来提供和管理（Fan and Zhang，2004），而且这种模式行之有效。然而在农村地区的公共品供给方面，地方政府扮演的角色和发挥的作用都是次要和有限的（Shigetomi，2006）。因此，泰国中央政府通过发展所谓的"农村社群经济"模式，在一定程度上抑制了农村地区公共品的供需矛盾和低效。同属于东南亚地区的印尼则大力提倡和支持非农企业和组织参与农村地区的公共服务提供和基础设施建设，促进和提高了本国农村地区基础设施和公共服务的整体质量水平，相当程度地解决和改善了农村公共品供给地资金短缺问题（Gibson and Olivia，2010）。与前述国家不同，在公共品供给以地方政府为主导的美国，公共品的供给与生产是高度分离的，且公共品供给的主体是多元化的。这种模式很大程度上强化了包括农村地区在内的地方公共品的有效供给。然而，这种多元化的供给模式，会导致农村地区公共品供给权分散，致使在某些领域造成特大规模的农村公共品供给的不足和失灵（Frug，2010）。另一项研究则较早地佐证了这一观点：对人口超过 5000 人的市镇和人口规模大于 25000 人的县的调查结果显示，高达 99% 的地方政府实施过关于农村公共品供给的具体生产任务的合同外包（Smith，1996）。

整体而言，公共品的有效提供不仅对城市居民生活的改善和社会生产率的提高有着重要的促进作用，同时也对农民增收及其消费水平的提高有重要作用。公共品的有效提供是改善和解决农村长期贫困问题、突破农村贫困恶性循环的重要手段和政策工具。一般认为，基础教育、公共医疗卫生和社会保障等公共服务的投入能够改善和提高农村劳动力的质量和水平；农村基础设施和环境文化氛围的建设则能够有效降低农村的社会生产成本、提高生产效率以及促进农民增收。

关于贫困治理特别是农村减贫的大量研究中，"资本"一直被研究者们所重点关注。随着研究和时间的逐步推进，"资本"概念和含义不断演进：早期以"贫困恶性循环理论"为中心的多数研究，认为资本主要是传统意义的物质资本，而后认为贫困的主要根源在于人力资本投入的缺乏的现代人力资本理论成为学者们研究贫困治理问题的又一重要理论（Schultz，1961）；在人力资本理论提出的20年后，20世纪80年代，社会资本理论兴起。与物质资本和人力资本相比，社会资本具有完全不同的性质，是它们的补充，也是经济社会发展中的重要因素（Ostrom，1999）。社会资本与传统资本相比最显著的区别在于它是一种非正式制度，强调的是嵌入社会网络中的一种可以被行动者所获取以及使用的资源（Lin，2001）。社会资本在贫困治理中发挥的功能和作用，促使学者开始持续不断地关注社会资本的异质性对减少贫困的作用和影响，从而也极大地拓展和提升了贫困治理和反贫困研究的框架和层次，取得了较为丰富的前期成果。

有学者研究发现，在中国农村地区，如果一个村庄拥有民间社团如教堂或寺庙，那么意味着它拥有一定水平的社会资本，其公共品供给水平明显要高；从宗族角度来看，拥有单一宗族的村庄比具有更复杂宗族的村庄具有更高水平或更多数量的公共品（Tsai，2007）。进一步的研究认为，这种结果的产生可能源于宗族产生的非正式权威比较盛行，它会在正式的选举中起到重要作用，从而使得村主任在最大姓氏中产生的可能性增加，而在其任期内在地村庄会出现公共品投入数量的增加现象（Xu and Yao，2009）。一种解释是因为村主任提出的政策会在他所在的宗族里更好地执行，这种执行的效果会促进公共品的增加。类似的情形也发生在印度，其种姓制度对村庄选举具有更强的影响和作用（Munshi and Rosenzweig，2009）。另外，Zhang、Fan和Zhang等（2004）以及Luo、Zhang和Huang等（2007）利用中国农村有关数据进行的实证研究表明，实行干部选举的村庄会有较高水平的公共品供给，而实行干部任命的村庄公共品供给会差一些。他们认为原因在于实行选举制的村庄在分权程度、干部问责程度以及村民参与政治程度等方面具有更高的群众基础和关系网络水平，这有助于在地村庄的公共品供给。

奥尔森曾经在集体行动的逻辑中指出"公共品的私人合作供给会走向失败"，尤其是在农村地区，而社会资本的引入有助于解决这一难题。然而，国内目前关于社会资本与农户家庭层面的公共品供给特别是二者与农村减贫关系的研究比较欠缺，而来自微观数据层面的经验研究更为稀缺。鉴于目前社会资本的界定较为模糊，内涵较为丰富，衡量标准较为多元，同时基于研究的准确性和数据的可得性，本章的分析将主要从社会网络、社会信任和社会规范几个维度展开。

二 中国农村公共品供给

（一）农村地区公共品供给整体状况

伴随着经济的快速增长，我国财政收入大幅增长，保障了各级政府在社会经济各个领域的公共支出的增长。2016 年，全国一般公共预算支出187755.21 亿元，同比增长 7.4%，其中：中央一般公共预算支出 86804.55亿元，其中中央本级支出 27403.85 亿元，同比增长 4.4%；地方一般公共预算支出 160351.36 亿元，同比增长 7.4%。[①] 但是，从公共预算支出的部门来看，农业财政支出的比重在近些年一直处于较低水平。2016 年，全国一般公共预算支出中有关农业支出项目的"农林水"一项只占据财政总支出的 9.9%（如图 4-1 所示）。其中，"农业综合开发"[②] 项目支出额为 588.56 亿元，占"农林水"项目支出的比重为 3.36%。而 2016 年地方一般公共预算支出中"农林水"项目支出为 16789.34 亿元，占比为10.47%，其中"农业综合开发"项目支出额为 567.45 亿元，占"农林水"项目支出的比重为 3.38%。2016 年，河南省一般公共预算支出总额为8991.72 亿元，其中"农林水"项目支出为 832.52 亿元，占比为 9.26%。

目前来看，农村公共品供给整体存在不足现象而且农村地区公共品供

---

① 数据来源：国家统计局和财政部。
② 农业综合开发是指中央政府为支持农业发展、改善农业生产条件、优化农业和农村经济结构、提高农业综合生产能力和综合效益，设立专项资金对农业资源进行综合开发利用和保护的活动。

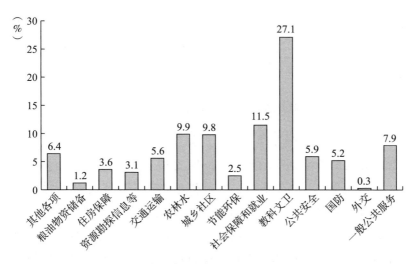

图4-1 2016年国家财政支出分项目构成

数据来源：《中国财政年鉴（2017）》。

给可能同时存在局部的结构性过剩和地区间不均衡问题。因而，无论是从历史角度看还是就目前状况而言，农村公共品供给不足是一个基本的事实（如图4-2所示），在贫困人口大量集聚的农村贫困地区，该情况更为严重。农村公共品供给总量不足、公共品供给整体质量较低、公共品结构和供求关系失衡等现象导致我国农业整体发展缓慢、农村社会矛盾突出、农民收入增长乏力以及收入不平等情况加剧等问题的产生。而有效的农村公

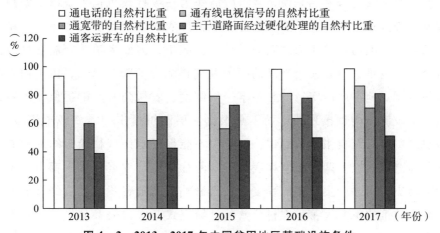

图4-2 2013~2017年中国贫困地区基础设施条件

数据来源：国家统计局农村住户调查和居民收支与生活状况调查（http://www.stats.gov.cn/ztjc/ztfx/ggkf40n/201809/t20180903_1620407.html）。

共品供给是促进农村经济和社会可持续发展、维护农村安全稳定、提高农民生产生活质量的重要保障。因此，从社会资本角度研究农村公共品有效供给具有重要的理论价值和现实意义。

（二）农村公共品供给机制与模式

农村公共品指的是在农村地区主要服务于农业生产、农村经济发展和农民生活的必需的公共物品和服务，同时这种公共物品和服务具有一定的非排他性和非竞争性，通常农村公共品供给指的是供给主体为需求者提供公共物品和服务的过程。这一过程可以看作为供给主体协调城镇与农村、政府与农民、工业与农业利益关系的过程，根据供给主体的性质和决策机制可以分为政府供给、集体供给和个体自愿供给。其中，政府供给主要以全国性的或者区域性的或依靠市场机制供给低效和无效的公共物品和服务为对象，主要包括农业生产性和部分生活需要型的公共物品和服务，如过村公路、大型农田水利和灌溉设施以及医疗卫生与养老服务等；集体供给是专门针对所属地域范围内的村民、农户而提供的与生产生活相关的公共物品和服务；而个体自愿供给是以农民个体或农村家庭自愿为前提而提供的一种低成本、小范围的公共物品和服务如小型农用机械或生产用各种器械等。

目前，我国农村公共品供给主要分为两种模式。第一，制度外的筹资机制。对于农村公共品来说，乡镇政府作为一级行政机构主要以从农户提取基金的方式筹措资金。随着农业税取消等农村税费制度的改革，乡镇政府的职责范围与财政实力之间的矛盾日益突出，因而乡镇政府制度外筹措资金越来越难，对农村公共品的投入和支持能力下降。第二，由上而下的决策机制。地方政府实行的是一事一议制度，农村公共品的提供是由乡镇级以上政府机构直接划拨，而不是根据基层组织提出的需要或申请拨付。该机制本身具有自主决策意识，但是它不能很好地体现村级组织或者农民的集体意识。以上两种机制在我国不同的社会经济发展背景下都发生了一定的历史作用并产生了不同程度的社会影响。而随着我国社会经济的发展和相关政策的不断完善，农村公共品供给模式对农村公共品供给绩效的影响和作用存在不同的表现和特征。

从空间角度看，即便在同一地区内，在享受公共品供给方面，不同的社会群体存在较为明显的差距，尤其是近城郊区和偏远农村地带的公共品供给差别很大（骆永民和樊丽明，2012；陈伟和白彦，2013；李燕凌和刘远风，2013）。在农村公共品管理方面，一是政府所表现出的职能缺位和越位问题并存（林万龙，2007），比较而言"缺位"问题更为严重；二是政府职能和目标错位，公共服务型政府目标没有执行到位而偏离原有目标，政府过于信赖和热衷于市场经济体系，将大量公共品供给盲目推向市场；三是政府某种程度的"与民争利"，致使某些可以由市场机制和主体来决定和参与的诸如俱乐部产品、准公共物品等的供给，没有降低准入门槛和放开约束，而是直接参与了公共品的生产活动，降低了整体供给效率（朱信凯和彭廷军，2009）。整体来看，目前我国关于农村公共品供给的"政府失灵"与"市场失灵"现象并存。

（三）农村公共品供给的问题

第一，农村公共品供给的总量和规模不足。尽管中央政府已经采取多项强农、惠农政策，但是在现行体制下，国家经济发展仍是重城镇轻农村、重工业轻农业。我国是全球人口大国、农业大国，虽然伴随着近些年快速的城镇化进程，但是仍有半数左右的人口居住在广袤的农村地区。这样的国情和政策背景下，无论是绝对规模和数量，还是相对的份额，农村公共品的投入在整个国民经济体系中都是严重不足的。特别是在公共财政支出方面，中央与地方财政支出占比分别为15%和85%（2017年），许多领域的财政支出转移到地方财政，地方和基层政府的财政负担加重，而地方和基层政府的财力有限，许多农业县经济支撑能力较弱。

第二，农村公共品供给与实际需求不匹配。中央政府的政策极大地影响和作用于农村公共品供给机制，而这种模式会导致公共品供给与农村地区实际需求相脱节。中央将部分事权下放到地方政府并制定相关绩效考核目标，以此为依据开展地方政府的政绩考察。这些会促使地方和基层政府机构单纯追求政绩，从而将划拨的公共品集中投入在周期短、效果明显的项目上，而忽视诸如农业技术研发、农业技术推广合作、农业信息化和工业化建设等事关农业和农村经济长期发展的项目，同时对有利于农民生活水平和质量提高的公共服务（基础教育、公共医疗卫生、养老服务等）的投入欠缺，致使许多公共品供给与农村实际需求严重不符和脱轨。而对于诸如道路建设、电网建设等规模大、成本高、见效快的公共品项目，存在投入资源过度甚至重复和浪费资源的现象，且在项目完工的后期维护、修缮和监管方面缺乏有效管理。因此，这种不以农民真实意愿和实际需求为依据的公共品供给决策机制，致使农村公共品供需严重失衡，从而抑制和阻碍了农业和农村经济发展以及降低了农民生活水平和质量。

第三，农村公共品供给主体有限。尽管政府供给、集体供给和个体自愿供给在农村公共品的供给中扮演不同的角色，但在目前体制下，政府供给问题突出、集体供给作用尚未充分发挥、个体自愿供给效果有限。由于我国是人口大国、农业大国，而多数人口又生活在广大农村地区，不同地区不同类型的农村对公共品的需求是多样的。主要由中央和各级政府执行公共品供给的政府供给制度，本身需要依据一定的政策要求和国家财政实力情况，不可能全面、大规模地提供公共物品和服务；划拨资金局限于固定区域，而质量也不能保证高标准；个体自愿提供公共品更是受到一些政策和要求的限制以及个体自身经济实力和其他主观因素约束，不可能广泛实施。这些都无法满足广大农民和农村地区对公共品数量和多样性的需求。各级政府进行农村公共品供给的内在机制如从资金申请直至拨付周期相对较长，也影响了资源的有效配置和利用，无法满足农业正常发展和农民生活的需要。

综上所述，我国农村公共品供给本质上存在供需失衡的表现，正是市场失灵、社区失灵以及政府缺位等因素造成了我国农村公共品整体上的一种供需失衡。农村地区长期存在公共品的"供给困境"的原因如下：第一，政府的财力以及各项政策在较长一段时间内偏向城市地区；第二，信息严重的不对称造成了农村公共品供给的严重滞后；第三，在农村公共品供给中存在"搭便车"与寻租问题；第四，政府在履行部分农村公共品供给职能中存在误区。

三　数据来源以及社会资本、公共品供给与农村贫困的衡量

（一）数据来源

本章研究所有数据来源于 2018 年河南大学经济学院、河南大学新型城镇化与中原经济区建设河南省协同创新中心和河南大学黄河文明与可持续

发展研究中心课题组共同完成的"百县千村"农村定点调查活动。由于本章的研究对象是微观层面的独立经济单位①——农村家庭（农户），我们对数据进行匹配和处理：将村一级的村情数据和农村家庭数据进行匹配，再将农村家庭数据和农村家庭社会资本数据进行匹配；经过整理最终涉及的有效样本包含河南省 18 个地市的 219 个村的 600 户家庭（2017 年）；最终匹配的社会资本数据（2018 年）相比农村家庭数据及市场化数据（2017年）滞后一年，从而减轻了数据之间的联立内生性问题。

（二）社会资本的衡量

本章对社会资本的衡量和数据收集是基于世界银行（World Bank，2003）提出的社会资本分类方式来进行的，即将社会资本分为"群体和网络""信任和团结""集体行动与合作""信息和交流""社会凝聚力和包容力""权力和政治行动"六大方面。在此基础上，对社会资本指标依据农村具体情况进行了调整和改进，社会资本调查问卷主要采用的是五点量表形式。已有的研究一致地认为，社会资本对于贫困人口和低收入群体而言有助于摆脱绝对贫困，然而对于相对贫困问题来说则有可能加剧和恶化（周晔馨，2012）；社会资本的减贫效应主要通过形成非正式制度的"制度完善效应"和基于资源分配的"资源俘获效应"②两种机制发挥作用（李玉恒、王艳飞和刘彦随，2016；周玉龙和孙久文，2017）。

总结已有文献，有关农户的社会资本对农户参与社区公共品供给产生的影响主要包括以下几点。第一，社会网络，不仅包括与本地区农村内部的联系，同时也包括与农村外部的联络。农户与社区或相关组织的联系越广泛越紧密，其个体行动网络空间就越大，从而在社区中交往的人越多。这种关系越紧密越广泛，就越能够在本地区的农村公共品供给中表现出较

---

① 独立经济单位的判断标准是家庭成员的收支是否与该家庭户主分开，如果分开将被视为两个家庭，反之视为一个家庭。另外，户籍上未分开但经济上已分开的家庭成员也被视为不同的家庭。之所以这样设计，是考虑到个体是否贫困不仅与其自身收入有关还受到其家庭结构和规模影响。

② 制度完善效应主要指在正式制度不完善或缺失时，社会资本形成非正式制度并发挥保障作用和功能；资源俘获效应一般主要指在资源约束条件下，拥有更多社会资本的个体通过声誉机制或特殊信息渠道获取相关资源及机会，并借此强化自身俘获资源的能力进而从有限资源中占有相对多的份额以提高自身福利水平。

强的"资源俘获效应"。而获得较多公共品供给的农户更有激励参与公共品供给行为，他们的满意度也会较高。第二，社会信任，农村家庭或农民个体对所在村的村民、其他农户和村委的信任度。不论是家庭层面还是村庄、社区层面，信任度越高，对农户参与公共品供给行为越有利。第三，社会规范，主要指本地区农村的传统社会资本如宗族宗教、村规民约、乡俗文化等，是农户和村民能够自觉并普遍遵守的非正式制度。农户认同社会规范，表明农户的公共意识和民主意识较强，能够按照社会规范进行生产生活、解决日常纠纷、处理农村事务。因此，本章从社会网络、社会信任和社会规范三个方面考察社会资本的农村减贫效应。

（三）公共品供给的衡量

基于农村公共品供给的主体性质和决策机制，本章研究的农村公共品供给范畴为政府供给和集体供给。在我国农村地区，社会资本对包括公共品在内的相关资源的分配存在相当程度的影响。鉴于公共品供需失衡的矛盾，特别是农村地区公共品政府供给相对欠缺、总量不足，在贫困地区，经济的弱势地位可能严重束缚贫困人口在政治上的话语权，使得在贫困治理和农村治理方面的话语权等其他权力更加集中于某些"特殊阶层"，这干扰了包括基层扶贫赋权机制在内的正常的资源分配机制。农村基层资源分配受制于其"精英"群体，导致在我国目前的农村治理中普遍存在"内卷化"特征（周常春、刘剑锋和石振杰，2016）。因此，考察农村地区社会资本与政府供给和集体供给的关系，从而来识别社会资本对贫困减少或农户收入提高的影响和作用，是本章的核心和基础。本章对公共品供给的衡量主要包括农户家庭层面的公共品供给、农户所在村的村级公共品供给以及农户集体层面的公共品供给参与意愿和政府层面的公共品供给参与意愿三个层次的内容。其中，前两个属于公共品供给客观方面，后一个属于公共品供给主观方面。基于数据可得性，家庭层面的公共品供给涵盖三个方面的内容，即基础教育、社会保障和福利以及公共基础设施配套（供电水平）；村级公共品供给涉及公共教育（村小）、道路建设、水利灌溉、基础设施投入等因素。

（四）贫困线界定

本章对贫困的界定基于河南省民政厅公布的 2017 年河南省农村贫困线，即家庭年人均纯收入 3208 元①。在这条贫困线下，我们抽样调查的河南省覆盖全省 18 个地市的农村家庭贫困发生率为 6.33%。

四　社会资本、公共品供给与农村减贫的实证分析

（一）变量选取及说明

表 4-1 列示了本章研究所涉及变量的名称和含义，包括社会资本、市场化、公共品供给参与意愿（集体层面和政府层面）、家庭层面公共品供给、实物资本、户主特征和村级特征②。其中，村级特征变量中也包含公共品供给相关因素。

表 4-1　变量及其定义

变量		符号	含义
SC（社会资本）	群体和网络	sn	家庭有几个关系亲密的亲友在政府、学校和医院工作
	信任和团结	st	你对乡县干部很信任；对村委干部很信任；对医院和教育部门很信任；对公检法机关很信任
	权力和政治行动	pc	村里的人经常会去找村干部来解决村里的公共事务
	集体行动与合作	cooper	如果当地有修路（修桥/供水），大家愿意合作干这件事
	信息和交流	ic	电话和网络消费及人情开支（元）
	社会凝聚力和包容力	ir	人们之间的关系比以前更亲近了
M（市场化）		market	家庭日常生活支出与总消费的现金比
PPW（集体层面公共品供给参与愿意）		ppw1	如果在本地修建一个公共项目，对别人有利，对自己无用，你愿意在这个项目上花时间

---

① 参见 http://www.henanmz.gov.cn/2018/01-02/539655.html。这一贫困线标准与国家 2016 年公布的 3000 元标准接近，且在本章研究中基于二者划分出的贫困群体数量一致。

② 部分学者在村级特征里放入了地形变量，我们的模型里没有直接放入，但是控制了与地形发挥作用相关的道路、交通、教育、地理区位等因素。

续表

变量		符号	含义
PPW（集体层面公共品供给参与愿意）		ppw2	如果在本地修建一个公共项目，对别人有利，对自己无用，你愿意在这个项目上花金钱
PPT（政府层面公共品供给参与愿意）		ppt1	家庭中有人参加过政府组织的职业培训
		ppt2	参加政府组织的职业培训作用很大
FC（家庭层面公共品供给）	EDU（基础教育）	edu1	户主受教育程度（年限：年）
		edu2	家庭儿女教育支出（万元）
	SSW（社会保障和福利）	ssw	养老保险收入与低保收入总额（万元）
	CF（公共基础设施配套）	ec	家庭年用电电费（万元）
OC（实物资本）		land	家庭人均拥有的承包地面积（亩）
		fix	家庭人均拥有的耐用品价值（万元）
X（户主特征）		sex	户主性别（男性=1，女性=0）
		age	户主的年龄
		age^2	户主年龄的平方
		marriage	户主婚否（是=1，否=0）
		health	户主健康程度（健康=3，曾患大病=2，身体有某方面障碍=1）
Z（村级特征）		school	所在村是否有村小（有=1，无=0）
		road	所在村的过村公路等级（国道=3，省道=2，市县道路及以下=1）
		infra	基础设施总投入（万元）
		sub	获得新农村建设补贴（万元）
		irri	灌溉设施维护状态（良好=3，一般=2，不需要=1，荒废=0）
		vincome	所在村的人均纯收入（万元）
		dist	所在村到县城的通勤（以汽车为交通工具）时间（小时）
		workout	所在村外出务工人口占比

注：对于受教育程度，调查问卷设计的答案是不识字、识字、小学、初中、高中、大学及以上六个阶段，参照已有研究（李冰冰和王曙光，2013）的一些做法，根据这六个教育阶段的法定受教育年限对它们赋值，分别为0、3、5、8、11、14（年），其中识字阶段以小学（五年制）为基准，大学及以上阶段以大专（三年制）为基准；耐用品包括生活耐用消费品（汽车、摩托车、电动车、电视、冰箱、洗衣机、电脑、空调和手机）和生产耐用消费品（拖拉机、收割机、播种机、脱粒机、发电机和抽水机等）；基础设施总投入主要包含所在村在路桥、公共水及电力设施方面的总费用和投入；由于某些村庄自然条件良好，雨水相对充沛，因此对灌溉设施的需求不强烈，从本质上讲这比有灌溉设施而得不到有效维护的状态好一些，因此对"不需要"赋值1。

需要说明的是，已有文献考察了政治资本（较多是以户主是否为党员作为代理变量）这一项[①]，结果显示户主或家庭成员的党员身份对家庭收入增长的影响和作用可能归因于遗漏个人能力或家庭背景因素，并非完全归因于所考察的社会资本或政治资本。而村民的政治资本可能更多地体现在行使政治权利及其实际效果上，因此本章使用权力和政治行动这一维度的社会资本作为控制变量来进行考察。

（二）变量描述性统计

1. 社会资本变量的统计描述

根据实地调查问卷对六类社会资本进行赋值（结果如表 4 - 2 所示）。

表 4 - 2　社会资本统计描述

维度	贫困家庭（$N=38$ 个）		非贫困家庭（$N=562$ 个）		全部样本家庭（$N=600$ 个）		
	均值	标准差	均值	标准差	均值	标准差	t 值
群体和网络	10.645	2.652	11.764	2.472	11.697	2.495	-2.43**
信任和团结	20.871	3.676	20.418	3.723	20.444	3.719	0.658
信息和交流	0.360	0.509	0.696	0.685	0.676	0.680	-2.68***
社会凝聚力和包容力	13.806	1.642	13.615	2.213	13.626	2.183	0.473
权力和政治行动	14.097	2.833	14.613	2.550	14.582	2.568	-1.086
集体行动与合作	4.097	1.136	4.169	0.809	4.165	0.831	-0.469

注：***、**、*分别表示在1%、5%、10%的水平上显著；本章余同。

从表 4 - 2 可以看出，对于贫困和非贫困两类家庭而言，社会资本在总体上表现出一定的差异：除"信任和团结""社会凝聚力和包容力"外，其他四个维度的社会资本非贫困家庭均值高于贫困家庭，特别是在"群体和网络""信息和交流"两个维度上。因此，从农村家庭社会资本原始数据的整体来看，非贫困家庭拥有较多的社会资本，高收入农户可能对

[①] 已有文献证实了农户成员的中共党员身份对其收入增长的重要性，然而党员身份对收入增长的作用是不是由于代理了政治资本仍值得商榷（Li, Liu and Ma et al., 2005；张爽、陆铭和章元，2007）。

应较高水平的社会资本。同时，我们将六类社会资本原始数据按是否为国贫县①进行分组，其中属于国贫县农户的有 137 个样本，非国贫县的有 463 个样本，囿于篇幅，两类农村家庭社会资本统计描述表省略，但结果显示，国贫县农户的"社会凝聚力和包容力"均值显著高于非国贫县农户。因此进一步说明，对于贫困地区，正式制度一般较为落后，而反映社会规范的"社会凝聚力和包容力"可能发挥了"制度完善效应"，对正式制度起到了补充作用。

为进一步研究社会资本的不同维度和不同结构的异质性对农村减贫或农村家庭收入的影响，同时便于与已有文献进行对比分析，基于社会网络和社会信任的外部性，我们在农户社会资本原始数据的基础上对不同维度的社会资本进行重构，从而得到研究所需的新的社会资本度量（如表4-3所示）。

表 4-3　社会网络和社会信任统计描述

社会资本		贫困家庭（N=38 个）		非贫困家庭（N=562 个）		全部样本家庭（N=600 个）	
		均值	标准差	均值	标准差	均值	标准差
社会网络	家庭层面 fsn	0.3421	0.6689	0.4324	0.8569	0.4267	0.8461
	村庄层面 csn	0.4211	0.8749	0.3775	0.5655	0.3803	0.5889
社会信任（公共信任）	家庭层面 kk	167.7105	154.7938	172.7562	167.9353	172.4367	167.0342
	村庄层面 xx	144.9561	116.0161	141.5866	131.2810	141.8000	130.2821
集体供给参与意愿	kk1(ppw1 × ppw2)	17.0799	6.9995	15.3470	7.2046	15.4567	7.1985
政府供给参与意愿	kk2(ppt1 × ppt2)	9.9211	6.7519	10.1779	6.9061	10.1617	6.8912

第一，社会网络。一般认为，家庭（无论是城市的还是农村的）拥有的社会网络都是基于该家庭亲友关系而向外部延伸和发展的，因此我们设

---

① 这里的"国贫县"指的是 2017 年国家扶贫开发工作重点县，包括国家连片特困地区重点县 26 个和国家扶贫开发重点县 12 个共计 38 个。

计的问题是："家庭有几个关系亲密的亲友在政府、学校和医院工作？"在这里，我们以每个家庭在三个部门的亲友数量来衡量家庭层面的社会网络，用 fsn 表示。同时，由于是一种具有较强外部性的社会资本，社会网络作用的发挥依赖于家庭外部层面的关系网络，因此对村庄层面的社会网络的度量，我们参照已有做法，采用所在村庄除本家庭外剩余其他家庭的平均亲友数量来考察，以 csn 表示。从表 4-3 可以看出，社会网络在家庭和村庄两个层面表现出差异：非贫困家庭拥有较多的家庭层面社会网络，而贫困家庭则拥有较多的村庄层面社会网络。

第二，社会信任（公共信任）。无论是从理论还是从经验数据来看，信任均被看作一种公共品，是通过人与人之间的互动得以实现的。理论上，无论是个体层面的社会信任还是社区层面的社会信任对于减少贫困而言所发挥的作用是相同的，即对于交易成本和交易风险而言具有"双降"作用。而公共品供给参与意愿本身是社会信任的一种体现和表达，因此我们这里从集体供给参与意愿和政府供给参与意愿两个维度来考察社会信任。家庭层面的公共品供给参与意愿是由 $kk1$ 和 $kk2$ 的乘积①表示。基于同样的理由，对于村庄层面的公共品供给参与意愿，我们用排除该家庭之外的村庄剩余样本对应的 $kk1$ 均值和 $kk2$ 均值的乘积度量。从表 4-3 可以看出，类似于社会网络，在家庭层面，非贫困家庭拥有较多的社会信任，而在村庄层面贫困家庭拥有更多的社会信任；贫困家庭相比非贫困家庭拥有较多的集体供给参与意愿，而非贫困家庭则拥有较多的政府供给参与意愿。

第三，社会规范。本地区农村的传统社会资本如宗族宗教、村规民约、乡俗文化等，是农户和村民能够自觉并普遍遵守的非正式制度。社会规范对个体行动者具有较强的约束力，而市场化水平高低可能会影响到人们之间的关系程度以及经济主体行动者的网络动员能力。随着市场化进程的深入，个体行动者之间在经济收入、社会地位等方面都会出现差异。而这些差异恰恰反映和体现在他们对社会规范的态度上，"理性"的村民会基于社会规范不断地修正自己的策略选择以使自身利益最大化。社会凝聚力和包容力体现出人与人之间的关系，故以社会凝聚力和包容力的赋值来衡量社会规范。

---

① 采用乘积的理由在已有文献中有较多论述，即社会信任本身的公共品属性造成了任何一种社会信任的作用发挥都会依赖或者影响到其他的社会信任。

2. 公共品供给变量的统计描述

我们首先以农户是否贫困为标准将所有样本进行分组对照（如表4-4所示）。

表4-4　公共品供给及相关变量统计描述
（以是否贫困划分）

变量		贫困家庭（N=38个）		非贫困家庭（N=562个）		全部样本家庭（N=600个）		
		均值	标准差	均值	标准差	均值	标准差	t值
集体层面公共品供给参与意愿	ppw1	4.065	0.854	3.841	1.032	3.854	1.023	1.180
	ppw2	3.774	1.055	3.601	1.125	3.611	1.120	0.835
政府层面公共品供给参与意愿	ppt1	2.548	1.261	2.780	1.306	2.766	1.304	-0.960
	ppt2	3.516	0.926	3.499	1.068	3.500	1.060	0.087
基础教育	edu1	6.097	3.590	8.568	2.640	8.421	2.764	
	edu2	0.251	0.829	0.711	1.187	0.684	1.174	
社会保障和福利	ssw	0.110	0.191	0.107	0.481	0.107	0.469	
公共基础设施配套	ec	0.962	0.642	2.062	6.912	1.997	6.710	
实物资本	land	1.763	1.221	1.964	7.270	1.952	7.056	
	fix	0.599	1.721	1.295	2.853	1.254	2.802	
户主特征	sex	0.968	0.180	0.959	0.198	0.960	0.197	
	age	62.839	9.990	52.837	9.939	53.431	10.210	
	marriage	0.968	0.180	0.982	0.134	0.981	0.137	
	health	2.742	0.631	2.819	0.525	2.814	0.531	
村级特征	road	1.323	0.653	1.350	0.619	1.349	0.620	
	school	0.710	0.461	0.825	0.380	0.818	0.386	
	infra	24.774	63.536	83.715	256.412	80.215	249.523	
	sub	4.710	23.361	31.730	164.421	30.125	159.681	
	irri	2.484	0.677	2.142	0.979	2.163	0.967	
	vincome	0.761	0.904	0.690	0.544	0.694	0.571	
	dist	0.858	1.270	0.895	1.645	0.893	1.624	
	workout	0.166	0.177	0.175	0.142	0.174	0.144	

从表4-4可以看出，第一，在供给参与意愿两方面，除"家庭中有人参加过政府组织的职业培训"这一项外，其余整体表现为贫困户组高于非贫困户组，但是这种差异并不显著；第二，家庭层面公共品供给方面，基础教育和公共基础设施配套两方面非贫困户组高于贫困户组，而社会保障和福利方面则相反，这是由于这一项考虑了养老保险收入与低保收入两方面，而贫困家庭一般都会取得低保收入从而使得这一项数值较大；第三，在实物资本方面，非贫困户组人均拥有的承包地面积和耐用品价值均高于贫困户组；第四，户主特征方面，非贫困户组相对贫困户组在年龄和健康程度方面更具优势，而在性别和是否结婚方面差异不大；第五，村级特征方面，非贫困户组相对贫困户组来说，在道路、学校、基础设施投入、获得新农村建设补贴及外出务工方面均占有优势。

下面，我们再依据所考察农户所在地是否国贫县对样本进行分组对比，结果如表4-5所示。

表4-5 公共品供给及相关变量统计描述

（以是否国贫县划分）

变量		国贫县样本家庭 （N=175个）		非国贫县样本家庭 （N=425个）		全部样本家庭（N=600个）		
		均值	标准差	均值	标准差	均值	标准差	t值
集体层面 公共品供 给参与意愿	ppw1	3.941	0.855	3.819	1.083	3.854	1.023	-1.238
	ppw2	3.783	0.941	3.541	1.180	3.611	1.120	-2.254**
政府层面 公共品供 给参与意愿	ppt1	2.941	1.353	2.695	1.278	2.767	1.304	-1.966**
	ppt2	3.632	1.001	3.446	1.079	3.500	1.059	-1.823*
基础教育	edu1	8.257	2.582	8.489	2.835	8.421	2.764	
	edu2	0.482	0.760	0.767	1.298	0.684	1.174	
社会保障 和福利	ssw	0.131	0.434	0.097	0.483	0.107	0.469	
公共基础 设施配套	ec	1.170	0.778	2.336	7.932	1.997	6.710	
实物资本	land	1.787	1.545	2.020	8.325	1.952	7.056	
	fix	1.026	1.658	1.347	3.151	1.254	2.802	

变量		国贫县样本家庭 (N = 175 个)		非国贫县样本家庭 (N = 425 个)		全部样本家庭 (N = 600 个)		
		均值	标准差	均值	标准差	均值	标准差	t 值
户主特征	sex	0.974	0.161	0.954	0.210	0.960	0.197	
	age	53.322	10.110	53.476	10.265	53.431	10.210	
	marriage	0.987	0.114	0.978	0.146	0.981	0.137	
	health	2.757	0.598	2.838	0.501	2.814	0.531	
村级特征	road	1.151	0.360	1.430	0.684	1.349	0.620	
	school	0.842	0.366	0.808	0.394	0.818	0.386	
	infra	76.412	254.342	81.778	247.848	80.215	249.523	
	sub	37.987	206.243	26.896	136.231	30.125	159.681	
	irri	2.243	0.997	2.130	0.954	2.163	0.967	
	vincome	0.595	0.572	0.734	0.566	0.694	0.571	
	dist	0.890	1.119	0.893	1.793	0.893	1.624	
	workout	0.192	0.117	0.167	0.153	0.174	0.144	

从表 4 - 5 可以看出，第一，在供给参与意愿两方面，四个变量均表现出国贫县组高于非国贫县组，且这种差异在其中的三个变量中具有显著性；第二，在家庭层面公共品供给方面，基础教育和公共基础设施配套两方面非国贫县组高于国贫县组，而社会保障和福利方面则相反，其理由如前所述；第三，在实物资本方面，非国贫县组人均拥有的承包地面积和耐用品价值均高于国贫县组；第四，在户主特征方面，非国贫县组与国贫县组在年龄、健康程度、性别和是否结婚方面差异不大；第五，在村级特征方面，非国贫县组相对国贫县组来说，在道路、基础设施投入、本村人均纯收入方面均占有优势，而在学校、获得新农村建设补贴、水利灌溉设施维护及外出务工方面显示出劣势。

综上，通过对表 4 - 4 和表 4 - 5 的比较我们发现：（1）无论是国贫县农户还是贫困农户，在公共品供给参与意愿两方面均整体表现出相对更高的数值，说明对于处于经济弱势地位的农户或者农村地区来说，对公共品的实际需求更加强烈；（2）在农户实物资本和家庭层面公共品供给方面，贫困群体和地区相对非贫困群体和地区处于劣势地位，特别的，在村级特征的新农村建设补贴方面，由于政策倾向性和排他性，贫困地区拥有更多的财政补贴，然而在贫困地区非贫困群体比贫困群体明显拥有更多的这种"资源"，显示出"特殊阶层"的"资源俘获效应"；（3）在村级特征方面，非贫困群体和非贫困农村地区在道路及基础设施投入方面均表现出较强的优势地位，说明公共基础设施能够促进农村地区和农户的收入提高，具有一定的减贫效应。

（三）模型及实证结果

结合已有研究，本章建立如下的 Probit 模型来考察社会资本、公共品供给与农村减贫之间的关系：

$$P(Y_i = 1) = \beta_0 + \beta_1 SC_i + \beta_2 M_i + \beta_3 SC_i \times M_i + \beta_4 P_i + \beta_5 SC_i \times P_i$$
$$+ \beta_6 FC_i + \beta_7 OC_i + \beta_8 X_i + \beta_9 Z_i + \varepsilon_i \qquad (4-1)$$

其中，下标 i 表示第 i 个农村家庭，Y_i 表示农村家庭是否贫困，$P(Y_i = 1)$ 表示第 i 个农村家庭非贫困的概率，其数值越大表示农村家庭非贫困的可能性越大；SC_i 表示农村家庭社会资本，M_i 表示市场化①，P_i 表示农村家庭是否居住在国贫县这一虚拟变量，FC_i 为农村家庭层面公共品供给变量，主要包括基础教育、社会保障和福利以及公共基础设施配套三个方面，OC_i 表示实物资本，X_i 表示户主特征变量，Z_i 表示村级特征变量，ε_i 为残差项。

需要说明的是，首先，我们对模型的被解释变量 Y 即"农村家庭（农户）是否贫困"的度量方式是：如果该家庭年人均纯收入大于或等于 3208元则为非贫困，此时 $Y = 1$；如果该家庭年人均纯收入小于 3208 元则为贫困，此时 $Y = 0$。其次，虽然社会资本是一种具有较强外部性的网络型资源，对于整个家庭而言它对收入的作用应被视为"家庭边际"的贡献（彭文慧和李恒，2018），然而考虑到研究的主要问题即减贫以及贫困线的设定是以家庭人均年纯收入为基准，因此被解释变量中采用家庭年人均毛收

---

① 已有研究对农村市场化的衡量通常采用所谓的"市场化指数"（由樊纲和王小鲁等编制），然而由于该指数主要从城市地区角度考察市场化水平，对农村地区考虑欠缺。理论而言，农村地区的市场化水平越高，其市场经济活动越频繁，经济主体对货币的实际需求也就越旺盛，因而农村经济的货币化程度也就越高。因此，选用"家庭日常生活消费支出与总消费的现金比"作为农村市场化的代表变量，更能全面准确地捕捉和反映农村地区的市场化水平。

入更符合现实要求。在具体分析社会资本、公共品供给与农村减贫的关系时，加入市场化和社会资本的交互项，以此来考察社会资本的制度完善效应，同时加入社会资本与虚拟变量是否居住在国贫县的交互项来考察社会资本的资源俘获效应。

在此对模型（4-1）进行 Probit 偏效应和标准差的回归估计，结果如表 4-6 所示。在进行全样本 Probit 模型回归分析时，通常情况下使用"OLS + 稳健标准差"的方法进行处理。需要说明的是，贫困家庭数量偏少可能影响数据分析的有效性，我们按照"稀有事件偏差"采用"补对数 - 对数模型"进行检验。首先对原模型进行偏差修正，然后进行"补对数 - 对数模型"估计，其结果与原模型和修正偏差后模型的主要回归系数在符号和显著性方面保持大体一致。

表 4 -6　社会资本与公共品供给对农村减贫影响的回归结果

变量		被解释变量 P （$Y_i = 1$）					
		（1）		（2）		（3）	
		偏效应	标准差	偏效应	标准差	偏效应	标准差
SC	fsn	0.0179	0.0254	-0.0034	0.0093	-0.0087	0.0152
	csn	0.0230	0.0394	-0.0218	0.0135	0.0510	0.0406
	kk	0.0002	0.0001*	0.0000	0.0001	0.0001	0.0001
	xx	0.0001	0.0001	0.0001	0.0001	0.0001	0.0001
M	market	0.1349	0.0512***	-0.0225	0.0110**	0.0853	0.0395**
SC × M	fsnm	-0.0243	0.0315			-0.0008	0.0214
	csnm	-0.0532	0.0480			-0.0839	0.0449*
	kkm	-0.0002	0.0001**			-0.0001	0.0001
	xxm	-0.0001	0.0001			-0.0001	0.0001
P	poverty	0.0109	0.0397	-0.0040	0.0364	0.0085	0.0351
SC × P	fsnp	0.0555	0.0448	0.1093	0.0494**	0.1161	0.0458**
	csnp	0.0641	0.0488	0.1016	0.0530*	0.0744	0.0475
	kkp	-0.0001	0.0001	-0.0001	0.0001	-0.0001	
	xxp	-0.0002	0.0002	-0.0002	0.0001*	-0.0002	0.0001*
PC	pc					0.0127	0.0073*
IR	ir					-0.0139	0.0076*

续表

变量		被解释变量 P（$Y_i = 1$）					
		（1）		（2）		（3）	
		偏效应	标准差	偏效应	标准差	偏效应	标准差
OC	land			0.0047	0.0053	0.0063	0.0055
	fix			0.0019	0.0062	0.0017	0.0051
FC	edu1			0.0133	0.0031 ***	0.0119	0.0030 ***
	edu2			0.0250	0.0143 *	0.0266	0.0122 **
	ec			0.2410	0.1081 **	0.2179	0.0960 **
	ssw			0.0244	0.0466	0.0302	0.0447
X	sex			− 0.0608	0.0584	− 0.0493	0.0556
	age			0.0133	0.0060 **	0.0119	0.0057 **
	age^2			− 0.0002	0.0001 ***	− 0.0001	0.0001 ***
	marriage			0.0757	0.0390 *	0.0890	0.0390 **
	health			0.0029	0.0144	− 0.0005	0.0135
Z	road			0.0137	0.0141	0.0076	0.0133
	school			0.0076	0.0182	0.0157	0.0183
	infra			0.0003	0.0001 *	0.0003	0.0001 **
	sub			− 0.0000	0.0001	− 0.0000	0.0001
	irri			− 0.0266	0.0096 ***	− 0.0250	0.0094 ***
	vincome			− 0.0080	0.0167	− 0.0054	0.0152
	dist			0.0024	0.0038	0.0016	0.0035
	workout			0.0241	0.0653	0.0181	0.0618
拟 R^2		0.0647		0.3548		0.3862	
极大似然对数值		− 132.4615		− 91.3795		− 86.9292	
模型卡方检验		36.24 **		85.19 ***		103.29 ***	
观测值(个)		600		600		600	

列（1）只涉及社会资本、市场化与虚拟变量是否居住在国贫县，以及社会资本与市场化的交互项、社会资本与是否居住在国贫县的交互项。四种类型社会资本变量的系数均为正，它们与市场化交互项的系数均为负。其中，农户家庭层面社会信任（kk）即农户家庭层面公共品供给参与意愿的系数显著为正，它与市场化交互项的系数显著为负，表明社会资本

的制度完善效应被消弱，即伴随着市场化水平的提高农户家庭层面社会信任的减贫作用减弱，而市场化（M）的系数显著为正表明市场化水平本身对减贫具有积极作用。

列（2）加入了实物资本、家庭层面公共品供给、户主特征和村级特征变量，但剔除社会资本与市场化的交互项。结果显示，市场化的系数显著为负，家庭层面和村庄层面社会网络与是否居住在国贫县交互项（$fsnp$ 和 $csnp$）的系数均显著为正，结合列（1），表明这两种社会资本在贫困县更多地发挥了资源俘获效应；而村庄层面社会信任与是否居住在国贫县交互项（xxp）的系数显著为负，表明非贫困县的村庄层面社会信任可能更多地发挥了制度完善效应。

列（3）考虑了上述所有变量，并加入政治资本（权力和政治行动，pc）和社会规范（社会凝聚力和包容力，ir）。可以看到，市场化的系数显著为正、社会资本与市场化交互项的系数均为负，其中村庄层面社会网络与市场化交互项的系数显著为负；家庭层面社会网络与是否居住在国贫县交互项的系数显著为正，村庄层面社会信任与是否居住在国贫县交互项的系数显著为正。这些进一步说明了国家级贫困县农户家庭层面社会网络具有较强的资源俘获效应，而非国家级贫困县农户村庄层面社会信任更多地发挥了制度完善效应，同时市场化对减贫具有正向促进作用。此外，政治资本与社会规范的系数分别显著为正和负，表明农户所在村庄的政治资本力量对减贫具有正向作用，而村庄的社会凝聚力和包容力对减贫有负向作用。对此可能的解释是，村民的政治资本力量强大，可能会使得村庄的公共资源更有可能避免特殊阶层的资源俘获导致的资源的错配及使用的低效，从而对农户收入提高和贫困减少起到间接促进作用；伴随市场化、城镇化进程，村庄地缘封闭性的突破使得大量闲置或剩余劳动力开始外出打工或就业，从而拉动农村家庭收入的提高，而外出务工不可避免导致村民之间的关系疏远，从而社会凝聚力和包容力与农村减贫间呈现负相关关系。除上述外，包括户主教育程度在内的基础教育和农户家庭层面公共基础设施配套均对农村减贫有着显著的促进作用；户主年龄与农村减贫之间呈现明显的倒 U 形关系；农户所在村的基础设施投入对农村减贫具有重要的促进作用。

为了进一步分析公共品供给参与意愿对农村减贫的影响，将其分为集

体供给参与意愿和政府供给参与意愿两方面分别进行回归，结果如表 4 - 7
所示。回归结果显示，政府供给参与意愿的系数显著为正，村庄层面社会
网络与市场化交互项的系数显著为负，家庭层面社会网络与是否居住在国
贫县交互项的系数显著为正，政府供给参与意愿与是否居住在国贫县交互
项的系数显著为负，市场化的系数显著为正，而集体供给参与意愿相关变
量的系数均不显著。整体结果表明，国家级贫县农户家庭层面的社会网络
具有较强的资源俘获效应；市场化对农村减贫具有直接的正向促进作用；
非国贫县农户政府供给参与意愿更多地发挥了资源俘获效应；农户所在村
庄的政治资本力量对农村减贫具有正向影响。这些与前文回归结果基本保
持一致。

表 4 - 7　异质性检验结果

变量		被解释变量 P（$Y_i = 1$）			
		（1）		（2）	
		偏效应	标准差	偏效应	标准差
SC	fsn	- 0. 0017	0. 0147	- 0. 0042	0. 0144
	csn	0. 0454	0. 0325	0. 0497	0. 0328
kk	kk1	0. 0004	0. 0020		
	kk2			0. 0037	0. 0022 *
M	market	0. 0096	0. 0598 *	0. 0910	0. 0445 **
SC × M	fsnm	- 0. 0108	0. 0187	- 0. 0086	0. 0166
	csnm	- 0. 0762	0. 0349 **	- 0. 0827	0. 0352 **
	kk1m	- 0. 0032	0. 0026		
	kk2m			- 0. 0038	0. 0002 *
P	poverty	- 0. 0263	0. 0502	- 0. 0016	0. 0328
SC × P	fsnp	0. 0852	0. 0393 **	0. 1049	0. 0391 ***
	csnp	0. 0656	0. 0458	0. 0609	0. 0444
	kk1p	- 0. 0010	0. 0027		
	kk2p			- 0. 0042	0. 0025 *
PC	pc	0. 0149	0. 0068 **	0. 0019	0. 0069
IR	ir	- 0. 0113	0. 0072	- 0. 0142	0. 0076 *

续表

变量		被解释变量 P（$Y_i = 1$）			
		（1）		（2）	
		偏效应	标准差	偏效应	标准差
FC	edu1	0.0122	0.0030 ***	0.0118	0.0030 ***
	edu2	0.0299	0.0124 **	0.0281	0.0122 **
	ec	0.2095	0.0900 **	0.2405	0.0988 **
	ssw	0.0280	0.0451	0.0277	0.0432
Z	road	0.0039	0.0134	0.0069	0.0134
	school	0.0168	0.0183	0.0166	0.0185
	infra	0.0002	0.0001 *	0.0003	0.0001 *
	sub	− 0.0000	0.0001	0.0000	0.0001
	irri	− 0.0273	0.0096 ***	− 0.0254	0.0093 ***
实物资本		是		是	
户主特征		是		是	
村级其他特征		是		是	
拟 R^2		0.3852		0.3819	
极大似然对数值		− 87.4482		− 87.5438	
模型卡方检验		112.24 ***		107.46 ***	
观测值（个）		600		600	

（四）稳健性检验

来自多方的质疑指出，我国官方设定的贫困线标准比国际贫困线标准低。针对这一问题，同时为了检验本章研究的实证结果的稳健性，决定采用世界银行 2015 年设定的较高的以支出为标准的国际贫困线，即基于购买力平价的人均每天 1.9 美元（2413 元）和 3.1 美元（3928 元），对上述实证结果进行稳健性检验。考虑到目前河南省最新省控贫困线接近于世界银行 2015 年制定的 1.9 美元标准，但低于 3.1 美元标准，参照王萍萍、徐鑫和部彦宏（2015）对世界银行 2014 年制定的 1.25 美元极端贫困标准和 2 美元一般贫困标准，我们决定采用以 3.1 美元为标准进行购买力平价折算后的农村人均每年纯收入约 4000 元①的贫困线，稳健性检验结果如表 4 - 8 所示。

表 4 - 8 稳健性检验结果（以世界银行贫困线为标准）

变量		被解释变量 P（$Y_i = 1$）					
		（1）		（2）		（3）	
		偏效应	标准差	偏效应	标准差	偏效应	标准差
SC	fsn	0.0800	0.0363 **	0.0667	0.0321 **	0.0630	0.0306 **
	csn	- 0.0721	0.0533	- 0.0709	0.0475	- 0.0719	0.0481
	xx	0.0005	0.0002 **	0.0004	0.0002 *	0.0004	0.0002 *
M	market	0.1598	0.0664 **	0.1008	0.0596 *	0.1036	0.0595 *
SC × M	fsnm	- 0.1286	0.0439 ***	- 0.1267	0.0408 ***	- 0.1239	0.0397 ***
	csnm	0.0454	0.0669	0.0341	0.0572	0.0407	0.0572
	xxm	- 0.0003	0.0002	- 0.0001	0.0002	- 0.0002	0.0002
P	poverty	0.0067	0.0479	0.0110	0.0360	0.0078	0.0362
SC × P	fsnp	0.0120	0.0326	0.0167	0.0289	0.0120	0.0282
	csnp	0.0605	0.0479	0.0650	0.0417	0.0632	0.0418
	xxp	- 0.0005	0.0002 **	- 0.0004	0.0002 **	- 0.0004	0.0002 **
PC	pc					0.0222	0.0098 **
IR	ir					- 0.0127	0.0089
FC	edu1			0.0171	0.0038 ***	0.0164	0.0038 ***
	edu2			0.0299	0.0159 *	0.0348	0.0155 **
	ec			0.2991	0.1603	0.1989	0.1541
	ssw			0.0345	0.0635	0.0525	0.0687
Z	road			0.0081	0.0173	0.0056	0.0171
	school			- 0.0029	0.0250	0.0004	0.0251
	infra			0.0001	0.0001	0.0001	0.0001
	sub			0.0007	0.0005	0.0006	0.0005
	irri			0.0098	0.0107	0.0104	0.0107
实物资本		是		是		是	
户主特征		是		是		是	

① 如果用每人每天支出 3.1 美元的"国际"贫困线，中国的农村贫困线估计约为人均纯收入每年 4000 元，采用此数字同时也出于研究设计需要的考虑。

变量	被解释变量 P（$Y_i = 1$）					
	（1）		（2）		（3）	
	偏效应	标准差	偏效应	标准差	偏效应	标准差
村级其他特征	是		是		是	
拟 R^2	0.0690		0.2990		0.3095	
极大似然对数值	−187.6464		−141.2834		−139.1813	
模型卡方检验	32.22***		87.98***		102.59***	
观测值（个）	600		600		600	

注：稳健性检验不考虑异质性检验中的变量公共品供给参与意愿（kk）。

从回归结果可以看出，列（1）中，家庭层面社会网络与村庄层面社会信任两个社会资本变量的系数显著为正，表明社会资本能显著降低贫困概率。村庄层面社会信任与是否居住在国贫县交互项的系数显著为负，表明村庄层面社会信任在非国贫县农村减贫中主要发挥了制度完善效应。列（2）中，村庄层面社会信任及其与是否居住在国贫县虚拟变量交互项的系数符号及显著性与表4-6相比没有较大变化，保持了一致性。列（3）所示回归结果与表4-6中保持了一致。整体而言，前文所得结果得到了进一步证实。

（五）内生性问题

在实际中，家庭收入和社会资本的某些遗漏变量可能会造成回归系数的偏差，从而形成遗漏偏差。同时社会资本本身也可能存在一定程度的"自选择效应"，即社会资本的建立和维持需要家庭的经济成本支出。而本章研究主要从三个方面来解决内生性问题。第一，在前文原有模型中，我们主要考察了多个维度和层面的社会资本，其中在计算村庄层面的社会网络和社会信任两个指标时，排除了在计算家庭层面的社会网络和社会信任两个指标时用到的样本家庭，所以联立内生性问题在一定程度上得到减轻。第二，"百县千村"农村定点调查数据提供了大量的丰富的个体相关变量，考虑了各村的地理区位、经济环境等因素造成的遗漏偏差，涉及相应的包括公共品供给在内的村级特征变量。第三，本章研究将正式制度条件之一的市场化滞后一期纳入回归模型，将之与当期社会资本进行交互来控制当地农村家庭的外部经济环境以减轻内生性问题。其他有关社会资本变量内生性的一般常用解决方法有：寻找有效的工具变量、采用面板数据、倾向得分匹配、断点回归设计、合成控制法或结构方程法等。然而，众多已被运用社会资本工具变量如信任、宗族网络和社团、政治身份和地位等中，都存在一定程度的问题①。而其他能够解决内生性问题的各种方法，由于数据本身原因均不适用于本章研究。也有学者提出，可以考虑从模型设置和研究设计、数据搜集、变量挖掘（外生）、研究假定等方面努力消除内生性问题（陈云松和范晓光，2011）。因此，这一估计偏误造成的内生性问题仍值得进一步研究。

五　结论及启示

本章首先介绍并分析我国目前的农村地区公共品供给现状，并指出问题，然后利用河南省农村调查微观数据对农村家庭社会资本、公共品供给进行量化实证分析，探寻社会资本、公共品供给与农村减贫之间的关系，找寻其中的内在联系和规律。研究结果表明，国贫县农户家庭层面社会网络具有较强的资源俘获效应，而非国贫县农户的村庄层面社会信任更多地发挥了制度完善效应。同时，市场化对农村减贫具有直接的正向促进作用，而农户所在村庄的政治资本力量对农村减贫具有正向影响。

自 20 世纪 80 年代以来，社会资本作为解释地区经济增长差异的新因素被国外学者重点关注，20 世纪 90 年代以来国内学者密切关注社会资本理论在我国经济和社会发展中，特别是在农村减贫和经济增长方面的影响和作用。而农村公共品供给对我国农民增收、农业发展和农业增产意义重大。

第一，对农村公共品供给制度的改善和优化有助于缓解"三农"问题。目前存在的"三农"问题主要集中体现为农业基础较为薄弱、农村发

---

① 首先，信任等本身就是一种社会资本，它们自身具备影响和改善家庭福利和贫困状况的特征；在中国，村庄宗教异质性和社团密度本质上不能直接显著影响农户的社会网络水平，而是通过亲友关系间接影响；政治身份和地位如户主党员身份在已有研究中显示可能并不能准确度量政治资本，另外整个家庭政治地位也会通过未被度量的政治资本影响家庭收入。

展相对落后和农民收入普遍偏低。大量农民可支配收入低，且农村社会保障体系仍未全面覆盖，在农民子女入学、医疗和就业等方面存在和城市不一致的问题；同时，和城市相比，农村基础设施比较落后，无法提供同等的服务，生产和生活环境差，农村治安秩序和社会治理存在各种问题和弊端；农民受教育水平低，生态环境和资源保护意识普遍缺失。农村公共品供给问题直接和间接影响着农民增收、社区治理、农业生产和事关农民切身利益的问题。而基于社会资本视角的研究，有助于理解农村公共品供给对农民利益保障和农村经济发展具有重要意义。

第二，农村公共品的有效供给会大大影响和作用于农民增收、农业发展和农村减贫事业。农民只有在保障基本生活所需的基础上仍有相当充足的可支配收入，才能考虑到进行公共品投资。因此，农民增收、农村经济发展与农村公共品供给紧密相关，其中社会资本对农村公共品供给起到了重要的作用。政府应该在城镇化建设进程中高度重视农村公共品供给的质量和数量，同时要利用好社会资本的力量，助推农村公共品在减贫方面更好地发挥作用。履行好政府职能，充分调动资源，进一步加强农村基础设施建设和公共服务提供。而针对农村公共品供给的改善，就必须将包括农村基础设施，科技、文化、卫生和基础教育以及医疗等在内的公共物品和服务这些会抑制和阻碍农村地区消费和需求的因素纳入当前改革的领域，并充分发挥社会资本在公共品供给支撑农业投资与经济发展、农村地区繁荣、农民增收和减少贫困方面的作用。

第三，发挥农村地区"乡土社会"应对外部性的内部化作用。具体表现在社会网络、社会信任和社会规范等多方面的村社治理新体系与政府治理共同构成了中国的两大制度比较优势。现阶段我国农村公共品的供给与社会经济发展不匹配。农村公共品有效供给的严重不足这种负外部性问题，已经成为农业发展和农村经济发展的不可忽视的重要制约因素，社会资本和村社治理在其中发挥着重要作用。保障我国的农村公共品供给是解决"三农"问题和农村减贫问题的重要方向，否则将使得农村地区社会治理和贫富差距问题更加激化，使得各类矛盾更加严重，从而影响社会稳定和国家的长治久安。

第五章 社会资本、农村借贷与农村减贫

一 研究背景与文献述评

（一）研究背景

改革开放以来，我国城乡居民收入有了巨大的增长，生活水平有了大幅度的提高。但自1997年以来，农民收入增长放缓，导致城乡居民收入差距不断扩大，城乡二元经济不但没有减弱反而有所加强。2018年城镇居民的人均可支配收入是农村的2.69倍。与此同时，我国农村的贫困问题仍然突出，要实现农民增收和农村减贫仍然存在较重的压力。从收入结构看，农民收入大致分为工资性、家庭经营性、财产性、转移性四个类型，在各种收入来源中，工资性收入和家庭经营性收入所占比例最大。社会资本可以通过增强农户间信息传递，特别是外出务工信息的共享，促进人力资本积累与就业机会增加，因此社会资本在提高工资性收入方面发挥着重要的作用。在经营活动资金不足时，家庭主要通过正式借贷与非正式借贷来获取资金支持。社会资本对正式借贷与非正式借贷都有影响。实际上，由于缺少抵押担保标的，农村家庭从正规金融机构得到贷款的机会较少，非正式借贷就成为重要的渠道。显然，社会资本对家庭增收的作用机制并非简单的资金叠加与要素直接作用，而是与其他作用机制之间存在复杂的交互关系，其中一个重要的作用机制就是通过农村借贷来改善家庭的经济状况。

自社会资本概念提出以来，已经有大量文献研究社会资本和农民收入的关系，而且得到了社会资本对农民增收具有正向作用的结论，那么社会资本、农村借贷与农村家庭收入三者之间存在怎么样的联系呢？为了回答

以上的问题，本章从微观视角出发，将社会资本、农村借贷和农村家庭收入纳入统一分析框架，利用河南大学经济学院、河南大学新型城镇化与中原经济区建设河南省协同创新中心、河南大学黄河文明与可持续发展中心"百县千村"农村定点调查数据，研究社会资本、农村借贷和农村减贫之间的关系。探索调整和优化社会资本、农村借贷的基本方向和路径，进而增强它们对农村家庭收入增长的支撑作用。

（二）文献述评

现有研究已经发现社会资本有正的经济回报的大量证据：Grootaert（2002）研究了家庭层面的社会网络，结果表明社会资本有助于减少农户贫困；蒋乃华和卞智勇（2007）的研究则认为社会资本的重要作用就是通过促进劳动力向城市非农产业转移，即通过就业转换来促进增收。叶静怡和周晔馨（2010）则基于个人视角分析了社会网络的作用，研究了农民工社会资本对其务工收入的影响，结论是二者有正向关系，社会资本有利于提高农民工的收入。Grootaert（1999）的另一项研究发现社会资本与家庭福利之间呈现显著的正相关关系。Zak 和 Knack（2001）则证明了社会资本可以显著减少贫困，改善家庭的收入不平等状况。Narayan 和 Pritchett（1999）以坦桑尼亚农村为调查对象，深入研究了这些地区的社团关系和村庄社会规范，也得到了社会资本促进农户增收的结论。Sato（2006）使用家庭社会关系作为代理变量，发现具有越好社会关系的家庭收入水平也越高。佐藤宏（2009）则从村庄层面入手，以社会稳定程度作为社会资本的替代变量，结果发现村级社会资本对该区域的农村家庭人均纯收入增长率有正向作用。

社会资本在农村家庭借贷中发挥了重要作用。在我国深厚的传统文化中，"关系"具有非常重要的地位，传统中的师徒、宗族等作为普遍存在的社会资本对人们的生产经营活动有重要的影响。胡枫和陈玉宇（2012）研究了农户的借贷行为，指出农村家庭的借款基本上是非正式的，是以彼此信任和情感为基础进行的。另外的研究提出，农村的非正式借贷很少通过正式的抵押和合同的形式执行（张建杰，2008）。实际上，传统中的信任部分起到了正式合同的作用，社会资本在一定程度上起到了对正规金融的替代作用（赵振宗，2011）。社会资本也会影响正规金融机构的经济绩效，这源于社会资本能够显著提高它们在金融市场上的信息获取能力。张建杰（2008）的研究发现，社会资本水平在农户之间并不是均质的，存在不均等性和非同构性，这会对其借贷结果产生影响，在正规信贷市场上借款发生率高的农户也是具有较高社会资本水平的群体，他们的信贷规模也较大。申云（2016）的研究表明，家庭层面的社会资本在农户借贷行为中会产生显著正向影响，而且不同维度的社会资本对借贷的作用不同，社会资本质量的作用要高于数量，这在农户非正规金融借贷中尤为突出。胡枫和陈玉宇（2012）研究发现，社会资本对农村家庭借贷具有确定性的积极作用，社会资本在获得借贷的概率和借贷额两个方面都具有正向作用，而且社会资本对农户借贷的影响在正规金融市场上比在非正规金融领域更大。

社会资本是促进农村增收和减贫的重要手段，但这一机制多是经由中介效应来实现的。胡金焱（2015）研究了这一机制，结果表明社会资本是间接发生作用以促进农民增收的，它通过民间借贷的中介效应大约在10%，这表明适当扩展农户的社会网络，有利于促进民间借贷的发展，进而促进农民增收。赵羚雅（2019）通过中介效应检验模型检验了社会资本的减贫效应，发现社会资本可以通过民间借贷产生减贫效应，而这种效应在国家以收入为度量的贫困线和以支出为度量的贫困线条件下均有效。马宏和张月君（2019）通过分析强关系网络和弱关系网络，发现强关系网络更有效，其借贷的快捷性、利率水平、期限约束等均更具有优势，对农户提高收入的积极影响也更大。王喜鹊（2019）通过分析农户的正规借贷和非正规借贷，发现农村借贷在社会资本影响农户收入的过程中都能发挥中介作用，但是非正规借贷的中介效应更明显。

二　社会资本、农村借贷与农村减贫之间作用机制

（一）社会资本与农村家庭收入

传统文献在研究农民收入的影响因素时，多关注农村家庭的物质资本、政治资本和人力资本状况。实际上，农村地区的物质资本相对贫乏，农村劳动者的受教育水平普遍较低，而文献中所讨论的政治资本也无外乎

农民在农村自治中的地位，而这些在当前的农民收入中的影响已经形成了基础的结构。随着世界银行等国际组织对社会资本的重视，学术界开始越来越关注社会资本的作用，并探索社会资本增加农村家庭收入的有效机制。大量的文献已经证明社会资本对减少农村家庭贫困、增加农村家庭收入有积极影响，并且进一步探讨这种作用的机制和方向。社会资本是一种非正式关系，内容广泛，从传统习俗、价值观、信任等各方面，强调人与人之间交往的性质，为研究农村家庭收入和农村减贫提供了重要的视角。河南省地处中原，是传统的农业大省，农民所占比例较大，经济社会发展深受传统文化的影响，人们之间的联系以地缘和血缘为主，经济体系是农耕经济的框架范畴。随着改革开放的逐步深入，农村的社会资本随着经济的发展逐步发生转变，从以血缘、亲缘、地缘为主向业缘、农民互助、专业经济组织等现代联系方式转变。在传统的由"熟人"构成的农村社会中，农村家庭获得市场信息、选择就业、进行资金借贷等活动主要依赖于社会交往，这体现了关系、信任等因素的作用，而市场制度仍然在一定程度上起作用，作为正式制度的市场制度和作为非正式制度的社会资本之间有一定的替代关系。但是随着市场经济的发展，社会资本的作用会不断地加强，考虑到社会资本对农民家庭收入的影响的结论才具有现实说服力（唐为和陆云航，2011）。社会资本中的一些重要指标，如关系网络和信任对农民收入的影响更为显著。赵剑治和陆铭（2009）的研究表明农户之间社会网络的不平等对农户收入差距的贡献达到 12.1% ~ 13.4%。

社会资本具有达高性、异质性和广泛性。这些特征也体现为社会资本作为获得资源渠道的连接性作用，即通过改善社会资本的性质获取更好的资源，也可通过社会资本拓展可获得资源的数量和广度（武美闯，2005）。在实际经济活动中，拥有越多的社会资本意味着参与的社会活动越多，人们就会有越多的获得和利用社会资源的机会，这会提高人与人之间的信任程度，不但有利于降低农民家庭经济活动中的交易费用，而且有利于提高农民家庭的收入（王恒彦、卫龙宝和郭延安，2013）。社会资本也有助于解决劳动力市场中的信息不对称问题，有利于农村转移劳动力在就业市场上获得有利的就业信息，促进就业机会增加或高收入就业概率提升，从而有利于提高农村家庭收入。大量的研究也表明，社会资本主要利于提高农民的非农收入，这正是社会资本在就业信息搜寻和利用方面的效果。

（二）社会资本与农村借贷

社会资本影响农村借贷的机制有多种，其中最典型的是社会资本可弥补农户缺乏抵押品的缺陷。在现实的正规金融体系中，由于农村居民占有的资产数量少且结构单一，中低收入农户占有的资源稀少，难以提供有效的抵押品，无法满足正规金融机构程序上对抵押的要求，所以农户在无法从正规金融体系获得借贷时会转向民间借贷，甚至是高利贷。社会网络蕴含着某些可供利用的资产，虽然这些资产以其内含的信任和互惠规范等非正式约束机制来体现，但它们由于能够增强人们之间的信用与合作关系，从而形成一种符合社会规范的信用体系，促进了金融发展，提高了金融体系的整体运行效率，同时也抑制了机会主义的行为倾向，使农民个体从正规金融机构获得贷款的可能性大大增加和规模扩大。一些研究也在现实中找到了这种机制的支撑依据。Karlan（2001）以秘鲁的调查数据为基础，研究了其银行业发展状况，发现社会资本对银行业的运营具有强烈影响，社会资本水平高，银行运行就较好。而从银行借贷效率来看，在文化相近群体之间效率更高。Guiso、Sapienza 和 Zingales（2004）研究了信任与金融发展水平之间的关系，发现信任显著促进金融发展，信任程度越高的主体间的金融来往也越密切，借贷契约越容易实施。这一机制在社会整体中也有同样的体现，整体社会信任水平的提高对总体信用规模扩大有利，有利于提高金融效率。

同时，社会资本还具有高度的生产性，具有帮助获得直接贷款等经济资源的机制，有助于提升个人的信用等级。在一些主要为穷人和小企业提供服务的微型金融或非正规金融发展中，能依赖的就是非正式制度中的信任和社会关系，并以基于地缘和人缘建立的社会网络形成有效的"声誉机制"来维护体制的运行。林毅夫和孙希芳（2005）的研究也表明了这种"声誉机制"的存在，基于地缘和亲缘的关系网络在促进非正规金融顺利开展中具有重要作用。

（三）农村借贷对农村减贫的中介效应

农村借贷对农民的重要性主要在于对农业生产的支持，它能够为农户维持和扩大生产提供资金支持，从而维持农业生产的整体连续性，提高农业产出和农民收入。同时，农村借贷也能够优化农民的消费，以避免消费的季节性波动，提供农户平滑消费曲线所需要的资金（李锐和李宁辉，2004）。可见农村借贷是影响农民收入的一个总和因素，从这个意义上讲，借贷会增加农民收入，借贷规模扩大会带来农民收入的增长。由于农村社会劳动力充裕，劳动多而资本相对稀缺，农村借贷增加总会有利于要素结构的改善，不会存在过度投资，则可认为农村借贷投资是有效率的（宫建强和张兵，2008）。

农村借贷分为正式借贷与非正式借贷。正式借贷是通过正规金融机构进行的，正规金融机构由于具有严格的制度和要求，在贷款额度、使用期限、贷款用途等方面的限制较强，而农村借贷往往规模不足，无法满足正规金融机构的要求。同时，正规金融机构的借贷又具有严格的程序和较高的交易成本，信息不对称也会将农民拒于正规金融体系之外。而非正式借贷则主要在未经国家依法设立批准的金融机构之间，或在个人与企业之间进行，在农村主要就是在亲戚朋友之间，主要以货币、零利率和无抵押贷款形式存在。这种非正规的借贷行为一般不在政府的监管和控制之下，由于农户收入水平较低且具有不稳定性，临时性的借贷较为常见。

从农村借贷的用途来看，生活和生产两个方面均有，日常消费、建房以及购买种子、农药等生产性投资等。和城市借贷主要用于生产不同，农村借贷用于生产特别是用于农业生产的比例并不高，借款非农化也是农户的理性选择，因为农业生产的收益低下，借贷用于农业经营是得不偿失的（李锐和李宁辉，2004）。

社会资本通过农村借贷影响农村家庭收入的机制和证据是比较明显的，目前的文献主要集中于研究社会资本与农村借贷的关系，通过农村借贷与农村家庭收入之间的关系来探讨社会资本对农村家庭收入的间接影响。实际上，社会资本和农村借贷对农民收入具有协同效应。胡金焱（2015）的研究表明，农村借贷对农民收入的影响具有中介效应，对农民当期收入的中介效应比例约为10%。可见，将社会资本、农村借贷与农村家庭收入置于一个统一的分析框架内，探讨"社会资本—农村借贷—农村家庭收入"的影响机制，对探讨这一主题具有一定的意义。

三　社会资本、农村借贷与农村减贫的实证分析

（一）数据来源

本章研究数据来源于河南大学经济学院、河南大学新型城镇化与中原经济区建设河南省协同创新中心和河南大学黄河文明与可持续发展研究中心的"百县千村"农村定点调查，调查采用的是走访农户的方式。本研究选取农户调查数据和社会资本调查表，通过筛选与匹配最终选取 534 户农村家庭作为样本。

（二）统计分析

1. 农村家庭基本信息统计分析

（1）户主特征。由表 5 - 1 可以看出，户主中有 96.442% 为男性，3.558% 为女性。以已婚为主，所占比例为 98.502%，未婚所占比例为 1.498%。这与中国农村的现状相一致，男性为主要劳动力，在家庭中具有更大的话语权与决策权。户主主要为 40~60 岁的中老年人，占比高达 67.228%；30 岁及以下的青年户主占比最小，仅为 1.873%。户主的受教育程度普遍偏低，大学及以上的有 25 户，占总样本的 4.682%；小学及以下的有 144 户，占总样本的 26.966%；中学的较多，占总样本的 68.352%。健康水平相对较好，健康的有 437 户，占总样本的 81.835%，身体有障碍的有 48 户，占总样本的 8.989%。

表 5 -1　户主个人特征统计

变量名称	取值范围	频数（户）	占比（%）
性别	女	19	3.558
	男	515	96.442
婚姻	未婚	8	1.498
	已婚	526	98.502
年龄	30 岁及以下	10	1.873
	30~40 岁	62	11.610
	40~50 岁	162	30.337

续表

变量名称	取值范围	频数（户）	占比（%）
年龄	50~60岁	197	36.891
	60~70岁	93	17.416
	70~80岁	10	1.873
受教育程度	不识字	24	4.494
	识字	15	2.809
	小学	105	19.663
	中学	365	68.352
	大学及以上	25	4.682
健康状况	身体某方面有障碍	48	8.989
	曾患疾病	49	9.176
	健康	437	81.835

（2）家庭特征。由图 5-1 可以看出，农村家庭年收入相对较低，大部分在 7 万元以下，所占比例为 82.022%；其中以 1 万~3 万元最多，所占比例为 36.517%；共有 50 户家庭收入在 10 万元及以上，所占比例为 9.363%。

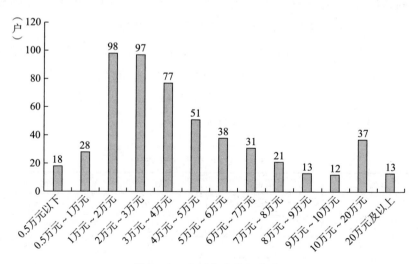

图 5-1　农村家庭收入分布

由图 5-2 可以看出，农村家庭人口规模主要集中于三人和四人，其中四人及以上家庭占比为 53.371%。家庭人口规模超过 7 人的有 3 户，占总样本的 0.562% 。

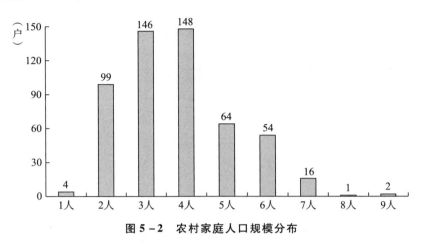

图 5 - 2　农村家庭人口规模分布

在河南农村，土地是广大农民最重要的经济收入来源。根据表 5 - 2 可以看出，农村土地经营面积主要集中于 3 ~ 6 亩，所占比例为 35.393% ，其次是 1 ~ 3 亩，占 25.665% ，小于 1 亩和 12 亩及以上的较少，分别占 4.682% 和 5.993% 。

表 5 - 2　农村家庭土地经营面积分布

土地经营面积	小于 1 亩	1 ~ 3 亩	3 ~ 6 亩	6 ~ 9 亩	9 ~ 12 亩	12 亩及以上
频数（户）	25	137	189	90	61	32
占比（%）	4.682	25.655	35.393	16.854	11.432	5.993

2. 基于因子分析法的社会资本指数计算

根据社会资本调查表，本章研究选取人情支出（friend，百元）以及"如果你急需一大笔钱，你能很快获得这笔借款"（money need）、"你非常信任你周围的人"（believe neighbor）、"你对县乡干部很信任"（believe gover）、"你愿意自己花钱进行职业培训"（train）、"家庭中有人参加过政府组织的职业培训"（join）和"其他人的交往对你增加知识很有用"（useful）六个问题，对于这六个问题根据意愿程度划分为五个等级，意愿最强的赋值为 5 ，依次递减，最小为 1 。

根据表 5 - 3 可以看出，如果需要一大笔钱能够很快获得的大部分处于中等，没有较大的偏差。大部分人比较信任自己的邻居和县乡干部，并且认为和他人交往对增加知识很有用。但是参加过政府组织的职业培训的较少。

表5-3　社会资本得分统计

单位：户，%

得分	money need		believe neighbor		believe gover	
	户数	占比	户数	占比	户数	占比
1	43	8.05	9	1.69	16	3.00
2	137	25.66	38	7.12	52	9.74
3	103	19.29	36	6.74	55	10.30
4	166	31.09	279	52.25	207	38.76
5	85	15.92	172	32.21	204	38.20
得分	train		join		useful	
	户数	占比	户数	占比	户数	占比
1	46	8.61	123	23.03	27	5.06
2	133	24.91	204	38.20	21	3.93
3	79	14.79	63	11.80	49	9.18
4	181	33.90	93	17.42	268	50.19
5	95	17.79	51	9.55	169	31.65

由表5-4可以看出，样本家庭的人情支出主要集中在5000~10000元的区间，共计305户，占总样本的57.116%。其次是10000~20000元，共计86户，占总样本的16.105%；3万元及以上的共有10户，占总样本的1.873%。

表5-4　人情支出统计

人情支出	频数（户）	占比（%）
5000元以下	82	15.356
5000~10000元	305	57.116
10000~20000元	86	16.105
20000~30000元	51	9.551
30000~40000元	5	0.936
40000~50000元	3	0.562
50000元及以上	2	0.375

运用Spass 20.0进行因子分析，在进行因子分析之前，需要对因子分

析的适用性以及统计量的有效性进行检验，KMO 检验和 Bartlett 球形检验是最常用的方法。KMO 值越趋近于 1，数据越适合做因子分析。一般情况下，KMO 值达到 0.5 以上即可。如表 5 - 5 所示，KMO 值为 0.677，达到 0.5 以上；Bartlett 球型检验的近似卡方值为 395.256，显著性水平趋近于 0。因此，拒绝零假设，相关系数矩阵显著区别于单位矩阵，社会资本指标矩阵适合进行因子分析。

表 5 - 5　社会资本指数的 KMO 和 Bartlett 球形检验

统计项目	KMO	显著性	近似卡方
数值	0.677	0.000	395.256

从表 5 - 6 可知，只有三个成分的特征值大于 1，因此选取 q_1、q_2 与 q_3 作为提取的主成分。其中，q_1 的方差贡献率为 25.176%；q_2 的方差贡献率为 22.219%，q_3 的方差贡献率为 14.877%，三个公因子解释总差异的 62.272%。

表 5 - 6　总方差解释

成分	初始特征值			旋转载荷平方和		
	特征值	方差贡献率(%)	累计方差贡献率(%)	特征值	方差贡献率(%)	累计方差贡献率(%)
q_1	2.120	30.279	30.279	1.762	25.176	25.176
q_2	1.229	17.561	47.839	1.555	22.219	47.395
q_3	1.010	14.433	62.272	1.041	14.877	62.272
q_4	0.801	11.444	73.716			
q_5	0.673	9.607	83.323			
q_6	0.663	9.467	92.790			
q_7	0.505	7.210	100.000			

根据表 5 - 7，利用回归估计法求出各公因子得分：

$$q_1 = 0.450 \times money\ need - 0.017 \times friend + \cdots + 0.004 \times join$$

$$q_2 = -0.176 \times money\ need - 0.006 \times friend + \cdots + 0.379 \times join$$

$$q_3 = 0.273 \times money\ need + 0.886 \times friend + \cdots + 0.207 \times join$$

最终计算出社会资本指数：

$$Social = (0.25176 \times q_1 + 0.22219 \times q_2 + 0.14877 \times q_3)/0.62272$$

表 5 - 7　成分得分系数矩阵

成分	money need	friend	believe neighbor	believe gover	useful	train	join
q_1	0.450	- 0.017	0.436	0.434	0.010	- 0.174	0.004
q_2	- 0.176	- 0.006	0.008	- 0.016	0.450	0.566	0.379
q_3	0.273	0.886	- 0.124	- 0.100	- 0.196	- 0.005	0.207

3. 农村借贷统计分析

从借贷关系来看，由于正规借贷具有流程多、利率高、门槛高等特点，大部分农民会选择非正式借贷，表 5 - 8 所示正好印证了农村借贷的特点。从表 5 - 8 中可以看出绝大部分的农村借贷来源于亲戚，占总样本的 63.858% ，来源于正规金融机构的有 67 户，占总样本的 12.547% 。因此，非正式借贷的占比高达 87.453% 。

表 5 - 8　农村借贷关系、用途统计

农村借贷	类型	频数（户）	占比（%）
双方关系	亲戚	341	63.858
	邻居	29	5.431
	朋友	67	12.547
	熟人	8	1.498
	生意伙伴	7	1.311
	正规金融机构	67	12.547
	民间金融	1	0.187
	其他	14	2.622
借贷用途	生产投资	96	17.978
	看病	90	16.854
	上学	37	6.929
	办红白喜事	66	12.360
	买大件	27	5.056
	再投资	16	2.996
	还旧债	21	3.933
	建房或买房	149	27.903
	其他	32	5.993

从借贷用途来看,农村借贷主要是用于建房或买房,占总样本的27.903%,其次是生产投资,占总样本的17.978%。用于再投资的最少,只有16户,占总样本的2.996%。

主要基于血缘、亲缘和地缘关系的农村借贷,大部分采取口头约定,一般没有签订正式合同或者设定抵押物。由表5-9可以看出,有446户的农村借贷没有抵押,占总样本的83.5%,用信用作为抵押的有43户,占总样本的8.1%,用不动产、动产、权证作为抵押和有保人的有45户,占总样本的8.4%。

表5-9 借贷抵押统计

抵押类型	不动产	动产	权证	保人	信用	无
频数(户)	26	3	2	14	43	446

(三) 变量描述

1. 被解释变量

农村家庭收入是本章研究的被解释变量,选取问卷中"过去一年的毛收入约计__万元"。为了保证估计的无偏性,对人均家庭收入取自然对数。

2. 相关解释变量

社会资本的意义在于,拥有更多社会网络储备的公民团体在面对贫困时往往处于更有利的位置。经济学视角的社会资本主要包括政治身份、亲友数量、社会信任、人情支出等。为避免内生性,本章运用因子分析法,计算出社会资本指数,作为社会资本的衡量指标。

本章研究的另一个重要解释变量是农村借贷。在本章研究中,农村借贷的定义是从非正式金融体系获得的资金,主要来源于亲戚朋友,并不严格要求是否履行手续,在应用中则使用距调查最近一次借款金额作为代理变量。借款金额是指向亲戚朋友或者一些借贷组织进行借款中尚未归还的金额。对家庭人均借贷金额进行取对数处理,来满足无偏性等计量估计要求。

在户主控制变量中,主要包括户主的性别、年龄、受教育程度、健康状况与婚姻。在农村,户主特征往往与家庭特征一致,特别是在农村借贷中,户主的特征影响较大,受教育程度是衡量农村家庭人力资本的主要指标，从侧面反映家庭取得收入的能力。纳入年龄因素则考虑到劳动者在不同年龄阶段的收入水平，一般而言，处于中年的户主所获得收入的水平较高，考虑到户主的年龄与家庭收入可能存在非线性关系，本章研究在回归模型中加入年龄^2/100 作为控制变量。

家庭特征主要包括家庭人口和土地两个方面。人口数量是约束农村家庭人均纯收入水平的重要因素，农村家庭人口的结构存在差异，劳动人口多的家庭总收入水平较高，从而对资金的需求较低，而非劳动人口较多的家庭对资金的需求较多，其家庭获得收入的能力较低。土地是农业经营的重要资产，甚至在某种层面代表了农户创造财富的基础，本章研究把土地经营面积作为控制变量，并把土地的肥沃程度、灌溉条件作为控制变量。土地的肥沃程度越高与灌溉条件越好越能够促进农村家庭收入的增加。

村庄因素，选取问卷中该村地形与土壤条件作为控制变量。地形主要分为平原、山地和丘陵。土壤分为潮土、水稻土、盐碱土、风沙土、粗骨土和其他。

相关变量名称及含义如表 5-10 所示。

表 5-10　变量名称及含义

变量类型	变量（符号）	含义说明
被解释变量	农村家庭收入（lnincomeper）	家庭人均纯收入的自然对数
核心解释变量	社会资本（social）	社会资本指数（运用因子分析法）
	农村借贷（lndebtper）	家庭人均借贷金额的自然对数
户主控制变量	户主性别（gender）	男＝1，女＝0
	户主年龄（agesqu）	户主年龄的平方/100
	户主婚姻（marriage）	已婚＝1，未婚＝0
	户主健康状况（health）	健康＝3，曾患大病＝2，身体有某方面障碍＝1
	户主受教育程度（edu）	不识字＝1，识字＝2，小学＝3，中学＝4，大学及以上＝5
家庭控制变量	家庭人口规模（familysize）	家庭成员数（个）
	土地经营面积（rentper）	家庭人均土地经营面积（亩）
	土地灌溉条件（irrigation）	上等＝3，中等＝2，下等＝1
	土地肥沃程度（fertile）	上等＝3，中等＝2，下等＝1

续表

变量类型	变量（符号）	含义说明
村庄控制变量	地形（ground）	平原 = 3，山地 = 2，丘陵 = 1
	土壤（terrain）	潮土 = 6，水稻土 = 5，盐碱土 = 4 风沙土 = 3，粗骨土 = 2，其他 = 1

3. 变量描述性统计

由表 5 – 11 可以看出，农村家庭收入、农村借贷、社会资本、家庭人口规模和土地经营面积方面存在较大的差距。在家庭人均纯收入取对数之后，最大值的是最小值的两倍多。而家庭人均借贷金额取对数之后，最大值是最小值的 3 倍左右。人口最多的一户有 9 人，最少的只有 1 人。土地经营面积，最多的达到 30 亩，最少的不到 0.1 亩。

表 5 – 11　相关变量的描述性统计

变量	均值	标准差	最小值	最大值
lnincomeper	9.2273	0.9030	5.8091	12.919
social	0.1227	0.1278	0.0119	1.1297
lndebtper	8.7702	1.2452	4.3175	11.9183
edu	3.6592	0.8033	1	5
health	2.7284	0.6151	1	3
marriage	0.9850	0.1216	0	1
gender	0.9644	0.1854	0	1
agesqu	27.6151	10.1648	4.84	67.24
irrigation	2.0918	0.7018	1	3
fertile	2.0505	0.5191	1	3
familysize	3.7715	1.3969	1	9
rentper	1.8724	2.1736	0.0571	30
terrain	2.5505	0.7677	1	3
ground	2.9531	1.8899	1	6

（四）回归分析

1. 社会资本与农村家庭收入和农村贫困

本章主要从收入和贫困两个层面来研究社会资本的影响。

农村家庭收入层面运用的模型如下：

$$\ln incomeper_i = \alpha_0 + \alpha_1 social_i + \alpha_x x_i + \varepsilon_i$$

其中，$social_i$为社会资本的衡量变量，x_i为控制变量。

Q_i为贫困指标，主要考察社会资本对农村家庭的减贫效应。基于此，我们使用 Logit 模型研究社会资本的影响。此时的被解释变量是一个二元离散变量。具体的简化模型如下，本章根据河南省财政厅颁布的文件，以农村居民最低生活保障标准每人每年 3860 元为条件，设置虚拟变量，贫困家庭赋值为 1，非贫困家庭赋值为 0。同时根据农村家庭的相对风险设置 P_i为家庭贫困的概率，相对风险（relative risk）为 $P_i/1 - P_i$，则有：

$$\text{Logit}(Q_i) = \ln[P_i/1 - P_i] = \alpha_0 + \alpha_1 social_i + \alpha_x x_i + \varepsilon_i$$

将 Logit（Q_i）计为 b，则有：

$$P_i = e^b/1 + e^b$$

$P_i/$（$1 - P_i$）代表在农村贫困家庭与非贫困家庭之间的选择概率。

首先，为研究社会资本对农村家庭收入的影响，建立多元线性回归模型（如表 5-12 所示）。由结果可见，社会资本对农村家庭收入具有正向作用，显著性较强。列（2）在列（1）的基础上引入户主控制变量，社会资本对农村家庭收入的影响仍然通过 1% 的显著性检验。在列（3）、列（4）中再依次引入家庭控制变量和村庄控制变量，社会资本系数的方向不变，在 1% 的水平上对农村家庭收入具有显著影响。

表 5-12　社会资本对农村家庭收入影响的回归结果（OLS 模型）

变量	（1）	（2）	（3）	（4）
social	1.887 ***	1.682 ***	1.778 ***	1.759 ***
	(0.294)	(0.297)	(0.277)	(0.278)
marriage		-0.0914	0.172	0.214
		(0.309)	(0.293)	(0.293)
health		0.110 *	0.0929	0.0941
		(0.0616)	(0.0574)	(0.0573)
edu		0.178 ***	0.164 ***	0.167 ***
		(0.0482)	(0.0453)	(0.0453)

续表

变量	（1）	（2）	（3）	（4）
gender		− 0. 206 （0. 205）	− 0. 0651 （0. 193）	− 0. 0904 （0. 192）
agesqu		− 0. 000535 （0. 00379）	− 0. 0135 *** （0. 00387）	− 0. 0130 *** （0. 00389）
rentper			0. 0486 *** （0. 0175）	0. 0496 *** （0. 0175）
familysize			− 0. 187 *** （0. 0286）	− 0. 181 *** （0. 0287）
irrigation			0. 134 ** （0. 0542）	0. 122 ** （0. 0565）
fertile			0. 142 * （0. 0730）	0. 135 * （0. 0729）
terrain				0. 00417 （0. 0478）
ground				0. 0404 ** （0. 0186）
constant	8. 963 *** （0. 0558）	8. 343 *** （0. 446）	8. 433 *** （0. 447）	8. 277 *** （0. 463）
观测数（个）	534	534	534	534
R^2	0. 072	0. 107	0. 232	0. 239

注：*** 、** 、* 分别表示 1% 、5% 、10% 的显著性水平；本章余同。

从控制变量中还可以看出其他影响农村家庭收入的重要因素，户主受教育程度越高，农村家庭收入越高。在回归分析中，*edu* 的系数均通过了 1% 的显著性检验。在加入家庭控制变量和村庄控制变量之后，户主受教育程度对农村家庭收入仍然具有显著影响。表明教育在农村家庭收入中具有重要作用，这一作用体现了教育作为人力资本形成的重要手段的效果，与前文分析一致，既体现了教育的作用，也体现了社会资本经由教育发挥作用的机理。在河南省农村，土地是农村家庭的重要资产，是农村家庭财富水平的代表之一。土地经营面积对农村家庭收入具有正向影响，相关系数通过 1% 的显著性检验。农村家庭收入主要来自土地经营的收入，由回归结果可以看出土地肥沃程度和土地灌溉条件对农村家庭收入均具有正向影响，*irrigation* 和 *fertile* 的系数分别通过 10% 和 5% 的显著性检验。家庭人口规模与农村家庭收入显著负相关，说明在农村人口较多的家庭，收入较低。

其次，考察社会资本对农村贫困的影响。如表 5 - 13 中所示，*social* 的系数均在 1% 的统计水平上显著，且符号为负，表明社会资本依然负向影响农村贫困。在列（2）、列（3）和列（4）中依次引入户主、家庭与村庄控制变量，*social* 的系数依旧为负，并且这种负向影响在统计意义上仍然显著，因此，社会资本具有减贫效应。在 Logit 回归分析中，可以看出家庭人口规模对农村贫困具有显著正向影响，不利于农村家庭收入的增加。同时户主的受教育程度具有减贫效应，与多元线性回归结果保持一致。

表 5 - 13　社会资本对农村贫困影响的回归结果（Logit 模型）

变量	（1）	（2）	（3）	（4）
social	- 5. 358 ***	- 4. 430 **	- 5. 378 ***	- 5. 399 ***
	(1. 885)	(1. 849)	(1. 903)	(1. 926)
marriage		- 0. 00867	- 0. 810	- 0. 869
		(1. 132)	(1. 157)	(1. 163)
health		- 0. 344 *	- 0. 295	- 0. 301
		(0. 182)	(0. 197)	(0. 198)
edu		- 0. 465 ***	- 0. 518 ***	- 0. 532 ***
		(0. 144)	(0. 163)	(0. 165)
gender		1. 275	1. 057	1. 094
		(1. 076)	(1. 153)	(1. 144)
agesqu		0. 0116	0. 0408 ***	0. 0386 ***
		(0. 0126)	(0. 0146)	(0. 0147)
rentper			- 0. 162	- 0. 153
			(0. 108)	(0. 102)
familysize			0. 447 ***	0. 429 ***
			(0. 111)	(0. 110)
irrigation			- 0. 436 **	- 0. 387 *
			(0. 218)	(0. 229)
fertile			- 0. 276	- 0. 266
			(0. 298)	(0. 300)
terrain				- 0. 0225
				(0. 190)

续表

变量	（1）	（2）	（3）	（4）
ground				− 0. 130
				（0. 0795）
constant	− 1. 212 ***	− 0. 331	− 0. 0884	0. 414
	（0. 232）	（1. 696）	（1. 883）	（1. 941）
观测数（个）	534	534	534	534

比较有意思的是，土地经营面积对农村家庭当期收入具有显著的正向影响，但是在 Logit 回归分析中 *rentper* 的系数不显著，可能是在短期中，土地经营面积的增加会对农村家庭收入产生显著正向影响，但是土地经营的收入会随着时间的增加相对固定，因此在长期中，对农村贫困的影响逐渐减小。在回归中，依次引入户主、家庭和村庄三个层面的控制变量，社会资本的影响在经济和统计意义上都通过了检验，说明该结果具有稳健性。

2. 社会资本对不同收入水平、人口规模家庭收入影响的实证分析

根据表 5 - 14，列（1）是对总样本进行的回归。为了观察社会资本在不同收入水平家庭中的作用，以河南省颁布的农村居民最低生活保障标准每人每年 3860 元作为贫困线标准，把人均纯收入低于 3860 元的样本家庭作为贫困家庭，把人均纯收入高于等于 3860 元的家庭作为非贫困家庭，分别对非贫困家庭和贫困家庭进行了回归，结果如列（2）和列（3）所示。社会资本在两类家庭中的影响均是积极的，社会资本对非贫困家庭收入的影响系数为 1.408，并且在 1% 的水平上显著。社会资本虽然对贫困家庭收入有正向影响，但是这一影响在统计上不显著。因此从总体来看，社会资本对非贫困家庭收入的影响要比贫困家庭强烈。

表 5 - 14　社会资本对不同收入水平、人口规模家庭收入影响的回归结果

变量	（1）总样本	（2）人均纯收入 ≥ 3860 元	（3）人均纯收入 < 3860 元	（4）家庭人口规模 ≥ 4 人	（5）家庭人口规模 ≤ 3 人
social	1. 759 ***	1. 408 ***	0. 742	1. 636 ***	1. 999 ***
	（0. 278）	（0. 237）	（0. 864）	（0. 345）	（0. 503）

续表

变量	（1） 总样本	（2） 人均纯收入≥ 3860元	（3） 人均纯收入< 3860元	（4） 家庭人口 规模≥4人	（5） 家庭人口 规模≤3人
marriage	0.214	0.0160	− 0.0480	− 0.00412	0.325
	（0.293）	（0.259）	（0.588）	（0.556）	（0.366）
health	0.0941	0.0646	− 0.0351	0.0910	0.0874
	（0.0573）	（0.0539）	（0.0813）	（0.0773）	（0.0882）
edu	0.167 ***	0.0537	0.0840	0.227 ***	0.144 **
	（0.0453）	（0.0438）	（0.0634）	（0.0682）	（0.0641）
gender	− 0.0904	0.00102	0.157	− 0.107	− 0.0547
	（0.192）	（0.163）	（0.543）	（0.475）	（0.226）
agesqu	− 0.0130 ***	− 0.00572	− 0.00354	− 0.00706	− 0.0186 ***
	（0.00389）	（0.00362）	（0.00570）	（0.00541）	（0.00591）
rentper	0.0496 ***	0.0278 ∗	0.0497	0.0240	0.0653 ***
	（0.0175）	（0.0148）	（0.0766）	（0.0492）	（0.0198）
familysize	− 0.181 ***	− 0.136 ***	0.0238		
	（0.0287）	（0.0266）	（0.0444）		
irrigation	0.122 **	0.0863 ∗	− 0.0565	0.0588	0.205 **
	（0.0565）	（0.0507）	（0.0979）	（0.0783）	（0.0860）
fertile	0.135 ∗	0.126 **	− 0.0365	0.208 **	0.0624
	（0.0729）	（0.0634）	（0.160）	（0.103）	（0.108）
terrain	0.00417	0.00153	0.0428	0.0400	− 0.0329
	（0.0478）	（0.0424）	（0.0831）	（0.0645）	（0.0746）
ground	0.0404 **	0.0176	0.0230	0.0305	0.0635 **
	（0.0186）	（0.0164）	（0.0339）	（0.0254）	（0.0285）
constant	8.277 ***	8.961 ***	7.322 ***	7.215 ***	7.900 ***
	（0.463）	（0.420）	（0.829）	（0.849）	（0.593）
观测数（个）	534	461	73	285	249
R^2	0.239	0.175	0.108	0.178	0.215

　　调查中也发现，农村家庭人口规模在农村减贫中的影响具有多重性，总体来看，农村家庭人口规模较大，主要是四口及以上家庭。这给我们的启示是，当人口规模较大时，能够提供更多的劳动要素，但由于较大规模的农村家庭中的非劳动人口也较多，导致他们作为消费者对家庭的影响也是较大的。在列（4）和列（5）中分别对四口及以上规模家庭和三口及以

下规模家庭进行回归。结果显示，社会资本对三口及以下规模家庭收入的影响系数为 1. 999，并且通过 1% 的显著性检验；社会资本对四口及以上规模家庭收入的影响系数为 1. 636，并且通过 1% 的显著性检验。可见，虽然社会资本对各种人口规模家庭收入均有影响，但对较大人口规模家庭而言其效应相对较小，与上文分析一致，人口规模的扩大可能不利于农村家庭收入的增加。

四　农村借贷对社会资本与农村减贫间
关系的中介效应检验

上述研究表明，社会资本对农村家庭收入的影响是显著的，能够经由教育、就业等途径实现促进农民增收和减贫的效果。同时，社会资本通过农村借贷带来的增收减贫效应具有复杂的过程，如减少信息不对称、降低风险，扩大了借贷的规模和提高了借贷的效率。目前讨论这种中介效应的方法还较少，本节将中介效应检验方法运用到社会资本通过农村借贷影响农村家庭收入的估计上，以对其占比进行定量估算。

中介效应分析最早开始于心理学研究，讨论三个具有递次影响的变量 X、M 和 Y，变量 X 对变量 Y 产生的影响是经由 M 实现的，此时 M 就是中介变量。温忠麟、张雷和侯杰泰等（2004）提出了包含依次检验和 Sobel 检验的中介效应检验方法。不仅可以进行部分中介效应检验，也可以做完全中介效应检验。根据本章研究的样本结构和研究目的，运用这一方法是合适的。

模型设定如下：

$$\ln incomeper_i = \alpha_0 + \alpha_1 social_i + \alpha_x x_i + \varepsilon_i$$
$$\ln debtper_i = \beta_0 + \beta_1 social_i + \beta_x x_i + \mu_i$$
$$\ln incomeper_i = p_0 + p_1 social_i + p_2 \ln debtper_i + p_x x_i + \eta_i$$

（一）　社会资本对农村借贷影响的实证分析

如表 5 – 15 所示，列（1）中，$social$ 的系数在 1% 的水平上显著，这表明社会资本对农村借贷的影响是正向的。为排除遗漏变量可能导致的偏差，在列（2）至列（4）中依次添加户主、家庭与村庄三个层面的控制变量，可见，社会资本对农村借贷的影响仍然在 1% 的水平上显著。

表 5 – 15　社会资本对农村借贷影响的回归结果（OLS 模型）

变量	（1）	（2）	（3）	（4）
social	1.449***	1.213***	1.285***	1.265***
	(0.416)	(0.423)	(0.417)	(0.419)
marriage		0.629	0.922**	0.892**
		(0.440)	(0.440)	(0.442)
health		0.0280	0.0176	0.0186
		(0.0877)	(0.0863)	(0.0864)
edu		0.232***	0.225***	0.219***
		(0.0687)	(0.0681)	(0.0683)
gender		−0.199	−0.0820	−0.0627
		(0.291)	(0.290)	(0.290)
agesqu		0.00311	−0.00811	−0.00882
		(0.00539)	(0.00582)	(0.00586)
rentper			0.0322	0.0332
			(0.0263)	(0.0264)
familysize			−0.169***	−0.172***
			(0.0430)	(0.0432)
irrigation			0.0508	0.0759
			(0.0815)	(0.0853)
fertile			−0.000681	0.00437
			(0.110)	(0.110)
terrain				−0.0580
				(0.0722)
ground				−0.0224
				(0.0280)
constant	8.567***	7.160***	7.589***	7.796***
	(0.0790)	(0.635)	(0.673)	(0.699)
观测数（个）	534	534	534	534
R^2	0.022	0.048	0.087	0.089

　　深入分析社会资本如何影响农村借贷，主要在于两个方面。一是社会资本是保险的一种替代。由于农村地区的保险市场不完善，而农业生产的性质

也容易产生道德风险，所以正规金融体系在农村地区的运行不顺畅，甚至缺位，非正式借贷就成为农村借贷的主要形式。当无法使用正式制度对农民的信用进行甄别和评估时，社会资本的作用就显现出来。二是，农村家庭之间往往具有亲缘、血缘等复杂的关系，这种关系的维系使得他们像是在一个社会网络的不同节点上，其实是一个组织的不同成员，农村借贷可以认为是成员间的资金转移，通过资金的转移实现跨期连续，从而有效提高成员抵抗风险的能力并平滑消费。

（二）农村借贷的中介效应评估

上述实证模型中存在多个变量，这些变量之间可能存在相互干扰导致结果不确定，为了排除这一问题需要进行多重共线性的检验。如表 5 – 16 所示，三个方程变量的方差膨胀因子（VIF）最大值为 1.39，远低于临界值，排除了变量之间的多重共线性问题。

表 5 – 16　多重共线性检验

变量	ln*incomeper*		ln*debtper*		ln*incomeper*	
	VIF	容差	VIF	容差	VIF	容差
familysize	1.35	0.743156	1.35	0.743156	1.39	0.721268
irrigation	1.32	0.756682	1.32	0.756682	1.32	0.755533
agesqu	1.31	0.762834	1.31	0.762834	1.32	0.759538
rentper	1.22	0.823009	1.22	0.823009	1.22	0.820516
fertile	1.20	0.831421	1.20	0.831421	1.20	0.831419
terrain	1.13	0.882475	1.13	0.882475	1.13	0.881384
edu	1.11	0.899074	1.11	0.899074	1.13	0.881623
gender	1.07	0.934984	1.07	0.934984	1.07	0.934900
social	1.07	0.937168	1.07	0.937168	1.09	0.921045
marriage	1.06	0.940089	1.06	0.940089	1.07	0.932781
health	1.04	0.958976	1.04	0.958976	1.04	0.958891
ground	1.04	0.964953	1.04	0.964953	1.04	0.963774
ln*debtper*					1.10	0.910704
均值	1.16		1.16		1.16	

表 5 – 17 所示为中介效应检验结果。根据中介效应，检验流程如下。

表 5 – 17　中介效应模型的回归结果（OLS 模型）

变量	（1）lnincomeper	（2）lndebtper	（3）lnincomeper
social	1.759 ***	1.265 ***	1.598 ***
	（0.278）	（0.419）	（0.275）
ln*debtper*			0.127 ***
			（0.0285）
marriage	0.214	0.892 **	0.101
	（0.293）	（0.442）	（0.289）
health	0.0941	0.0186	0.0918
	（0.0573）	（0.0864）	（0.0563）
edu	0.167 ***	0.219 ***	0.140 ***
	（0.0453）	（0.0683）	（0.0449）
gender	– 0.0904	– 0.0627	– 0.0825
	（0.192）	（0.290）	（0.189）
agesqu	– 0.0130 ***	– 0.00882	– 0.0119 ***
	（0.00389）	（0.00586）	（0.00383）
rentper	0.0496 ***	0.0332	0.0454 ***
	（0.0175）	（0.0264）	（0.0172）
familysize	– 0.181 ***	– 0.172 ***	– 0.159 ***
	（0.0287）	（0.0432）	（0.0286）
irrigation	0.122 **	0.0759	0.112 **
	（0.0565）	（0.0853）	（0.0556）
fertile	0.135 *	0.00437	0.134 *
	（0.0729）	（0.110）	（0.0716）
terrain	0.00417	– 0.0580	0.0115
	（0.0478）	（0.0722）	（0.0470）
ground	0.0404 **	– 0.0224	0.0433 **
	（0.0186）	（0.0280）	（0.0183）
constant	8.277 ***	7.796 ***	7.288 ***
	（0.463）	（0.699）	（0.507）
观测数（个）	534	534	534
R^2	0.239	0.089	0.267

（1）检验 α_1 是否显著，根据列（1）可知 α_1 显著，继续进行第二步检验。

（2）检验 β_1 与 p_2 是否显著，根据列（2）和列（3）可知 β_1 与 p_2 都显著，继续进行第三步检验。

（3）检验 p_1 是否显著。根据列（3）可知 p_1 显著。

从而可以估算中介效应的占比，方法如下：

$$中介效应占比 = p_2 \times \beta_1 / (p_2 \times \beta_1 + p_1)$$

根据回归分析和部分中介效应公式可以计算出，社会资本通过农村借贷对农村家庭收入的影响占比为 9.135%。这表明社会资本通过农村借贷对农村家庭收入具有重要影响

以上分析表明，在传统的农村地区，宗族观念仍然是维系人们之间交往的基础，以亲缘、血缘和地缘为基础的社会资本在农村借贷中充当了道德抵押品的角色。它不但为农户带来了较为稳定的资金来源，也为农民增收奠定了重要基础。

五　结论与政策建议

（一）结论

增加农村家庭收入不仅是精准扶贫战略的要求，也是全面建成小康社会的客观需要。本章以农村定点调查数据为基础，研究农村减贫的内在机制，从社会资本、农村借贷角度研究农村家庭收入不但切合农村运行规律，而且可以反映农村社会发展现实，对探索农村家庭收入增长和农村减贫的内在机制具有重要意义。

第一，社会资本从收入层面来看，能够增加农村家庭收入，从贫困层面来看，对减少家庭贫困具有重要作用。不同人口规模的家庭，社会资本的增收效应不同，相比较而言，小规模家庭增收效应较强。社会资本对非贫困家庭的影响更为明显。此外，户主健康状况、户主受教育程度、土地经营面积、土地灌溉条件和土地肥沃程度等也与农村家庭收入密切相关，要注重提高农民的整体素质。

第二，农村家庭的社会资本与农村借贷存在正相关性。农村借贷大部分是基于血缘、亲缘和地缘关系，缺少正式的合同与抵押物，主要是口头约定或者基于双方的信任。社会资本作为一种非正式联系，充当道德抵押品，促进借贷的发生。

第三，关于社会资本通过农村借贷增加农村家庭的当期收入，中介效应所占比例为 9.135%。因此，可以适当通过"社会资本—农村借贷—农村家庭收入"这一路径，来进一步提升农村家庭的收入水平。

（二）政策建议

1. 规范农村金融组织与市场秩序

正规和非正规金融是农村中并存的借贷体系，农村家庭虽然在两个体系中获得的信贷资金规模不同，资金的使用效率也存在差异，但研究发现，正规金融在农村存在局限，而非正规金融作为大部分农村家庭获取资金的主要途径，不但具有较高效率，而且弥补了农村正规金融的不足。政策层面应同时关注两类金融在农村发展的方向，推进正规金融提供适应农村的金融服务。同时，重视非正规金融在农村经济社会中的重要作用，明确非正规金融的地位，对其概念、范围与组织形式进行界定，积极推动非正规金融的规范化发展。

2. 完善农村信用体系

从研究结论来看，农村的信用体系存在一定程度的缺失，这是导致正规金融服务不足的主要原因。金融市场的良性发展与完善的信用体系密切相关，由于农村家庭的实际情况，农村地区的抵押担保体制存在明显的缺陷和不足。完善农村信用体系以促进农村借贷的发展具有重要意义。目前来看，应做好农户、金融机构和政府三个方面的工作。农户应该确立现代的信用意识，明悉良好的信誉对生产经营的重要性。对于金融机构而言，应该针对农村社会的特征，构建合适的农村信用体系。政府宜加大宣传，使农户真正意识到信用对他们的影响和作用，加快农村征信体制的建立，最大限度地减少金融机构借贷风险的发生。

3. 加强关系网络建立

农村家庭社会资本的积累有利于借贷关系网络的扩大，进而在一定程度上促进农民收入的持续增长以及农村发展。因此，一方面，农村家庭需主动建立更加广泛的关系网络，通过非正式借贷关系网络规模的扩大提高自身借贷能力；另一方面，农村政府基层组织应当积极倡导和帮助农村家庭间建立各类互助、协作关系网络。从宏观和微观两个层面促进社会资本的积累，从而促进农村家庭收入的提高。

第六章　社会资本、多维贫困与农村减贫

一　研究背景与文献评述

（一）研究背景

改革开放以来，随着一系列扶贫开发政策的制定和实施，我国贫困人口大规模缩减，以 2010 年贫困线为标准，到 2018 年全国累计减贫 7.5 亿人，但是贫困问题并未得到彻底解决。一方面，我国剩余贫困人口的贫困程度较深，扶贫工作的难度加大。另一方面，贫困问题并不单单是收入贫困问题，包括教育、健康等的多维贫困问题开始逐渐显现，并越来越受到学者们的关注。特别是，由于农业人口占比较大，加之我国幅员辽阔，区域间经济发展不均衡、城乡二元化问题突出，人们面临资源分配不合理、贫富差距较大等制约贫困减少的深层次矛盾。切实地保障扶贫工作平稳有序地运行离不开对贫困人口各项致贫因素的全面筛查与防范解决，比如贫困人口的受教育年限以及所在地的医疗资源状况、基础设施完善程度等。分析多维贫困的内涵，探究贫困的本质，对持续推进我国农村减贫具有重要意义。

最早提出多维贫困概念的学者是阿马蒂亚·森（Amartya Sen），1979 年森在斯坦福大学做演讲（"Equality of What"）时首次提及可行能力的概念。《1990 年世界发展报告》将贫困定义为："缺少达到最低生活水准的能力。"森的可行能力理论在 1990 年以后逐渐受到联合国的重视，随后森协助联合国构建和设计了《人类发展报告》的概念框架和测量工具。1996 年《人类发展报告》基于可行能力理论，正式引入贫困概念，报告指出：

"贫困不仅仅是收入低下，更重要的是，基本生存与发展能力的匮乏。"森认为："贫困必须被视为基本可行能力的被剥夺，而不仅仅是收入低下。""可行能力－贫困的视角完全不否定低收入是贫困的主要原因之一。"在对可行能力理论的论述过程中，森特别强调了几个方面。首先，收入和可行能力的关系受到年龄、性别、社会角色、所处地域等多种因素的强烈影响。其次，可行能力方面的缺陷，比如年老、残疾等，会降低获取收入的能力，同时，对收入的衡量应当充分考虑到基于可行能力差异性的"真实贫困"。比如，具有同等收入水平的两个人，其中一个人体弱多病，那么此人的"真实贫困"程度会更高。最后，对收入的相对剥夺，会产生对可行能力的绝对剥夺。生活在富裕国家的相对贫困的人们，虽然绝对收入按照世界标准衡量是高的，但他们在可行能力上仍然处于非常不利的状态。这是因为，在富裕国家参与社群生活的需要会导致需求的增加，从而给那些相对贫困的人们带来很大压力，造成对可行能力的绝对剥夺。所以，在富裕国家，仍然会存在饥饿现象。显然，从多维视角分析贫困现象，更能探究出贫困的本质。因此，本章从多维贫困入手，对河南省农户贫困状况展开研究。

中国传统农村社会基于血缘与地缘所建立的成员间的相互联结，使得人们形成了一种特殊的信任关系，这种信任关系使得成员间在产生矛盾与分歧时更容易沟通协调并化解。另外，对于中国传统农村社会资本来说，基于血缘、地缘的关系网络是最主要的表现形式。此外，以儒家传统文化为基石的中国传统农村社会也深受"仁、礼、信"等规范的影响（马红梅和陈柳钦，2012）。

本章从社会资本角度研究农村贫困问题，是因为我国农村是典型的关系型社会，在其发展的过程中，社会资本起着极为重要的作用。许多研究发现，社会资本在减少贫困方面扮演着重要的角色，作为"穷人的资本"，社会资本充分缓解了农户的贫困问题（Grootaert，2001）。同时，社会资本包含的信任等价值观方面的因素促使人们在社区内部相互合作与理解。对坦桑尼亚农户的调查研究发现，村庄社会资本会显著影响农村家庭收入，其渠道来源于更多的社区内部由信任产生的一系列合作及公共服务（Narayan and Pritchett，1999）。这是因为，村庄信任更容易在市场化程度较低的、处于绝对贫困的村庄中存在与发展。另外，基于信任的成员间的联结，使得农民在外出打工时获取了更多的非农就业机会，促进了劳动力市场的信息流动（Zhang and Li，2003）。

（二）文献评述

1. 多维贫困相关研究

（1）多维贫困理论的提出与发展。多维贫困的理论基础是阿马蒂亚·森的可行能力理论框架下的能力贫困观点。森（Sen，1979）在哈佛大学的演讲中首次提及可行能力的概念。1985 年，森从福利经济学角度系统地论述了"能力方法"。《1990 年世界发展报告》将贫困定义为："缺少达到最低生活水准的能力。"森的可行能力理论在 1990 年以后逐渐受到联合国的重视，随后他协助联合国构建和设计了《人类发展报告》的概念框架和测量工具。1996 年《人类发展报告》指出："贫困不仅仅是收入低下，更重要的是，基本生存与发展能力的匮乏。"

森认为"一个人的'可行能力'指的是此人有可能实现的、各种可能的功能性活动组合"。我们认为可行能力包含功能和能力两个方面。功能，是指人们实际的生活水平或状态，既包括生活的内容，也包含心态的塑造。能力是功能所派生的，反映了人们在面临不同生活方式时做出选择的潜力。功能贫困是人们看得到的生活状态上的贫困，能力贫困表现为个体想获得持续发展时面临的动力不足。因此，他认为，贫困并不只是收入不足，更应该是想获得最低限度的基本需求时能力缺乏。

在森的能力观的指导下，不少学者加入对多维贫困的讨论之中。Atkinson 和 Bourguignon（1982）从多个维度比较研究了经济不公平现象。Alkire（2002）从人类发展角度，就贫困文化多维度展开讨论。Nussbaum（2003）是森的可行能力的重要发展者，她运用哲学方法，提出多元能力的概念，并在此概念的基础上建立了有别于传统理论结构的多元能力理论。她构建了一个人类核心能力的清单，该清单包含 10 个人类能力的核心能力，它们分别是生命，身体健康，机体完整，意识、想象和思考，情感，实践理性，从属关系，其他物种，娱乐，对自己所处环境的控制。同时，她还经由多元能力方法构想出了基于一套规范性政治原则的社会正义理论。

（2）多维贫困的识别与测度。在森的可行能力理论视角之下，既有文献对贫困的研究逐渐向多维贫困方向拓展。在这一过程中，学界针对多维贫困指数的构建与测度总结出了一系列的方法。Hagenaars（1987）从收入和闲暇两个维度，对人们的贫困状况进行测算，并构建出相关的多维贫困指数。1990 年，联合国开发计划署（UNDP）将贫困分析框架进行拓展，相应的，先后提出了人类发展指数（HDI）与人类贫困指数（HPI），二者是构建多维贫困指标体系的基础。

森认为传统的贫困度量方法如：贫困发生率 H 不能测算出贫困线以下贫困人口间的收入分布状况及差异，贫困缺口率 I 虽能衡量出绝对贫困与相对贫困状况，但并不能衡量出贫困人口的规模、贫困人口中收入差额的分布情况及贫困人口间发生收入转移的影响。由此，森运用公理化方法，提出了贫困度量 P，即对经济学界影响巨大的 Sen 指数，$P = H[I + (1 - I) G]$，其中 G 为穷人内部收入分配的基尼系数。随后，在 Sen 指数的基础上，Foster、Greer 和 Thorbecke 提出了 FGT 贫困指数（王志标，2005），通过公理性方法，在满足贫困公理的基础之上构建相应贫困指数来测度人们的贫困状况。在此背景之下，Alkire 和 Foster（2008）进一步修正了 FGT 贫困指数。通过运用 A - F 方法，即双界限法，可以对多维贫困进行识别、加总，并对涉及的相应多维贫困指数按照地区等进行分解。

实质上，当前多维贫困的识别方法主要有三种：并集法、交集法（Atkinson，2003）和双界限法。并集法是说，如果被调查对象未达到某一维度的判定标准，即认为该对象处于多维贫困状态。交集法是指被调查者在所有维度上，均未达到判定标准，所有维度都被界定为贫困，此时便是多维贫困。双界限法对多维贫困的识别建立在双临界值的基础上，首先判断被调查个体在单一维度上的临界值，来界定该维度的贫困状况，其次计算缺失得分的临界值。相较于交集法与并集法，双界限法更为人们所认可，也更能精确地识别多维贫困状况。UNDP（2010）便以双界限法为指导，比较了全球 104 个国家的多维贫困状况，并计算了相应的多维贫困指数（MPI）。其中，HPI 从寿命、读写能力及生活水平三个维度，HDI 和 MPI 则从健康、教育、生活水平三个维度，对人们的多维贫困状况进行衡量，具体指标如表 6 - 1 所示。

表 6 - 1　多维贫困指数及相关衡量指标

指数	维度	衡量指标
HPI	寿命	预期寿命 40 岁及以下的人口占全部人口的比例
	读写能力	成年人口的不识字率
	生活水平	不能获得医疗服务人口的比例；不能享有安全饮用水人口的比例；5 岁以下营养不良儿童的比例
HDI	健康	出生时的预期寿命
	教育	预期受教育年限（包括成人识字率）
	生活水平	经购买力平价折算的人均国内生产总值
MPI	健康	营养状况
	教育	儿童入学率；受教育程度
	生活水平	饮用水；电；日常生活用燃料；室内空间面积；环境卫生；耐用消费品

资料来源：1990 年、1997 年和 2010 年版《人类发展报告》。

近年来，我国学者借助于国外日趋成熟的多维贫困测量体系，对我国的多维贫困状况展开了相关的研究。李小云、张雪梅和唐丽霞（2005）利用生活状况、生产和生活条件以及卫生教育条件 3 个维度共 8 个指标构建了参与式贫困指数，从而对我国贫困状况进行测量与识别。以该研究为代表的多维贫困研究处于我国多维贫困领域探索的早期阶段。在该阶段，由于涉及的数据为宏观汇总数据而非个人微观数据，我国探索多维贫困的方法并未走向成熟。A-F 方法被推广以后，我国的多维贫困研究多基于 A-F 法来测度多维贫困状况。王小林和 Alkire（2009）基于 A-F 方法，结合联合国千年发展目标从资产、教育、健康保险等 8 个维度对中国城市与农村家庭的多维贫困情况确定相关临界值，并进行测度。邹薇和方迎风（2011）基于森的可行能力视角，运用 A-F 法，构造了收入、教育、生活质量 3 个维度的 8 项指标，在指标等权重的情况下，对中国的贫困状况进行了动态多维度考察。郭建宇和吴国宝（2012）以山西省贫困县住户的数据为基础，基于不同指标与权重选择，通过多维贫困指数的测量方法对住户的教育、健康、生活水平 3 个维度的 10 项指标进行测度。杨晶（2014）以 A-F 法为背景，根据《中国农村扶贫开发纲要（2011 ~ 2020 年）》提出的目标任务选取相关的贫困维度，在收入、教育、医疗健康、生活质量的基础上加入社会保障这一维度，通过 5 个维度的 13 项指标对中国农村贫困状况进行测度与分析。沈扬扬、詹鹏和李实（2018）在已有研究基础之上，根据"两不愁，三保障"的相应要求增加了就业维度的相关指标。基于以上研究，将我国学者在多维贫困研究中具有代表性的相关维度与指标体系的设置与说明进行汇总，结果见表 6 - 2。现阶段，大多数多维贫困研究基于 A-F 方法对我国多维贫困状况进行测度，发现收入贫困的概念会导致遗漏多维贫困户（冯贺霞、王小林和夏庆杰，2015），对多维贫困指数进行分解后，发现多维贫困存在区域差别（王小林和 Alkire，2009），对我国农村多维贫困测度数据进行长期跨期追踪（沈扬扬、詹鹏和李实，2018），发现教育、医疗健康在所有贫困类型中对多维贫困的贡献率普遍较高（张全红、李博和周强，2017）。

表 6 - 2　国内已有多维贫困指标体系

代表作品	维度	各维度衡量指标
王小林和 Alkire（2009）	—	住房；饮用水；卫生设施；电；资产；土地；教育；健康保险
方迎风（2012）	人力资本	教育水平；健康状况；医疗保险
	环境卫生	卫生设施；卫生环境；照明；做饭燃料
	资产	房屋；耐用品
	收入	个体收入
杨晶（2014）	收入	家户人均纯收入
	教育	儿童辍学率；成人识字率
	医疗健康	医疗服务；医疗保险；健康状况
	生活质量	生活用电；饮用水；卫生设施；生活燃料；交通；住房条件
	社会保障	社会保险
沈扬扬、詹鹏 和李实（2018）	教育	受教育程度；儿童失学
	健康	身体健康状况；医疗费用支出
	居住条件	安全饮水；住房面积
	资产和收入	资产；收入
	就业	失业；工作环境

实际上，在多维贫困测度过程中，除了指标的选取问题外，另一个重要的问题便是权重的设置问题，由于各维度在对贫困的作用过程中存在不同程度的差异，如何将每个维度的贫困进行加总就成了我们对多维贫困进

行测度中的另一个关键问题（丁建军，2014）。一般认为，现有的多维贫困加总中存在三种权重的设置方法：一是数据驱动型权重，二是规范分析型权重，三是混合型权重。在目前已有的文献中，使用频率较高的是规范分析型中的等权重方法，比如 UNDP 测算多维贫困指数使用的就是等权重方法（杨晶，2014）。实际上，Alkire 和 Foster（2011）通过相关研究证实，基于 A-F 方法测定的多维贫困指数是稳健的，它对权重的选择并不敏感。因此，已有研究多选用相同权重的加总方法，测度多维贫困指数。

2. 社会资本与多维贫困相关研究

社会资本对中国传统农村社会有着深远的影响，农户在做各项决策时多会不同程度地受到社会资本的影响。社会资本在农户进入或脱离贫困的路径中扮演了重要角色，对农户收入、健康、教育等维度的脱贫起到了一定的作用。

社会资本对农民收入产生了重要的影响。目前研究普遍认为，社会资本能够发挥提高农户收入（刘彬彬、陆迁和李晓平，2014）、为农户信贷提供担保（郭云南、姚洋和Foltz，2012）等作用，较好地促成了社会运转与农户利益间的相互平衡（车四方，2019）。一方面，探讨社会资本离不开个体社会资本对贫困者脱贫的帮助。其一，社会资本可以与物质资本之间形成一种替代或互补关系，个体通过成员间的相互帮助，通过提高劳动生产率的方式增加家庭的收入；与此同时，收入提高会促进该家庭对社会资本的投资，有利于增强社交能力，增加家庭社会资本存量，并最终形成一种良性循环（Chantarat and Barrett，2011）。其二，随着不断积累，个体社会资本将在一定程度上打破贫困群体的认知观念。伴随我国城镇化进程的推进，大量农民选择进城务工，而这部分进城务工的农民群体，将在某种程度上传递所接受的认知观念，从而打破农村社会的锁定状态，使得人们思考并逐渐形成实践，获得更多的增收途径（周文和李晓红，2008）。其三，在当前我国农村金融机构发展相对滞后的背景之下，农村信贷体系不完善，因此个体通过借助所拥有的社会资本做担保或抵押，解决借贷双方信息不对称的问题，以获得私人或正式融资（郭云南、姚洋和Foltz，2012）。其四，以血缘、地缘、业缘为基，充分发挥"传帮带"机制或风险分担的作用，借助农户拥有的社会资本，促进劳动力流动，传递就业信息从而降低外出务工成本，农民通过外出务工提高收入（郭云南、姚洋和

Foltz，2014）。

另一方面，从集体性社会资本角度探究社会资本与收入贫困的关系。信任、社会规范等集体性社会资本，产生于人们之间的交往，其收益由人们共享（唐为和陆云航，2011）。首先，贫困地区常常具有更强的封闭性，因此，贫困地区长期重复交易所形成的信任、规范等社会资本作为一种非正式制度，使得人们产生长期的合作关系（周晔馨和叶静怡，2014），从而减少交易成本，农户贫困状况显著降低（张爽、陆铭和章元，2007）。其次，集体性社会资本也是解决贫困群体就业问题时的一个重要社会资本，为了更好解决用工信息不对称的问题，很多用工方会选择以熟人引荐的方式来招收工人，这样的一种行为来源于"声誉"机制，即推荐者考虑到个人声誉问题，常常会举荐能力相对较强的熟识的人，并在被推荐者受到雇用后进行监督。在这种情况下，被推荐者有着更高的生产率，从而有可能获得更高的收入（Kugler，2003）。

事实上，森的可行能力观念认为，对贫困的理解应该包含个体可获得的福利的缺失。获得的福利保障，除了体现在经济方面的收入水平外，也应当包含个人享有使用公共物品的权利，比如接受基础教育、获得基本的医疗保障等（张全红和周强，2015a）。

社会资本对教育的作用体现在提供教育资源等多个方面。比如，周群力和陆铭（2009）在研究父母拜年网络与子女中小学择校的机会时指出，家庭利用拜年的形式，投资社会资本，增强获取社会资源的能力并实现社会资本向人力资本的转化。此外，社会资本也会影响到个体的学校教育经验（谢爱磊和洪岩璧，2017）。根据社会闭合理论，家庭内部间的关系网络紧密度对子女学业有重要影响，当父母与子女联系紧密时，一方面，父母能够将自身的人力资本用于子女的教育并转化为子女的竞争优势（Coleman，1988）；另一方面，父母将自己的教育期望传递给子女并产生更多的互动：这些均有利于促进子女学业上的成功（Conchas，2002）。同样，家长与家长间以及家长与学校间的联结所形成的社会闭合，也是子女学业成绩重要的影响因素，这种网络间的沟通能够使家长积极参与子女的学习过程中，及时地获取子女的学习情况，并进行及时的干预和沟通。值得一提的是，对于 Bourdieu 的社会资本与社会再生产理论，赵延东和洪岩璧（2013）的解读是，社会资本是家长传递给子女的资本之一，它为其子女提供了更好的教育资源，使他们拥有更好的受教育机会，并有机会获得更高的教育成就；并且，家庭阶层不同，社会资本的拥有量便存在差异，社会资本向子女教育获得的转化率也存在差异（Ream and Palardy，2008）。

从社会资本与健康两者间的关系来看，无论是个体社会资本还是社区社会资本，均能够对个体的健康起到显著的促进作用。这是因为，个体层面的社会资本提高了个体参与活动的积极性，有利于促进个体社会关系的建立，形成网络资源支撑，从而直接改善心理健康状况。社区层面的社会资本，意味着社区内部存在更多的活动设施，且易于形成活动团体，在获得心理愉悦、情感支持的同时，接受规范的健康信息，这会潜在地改变人们的行为习惯与观念（孙博文、李雪松和伍新木，2016）。

此外，社会资本对健康水平产生正向影响的作用机制表现在两个方面。一是通过民间借贷。当面临大病冲击时，低收入个体拥有可动员的社会资源是极为重要的。因为，如果因为资金问题无法治愈疾病，他就无法恢复生产。这时，亲友间的关系网络提供的借贷与转移支付，从某种程度上应对并缓解了这种危机，并且亲友间的帮助通常是不含利息与借贷期限的，可以有效降低贫困个体遭受的负面影响。二是通过对医疗资源的获取与使用。当前我国，"人情网络"仍旧能够较强地干预医疗资源的分配，社会资本更多而非更需要得到救治的群体能够获得更多的医疗资源，在这种情况下，社会资本能够通过对医疗资源的占有影响个体健康水平（周广肃、樊纲和申广军，2014）。实际上，从社会资本对健康贫困的缓解作用来说，还应当建立"桥型"社会网络，即与不同层次经济状况的人相交往。这是因为，当人们与不同阶层的个体进行往来时，有可能获得更多的相关信息，从而降低家庭在医疗信息与相应经济补助信息搜集方面的成本，极大地增强家庭成员的就医匹配性，提高获得救治的概率。另外，很多时候由于家庭成员的经济地位相对来说是比较相似的，"桥型"社会资本能够为家庭提供更多的经济支持，帮助人们筹措更多的医疗费用（李华和李志鹏，2018）。所以，在当前，就中国传统的关系型农村社会而言，作为非正式制度的社会资本因对健康的促进作用，必将成为正式医疗卫生服务保障制度的有力补充。

实质上，对于农户来说，社会资本作为家庭所独有的资源禀赋在得到开发后，可以拓宽人们获得信息与资源的渠道，增加人们获得更多帮助的机会，从而降低人们发生贫困的概率，有利于人们更好地规避风险，进而显著改善农户的多维贫困状况（王恒、秦国庆和王博等，2019）。同时，由于我国农村社会乡土氛围浓厚，社会资本在农户决策过程中作为一项必不可少的要素，必将通过各种机制，如信任机制、人脉资源机制以及信息共享机制等对农户贫困的形成与脱贫路径产生深远的影响（贺志武和胡伦，2018）。因此，社会资本可以通过各个渠道对农户的多维贫困状况产生影响。

二 社会资本与多维贫困的数据与变量

（一）数据来源

本章使用的样本数据来源于河南省"百县千村"农村定点调查数据，该调查由河南大学经济学院、中原发展研究院和黄河文明与可持续发展研究中心联合开展。调查采取入户追踪访问形式。为降低农户的访问敏感度，调查者会向相关的受访家庭成员细致介绍调查获取的数据适用范围及调查目的，以保证数据的真实性与可靠性。为尽可能地避免农户对调查项目中指标的理解偏差，问卷统一由调查者在访问过程中梳理填写。本次调查回收有效问卷755份，共分布在110个市（县）、275个村。问卷数据分为四大部分：受访户家庭状况、受访户经济状况、受访户社会资本得分、受访户所在村村情。

（二）变量选取与处理

1. 多维贫困的衡量

（1）多维贫困测度。本章借鉴A-F法测度多维贫困状况，首先进行维度内的贫困识别，多维贫困的测度首先需要掌握个体在每个维度上的取值，对每个维度的贫困标准进行界定，得出相应的临界值，通过这一标准判断个体在该维度上是否存在贫困。其次，在考虑权重设置的基础之上，算出具体的被剥夺得分，进行多维贫困被剥夺识别。最后，借鉴相关定义进行贫困加总，求得多维贫困发生率，以及平均被剥夺程度。

本章在计量分析时，以农户为单位，对每户各维度指标取值，然后得出相应样本观测值矩阵。首先，我们假设经济社会在某一时刻存在 n 个个体，每个个体所持有的福利是根据 d 个指标评估的，相应的样本观测值矩阵为：

$$\mathbf{X} = \begin{bmatrix} x_{11} & x_{12} & \cdots & x_{1d} \\ x_{21} & x_{22} & \cdots & x_{2d} \\ \vdots & \vdots & \ddots & \vdots \\ x_{n1} & x_{n2} & \cdots & x_{nd} \end{bmatrix} \qquad (6-1)$$

其中，x_{ij} 表示个体 i 在第 j 个维度上的取值，其中，$i = 1$，2，$\cdots$，n；$j = 1$，2，$\cdots$，d。

然后，我们在每一维度上进行贫困识别，令 z_j（>0）代表第 j 个维度被剥夺的阈值，即贫困线。通过对应贫困线，我们可以比照矩阵 $\mathbf{X}$ 获得相应的被剥夺矩阵：

$$\mathbf{g}^0 = \begin{bmatrix} g_{11}^0 & g_{12}^0 & \cdots & g_{1d}^0 \\ g_{21}^0 & g_{22}^0 & \cdots & g_{2d}^0 \\ \vdots & \vdots & \ddots & \vdots \\ g_{n1}^0 & g_{n2}^0 & \cdots & g_{nd}^0 \end{bmatrix} \qquad (6-2)$$

当 $x_{ij} \geq z_j$ 时，$g_{ij}^0 = 0$，此时认为个体 i 在维度 j 上没有被剥夺；当 $x_{ij} < z_j$ 时，$g_{ij}^0 = 1$，此时认为个体 i 在维度 j 上被剥夺。

在权重方面，由于之前我们已经分析过，基于 A-F 方法所测定的多维贫困指数是稳健的，对权重的选择并不敏感（Alkire and Foster，2011），因此，本章选用相同权重的加总方法进行多维贫困测度。若 w_j 为每个指标的权重，则 $\sum_{j=1}^{d} w_j = 1$。接下来，我们对个体 i 的多个维度贫困进行加总，计算得出个体 i 的多维贫困指数：

$$MP_i = \sum_{j=1}^{d} w_j \times g_{ij}^0 \qquad (6-3)$$

关于总被剥夺临界值的确定，已有文献对于 k 的取值并未制定统一的标准，本章借鉴联合国在多维贫困测度中的经验，参照张全红和周强（2015b）对多维贫困的研究，选取总被剥夺临界值 $k = 1/3$ 来定义多维贫困。当个体 i 的总被剥夺得分大于等于总被剥夺临界值，即 $MP_i \geq k$ 时，个

体 i 存在多维贫困，否则，个体 i 不存在多维贫困。对此，我们将个体 i 的多维贫困识别通过公式进行定义，IP_i 代表个体 i 的多维贫困识别状况：

$$IP_i = \begin{cases} 1, MP_i \geq k \\ 0, MP_i < k \end{cases} \tag{6-4}$$

最后，我们得出在给定总被剥夺临界值条件下的多维贫困发生率 H 以及与其对应的贫困人口平均被剥夺程度 A，两者之积为总的多维贫困指数：

$$H = \frac{\sum_{i=1}^{n} IP_i}{n} \tag{6-5}$$

$$A = \frac{1}{q} \sum_{i=1}^{q} IP_i \tag{6-6}$$

$$M = HA \tag{6-7}$$

式（6-6）中，q 表示多维贫困人口数量。

在本章中，我们也给出了各维度下的多维贫困贡献率，我们将第 j 维度的贡献率定义为 I_j，并规定：当 $IP_i = 1$ 时，$c_{ij} = x_{ij}$，当 $IP_i = 0$ 时，$c_{ij} = 0$。此时，我们可以得到关于 c_{ij} 的矩阵：

$$\mathbf{C} = \begin{bmatrix} c_{11} & c_{12} & \cdots & c_{1d} \\ c_{21} & c_{22} & \cdots & c_{2d} \\ \vdots & \vdots & \ddots & \vdots \\ c_{n1} & c_{n2} & \cdots & c_{nd} \end{bmatrix} \tag{6-8}$$

则有：

$$I_j = \frac{\sum_{i=1}^{n} IP_i}{\sum_{i=1}^{q} \sum_{j=1}^{d} c_{ij}} \tag{6-9}$$

（2）多维贫困指标选取。在对农户贫困状况进行识别时，农户贫困状况的指标构建相当重要。通过多个维度而不是单一地以收入为标准的贫困界定方法，便于我们更为精准地找到需要提供特定帮助的农户。多维贫困的理论基础是以森为代表的可行能力理论，其中，多维贫困指标的选取标准是人们的基本可行能力。本章借鉴国内外学者已有的对多维贫困的衡量方法，结合河南省农村社会现状及样本数据的可获得性，从教育、健康、收入、生活水平四个维度来构建农村社会的多维贫困指标体系（见表 6-

3）。需要特殊说明的是，根据张全红和周强（2015b）在教育维度的指标选取，我们通过 6～16 岁儿童入学情况以及家中劳动力的受教育年限来做界定。参照史恒通、赵伊凡和吴海霞（2019）以及车四方（2019）对健康维度指标的选取，我们通过现阶段自评身体健康状况以及过去一年是否有大病发生来判断。在收入维度，我们选取河南省 2018 年的贫困线人均纯收入 3208 元。另外，从生活水平维度考虑，在住房方面，参考郭建宇和吴国宝（2012）以及张全红和周强（2015b）等人的指标选取，并兼顾河南省 2018 年统计年鉴中农村低收入户人均住房情况，我们将人均住房面积标准设为 12 平方米，房屋建筑材料为泥瓦；在耐用品方面，我们参照方迎风（2012）对耐用品的选取标准，选取 9 个耐用品；同时，考虑到土地是农民生活的保障，依据王小林和 Alkire（2009）对土地指标的设定，我们选取了人均耕地面积小于等于 1 亩作为衡量土地贫困状况的指标。

表 6 - 3　维度、指标选择及被剥夺临界值界定

一级指标	二级指标	权重	贫困线	赋值
收入	收入	1/4	2018 年纯收入每人每年 3208 元	1 = 收入 < 3208 元 0 = 收入 ≥ 3208 元
教育	劳动力受教育年限	1/8	家庭中每个劳动力受教育年限为 6 年	1 = 单个劳动力年限 ≤ 6 年 0 = 单个劳动力年限 > 6 年
	儿童入学状况	1/8	家中 6～16 岁孩子没有入学	1 = 是 0 = 否
健康	自评身体健康状况	1/8	身体状况是否健康	1 = 否 0 = 是
	过去一年健康状况	1/8	去年是否生过大病	1 = 是 0 = 否
生活水平	住房面积	1/16	人均住房面积	1 = 住房面积 ≤ 12m² 0 = 住房面积 > 12m²
	住房材料	1/16	房屋建筑材料	1 = 房屋建筑材料为泥瓦 0 = 房屋建筑材料为砖混或钢筋混凝土
	耐用品	1/16	汽车、摩托车、电动车、电视、电冰箱、洗衣机、电脑、空调、手机中的 2 个	1 = 耐用品数量 ≤ 2 个 0 = 耐用品数量 > 2 个
	土地	1/16	人均耕地面积为 1 亩	1 = 人均耕地面积 ≤ 1 亩 0 = 人均耕地面积 > 1 亩

2. 社会资本的衡量

为了探寻社会资本对多维贫困是否会产生影响，同时也为了控制社会资本存在结构性差异所产生的内生性问题，我们尝试运用因子分析方法来构建河南省农村社会资本总量（Soc）。因子分析结果将本次调查的 14 个问题共归纳为 6 个维度，借鉴彭文慧和李恒（2018）对社会资本差异分配问题研究的结果，在此将它们分别概括为：信任（Soc_1）、集体行动与合作（Soc_2）、群体与网络（Soc_3）、信息与交流（Soc_4）、赋权与政治行动（Soc_5）、社会凝聚力（Soc_6）。各维度社会资本相关变量问题设计见表 6 - 4。

表 6 - 4　社会资本相关变量问题设计

变量	问题设计
信任	1. 公检法机关很值得信任
	2. 医院和教育部门很值得信任
	3. 人们之间的关系比以前更亲近了
集体行动与合作	4. 如果在本地建一个公共项目，对别人有利，对你没有什么用，你愿意在这个项目上花时间吗
	5. 如果在本地建一个公共项目，对别人有利，对你没有什么用，你愿意在这个项目上花金钱吗
群体与网络	6. 你非常信任你周围的人
	7. 你周围的人非常信任你
信息与交流	8. 家庭中有人参加过政府组织的职业培训
	9. 参加政府组织的职业培训作用很大
	10. 和其他人的交往对你增加知识很有用
赋权与政治行动	11. 村里的人经常会去找村干部来解决村里的公共事务
	12. 村里的人经常会去找县乡干部来解决村里的公共事务
社会凝聚力	13. 如果当地有修路（或修桥、供水）等问题，大家愿意合作干这件事
	14. 人们之间的差别比以前更大了

本次调查中社会资本项的 KMO 值为 0.709，大于 0.500，此时因子分析效果较好；Bartlett 球形检验的近似卡方值为 2953.943，P 值接近于 0，各变量间具有相关性。综上，本次调查数据适合做因子分析。

从社会资本各变量特征值与累计方差贡献率（见表6－5）来看，6个公因子的累计方差贡献率达到了70.559%，基本反映出14个指标变量的绝大部分信息，达到了降维的目的。

表6－5　因子分析下各维度社会资本的方差贡献率

社会资本评价指标	初始			提取载荷平方和			旋转载荷平方和		
	特征值	方差贡献率（%）	累计方差贡献率（%）	特征值	方差贡献率（%）	累计方差贡献率（%）	特征值	方差贡献率（%）	累计方差贡献率（%）
信任	3.574	25.529	25.529	3.574	25.529	25.529	2.008	14.342	14.342
集体行动与合作	1.733	12.379	37.908	1.733	12.379	37.908	1.960	14.000	28.342
群体与网络	1.398	9.986	47.895	1.398	9.986	47.895	1.831	13.077	41.419
信息与交流	1.096	7.828	55.723	1.096	7.828	55.723	1.584	11.315	52.734
赋权与政治行动	1.055	7.533	63.256	1.055	7.533	63.256	1.354	9.670	62.404
社会凝聚力	1.022	7.303	70.559	1.022	7.303	70.559	1.142	8.155	70.559

为确保因子分析中的公因子具有实际含义，我们选择方差最大正交旋转方法进行因子旋转。因子旋转后，6个公因子的方差贡献率分别为14.342%、14.000%、13.077%、11.315%、9.670%、8.155%。综合6个社会资本指标的因子得分，以公因子的方差贡献率作为权重，我们列出社会资本总量计算公式：

$$Soc = \frac{14.342 \times Soc\_1 + 14 \times Soc\_2 + 13.077 \times Soc\_3 +}{70.559}$$

$$\frac{11.315 \times Soc\_4 + 9.670 \times Soc\_5 + 8.155 \times Soc\_6}{70.559} \qquad (6-10)$$

3. 控制变量的选取

除本章重点关注的核心解释变量社会资本外，我们还从农户个体及家庭、农户所在村庄两个层面，结合样本数据的可获得性，选取了多个控制变量以控制社会资本对农户多维贫困的影响（具体见表6－6）。

表 6 - 6　控制变量的描述性统计

变量	变量名称	变量说明	均值	标准差
PS	是否有小学	1 = 是，0 = 否	0.20	0.40
PC	是否位于贫困县	1 = 是，0 = 否	0.34	0.48
NPC	是否位于国家级贫困县	1 = 是，0 = 否	0.28	0.45
RC	路面状况	0 = 土路，1 = 沙路，2 = 水泥路	0.27	0.45
Member	家庭成员数	家庭未进行财产划分的成员数（个）	3.60	1.55
Marriage	户主婚姻状况	1 = 其他，0 = 未婚	0.99	0.11
Age	户主年龄	出生年龄，用"2018 - 出生年份"表征	54.33	10.56
Ages	户主年龄平方	年龄的平方	3062.79	1161.77

（1）农户特征变量。本章此处设置的控制变量包括：家庭成员数（*Member*）、户主婚姻状况（*Marriage*）、户主年龄（*Age*）及户主年龄平方（*Ages*）。其中，鉴于农村社会的具体情况，为保证调查过程中不会出现一人多户、重复被调查的情况，我们对家庭所包含成员做了明确的划分，只有当该成员在本家庭内部不进行财产的独立划分时才算数。户主的婚姻状况被纳入我们考虑的范围，原因在于成家的人或许拥有更强的家庭责任感，经济行为方面相对更理性。最后，考虑到户主的年龄对农户贫困状况可能存在非线性的影响，我们将户主年龄平方这一项考虑在内。

（2）村庄特征变量。就村庄层面而言，我们设置控制变量如下：是否有小学（*PS*）、是否位于贫困县（*PC*）、是否位于国家级贫困县（*NPC*）及路面状况（RC）。首先，村庄小学的开办可以在一定程度上降低文盲率，从而影响人们的就业、交流等状况；其次，村庄隶属县域的经济程度，可能在很大程度上影响到村庄的发展；最后，村庄的路面情况，在一定程度上也会反映出村庄与外界联系的疏密度，良好的路面状况，利于外界车辆、人口的进入，对当地群众生活及生产条件的改善、创收渠道的增加都起到了很好的作用（陈燕凤和夏庆杰，2018）。在考虑了以上四个方面可能的情况之后，我们设置了上述村庄级别的控制变量。

（三） 统计性描述与分析

1. 农户贫困现状

（1） 单维贫困测算结果。表 6 - 7 给出了河南省农户单维贫困现状，结果显示，超过一半的农户生活水平并不达标，人均耕地较少，土地贫困的发生率为 39.21%，我们猜测，其中主要的原因在于河南省人口基数大，耕地有限。同时，38.15% 的农户中耐用品较少。同时，健康贫困现象也需引起我们的重视。因为河南省返贫致贫的人口中，绝大多数源于因病返贫、因病致贫，根据调查有 28.34% 的农户自评身体健康状况较差，18.41% 的农户在过去的一年中生过大病。在教育维度，家中仍旧存在 6 ~ 16 岁孩子辍学的情况，仍有 12.02% 的劳动力未完成小学学业。值得关注的是，收入贫困现象在 4 个维度中较少，这也验证了本章所说的，对贫困农户的识别，不能单单以收入为准。

表 6 - 7   农户单维贫困测算结果

一级指标	贫困发生率	二级指标	贫困发生率
收入	8.21%	收入	8.21%
教育	12.98%	劳动力受教育年限	12.02%
		儿童入学状况	8.08%
健康	34.83%	自评身体健康状况	28.34%
		过去一年健康状况	18.41%
生活水平	68.48%	住房面积	3.31%
		住房材料	21.32%
		耐用品	38.15%
		土地	39.21%

（2） 多维贫困测算结果。按照本章之前所叙述的方法，对河南省农户的多维贫困指数进行测算，得出河南省农村多维贫困发生率（H）为 0.174，贫困人口平均被剥夺程度（A）为 0.411。该结果意味着，在被调查农户中，有 17.4% 的农户陷入多维贫困，在被界定为多维贫困农户的情况下，农户在 41.1% 的指标上存在缺失，比如在本章所涉及的 9 个指标中，农户在 3.70 个指标上存在缺失。总体来说，被调查农户的多维贫困指

数为 0.071。

通过对被测算的多维贫困指数的维度分解，可以发现，在被调查区域中，在各维度对多维贫困的贡献率中，收入贫困的贡献率为 26.0%（见表 6-8）。实际上，无论是从单维贫困发生率还是从对多维贫困的贡献率来说，收入贫困都不能成为判定贫困的唯一标准，在解决农村贫困问题的过程中引入多维贫困概念是十分必要的。教育维度的贡献率为 8.6%，其中，儿童入学状况的贡献率较低，这得益于我国九年义务教育的普及。健康维度的贡献率最高，达到了 41.6%，自评身体健康状况与过去一年健康状况的贡献率均在 20% 左右，说明政府相关部门应当重视农户的健康状况，贫困户身体健康有利于自力更生，达到脱贫的目的。在生活水平方面，住房面积、住房材料、耐用品及土地的相关贡献率分别为 1.0%、4.6%、8.2% 以及 9.9%。在耐用品方面，政府相关部门应提高重视程度，农户耐用品消费水平较低，不利于农户脱贫；在土地方面，作为农业大省，河南应当扩大农民耕地面积，在保障粮食安全、农业安全的同时，为世代以耕地为生的农民提供相应的保障；同时，还应当对农户住房材料给予关注，充足的住房保障有利于人们生活质量的提高；最后，在住房面积方面，由于农村地区住房较为宽松，这一指标的贫困发生率较低。

表 6-8 多维贫困各指标的贡献率

一级指标	贫困贡献率	二级指标	贫困贡献率
收入	26.0%	收入	26.0%
教育	8.6%	劳动力受教育年限	7.9%
		儿童入学状况	0.7%
健康	41.6%	自评身体健康状况	22.3%
		过去一年健康状况	19.3%
生活水平	23.8%	住房面积	1.0%
		住房材料	4.6%
		耐用品	8.2%
		土地	9.9%

2. 农户社会资本现状

在对社会资本各指标进行因子分析并提取出公因子后，在此将本次调查数据分为两个部分进行简单的均值比较，以此分析河南省农村社会的社会资本现状。参照张全红和周强（2015b）对多维贫困测度中个体总被剥夺得分的临界值 k 的选取，将 $k \geqslant 1/3$ 作为衡量农户多维贫困的临界值，并对农户拥有的社会资本状况进行考量，具体结果见表 6-9。

表 6-9　两种家庭社会资本比较结果

社会资本	问题	存在多维贫困农户社会资本均值	不存在多维贫困农户社会资本均值
信任	1	4.197	4.084
	2	4.164	4.023
	3	3.516	3.699
集体行动与合作	4	4.097	4.138
	5	3.850	4.004
群体与网络	6	4.000	4.072
	7	4.015	4.097
信息与交流	8	2.606	2.780
	9	3.379	3.463
	10	4.074	4.154
赋权与政治行动	11	3.703	3.872
	12	2.971	3.007
社会凝聚力	13	4.219	4.191
	14	3.680	3.850

对于存在多维贫困的农户而言，在信任方面"人们之间的关系比以前更亲近了"项的得分明显少于其他二项。本章认为可能的原因在于存在多维贫困的农户能够依赖的社会资本较少，随着河南医疗、教育与司法体系的完善，尤其是扶助贫困户各项政策的出台，贫困户对相关部门或机构寄予的希望更大。

在集体行动与合作方面，调查结果显示，在进行利他性活动时，存在多维贫困的农户参与意愿明显要弱于另一部分农户；同时，有趣的是，农户普遍更愿意花费时间而非金钱在这部分行动上。

在传统农村社会差序性格局中，人与人之间的信任尤为重要。在信任的前提下，人们交往所形成的社会"群体与网络"能够平滑人们的消费、分担人们未曾预料到的风险，成为人们面临困难时强有力的依赖。

我们可以从结果看出，不存在多维贫困的农户该项社会资本的均值均高于对照组的均值，他们与周围人双方互相信任的程度更高。

无论是政府开办的职业培训还是人们的日常交往，均会促成信息的交流与传递（周文和李晓红，2008）。较高水平的信息与交流，一是增加了交流双方各自的知识库存，使人们能够熟知并掌握更多的生活与工作技能；二是会为人们带来各种消息来源，促进人们降低交易成本，提高经济效率（Narayan and Pritchett，1999）；三是增加了人们寻找到工作甚至找到更好工作的机会（王春超和周先波，2013）。读取调查结果后，我们发现不存在多维贫困的农户在"信息与交流"项下，每个问题的得分都是高于存在多维贫困的农户。除此以外，农户参加政府职业培训的人员相对较少；在人们的观念中，参加政府职业培训的作用也相对较低。

"赋权与政治行动"中的两个问题衡量了河南省农民行使权利与政治参与的情况及意识。从表6－9中可以看出，一方面，无论是寻找村级还是县乡级干部来解决公共事务，存在多维贫困的农户行使权利、政治参与的意愿更低；另一方面，人们更愿意通过村干部而非县乡干部来解决问题，这可能来源于传统农村社会中村干部在村中威望较大，对村中情况更为熟悉。

强大的社会凝聚力，一来便于增进人们间的理解与关怀，提高人们的幸福感与认同感；二来能够促使农村经济社会更为高效地运行。观察调查结果后发现：存在多维贫困的农户，合作意愿更强，同时所感知到的人们间的差别相对更小，社会凝聚力更强。同时，人们在"差别项"的得分相对并不高，这说明在当前河南农村社会，农民间虽存在贫富上分化，但分化现象并不严重。

三　社会资本影响多维贫困的实证分析

（一）回归结果

1. Probit 与 Tobit 回归

表6－10给出了河南省社会资本影响农户多维贫困的回归结果，在控制了村庄特征变量和农户特征变量的情况下，列（1）和列（2）分别报告了各

维度社会资本和社会资本总量对农户多维贫困识别的影响，列（3）和列（4）分别报告了各维度社会资本和社会资本总量对农户多维贫困程度的影响。由表 6－10 可知，模型中的 Wald 卡方值通过了 1% 的显著性检验，这说明，实证模型适用于本章的数据分析。

表 6－10　社会资本影响农户多维贫困的回归结果

变量		Probit 模型		Tobit 模型	
		（1）*IP*	（2）*IP*	（3）*MP*	（4）*MP*
社会资本总量及各维度社会资本	Soc_1	-0.148*** (0.052)		-0.015** (0.008)	
	Soc_2	-0.048 (0.051)		-0.002 (0.007)	
	Soc_3	-0.101** (0.049)		-0.013* (0.008)	
	Soc_4	-0.109** (0.050)		-0.028*** (0.007)	
	Soc_5	-0.065 (0.051)		-0.012 (0.007)	
	Soc_6	-0.082 (0.091)		-0.011 (0.007)	
	Soc		-0.538*** (0.121)		-0.073*** (0.018)
村庄特征变量	PS	0.008 (0.124)	0.002 (0.124)	0.016 (0.018)	0.013 (0.018)
	PC	0.306** (0.151)	0.304** (0.150)	0.025 (0.020)	0.023 (0.020)
	NPC	0.011 (0.158)	-0.019 (0.156)	0.039* (0.021)	0.033 (0.021)
	RC	-0.149 (0.116)	-0.143 (0.115)	-0.024 (0.017)	-0.022 (0.017)
农户特征变量	Member	0.247*** (0.036)	0.249*** (0.036)	0.046*** (0.005)	0.046*** (0.005)
	Marriage	-0.289 (0.499)	-0.284 (0.497)	-0.118 (0.094)	-0.122 (0.096)
	Age	-0.062* (0.036)	-0.065* (0.035)	-0.011* (0.005)	-0.012** (0.005)

变量		Probit 模型		Tobit 模型	
		(1) *IP*	(2) *IP*	(3) *MP*	(4) *MP*
农户特征变量	*Ages*	0.001 **	0.001 **	0.000 ***	0.000 ***
		(0.000)	(0.000)	(0.000)	(0.000)
Constant		−0.074	−0.002	0.342 **	0.376 **
		(1.000)	(0.993)	(0.161)	(0.162)
N（个）		755	755	755	755
Pseudo R^2		0.1011	0.0989	2.9940	2.7865
Wald 卡方值/F 值		91.13 ***	88.97 ***	11.82 ***	17.05 ***

注：括号里为稳健标准差，***、**、*分别表示 1%、5%、和 10% 的显著性水平；本章余同。

就社会资本总量而言，农村社会资本总量对多维贫困识别与多维贫困程度均在 1% 的显著性水平下，具有负向影响。即，社会资本能够显著降低农户陷入多维贫困的概率，并减轻农户多维贫困。也就是说，人们的社会资本越多，越不容易陷入多维贫困且多维贫困程度越低。具体来说，人们可以通过各种方式影响自身的教育、健康等。比如，通过民间借贷与医疗资源获得和保健行为来对农民的身体及心理健康状况产生影响（周广肃、樊纲和申广军，2014）；通过关系网络增加教育资源，通过社会闭合效应影响教育获得（赵延东和洪岩璧，2013）；通过经济行为，影响农民收入与缓解住房紧张问题等。

就各维度社会资本而言，它们与农户多维贫困识别及农户多维贫困程度均呈负相关关系。"信任"对多维贫困识别在 1% 的显著性水平下，具有负向影响；同时，对多维贫困程度在 5% 的显著性水平下，具有负向影响。即，"信任"能够显著降低农户陷入多维贫困的概率，并减轻农户多维贫困。本章认为，此处信任所涉及的问题来自与管理机构、职能部门的信任问题相关的公共信任问题，对于贫困者来说，自身所拥有的社会资本相对较少，因此公共信任在贫困个体中扮演了重要的角色。一方面，贫困家庭通过与农村基层组织间的联结，加强自身对教育、医疗等各方面权利的享有；另一方面，地方基层组织可以起到紧密联系贫困家庭的作用，使贫困户更好地利用地方资源与关系。另外，农村社会人与人间的信任关系，可以使得农户个体在相对封闭的村庄内部形成合作，减少交易成本，提高收入，在信任的氛围下，更有益于人们更好地接受知识与健康观念等。

"集体行动与合作"对农户的多维贫困识别与多维贫困程度的影响为负，但是并不显著。不过，负向影响在一定程度上也暗示了积极投身于公共项目、增强集体观念、积极参与集体行动，增进相关合作，对于减轻农户多维贫困仍是必要的。对于此部分未能得到验证，本章从农户社会资本现状角度进行解释。之前的分析结果显示，在进行利他性活动时，存在多维贫困的农户参与意愿较低，在这种情况下，村庄难以通过内部合作的形式实现进一步的发展。低效率的合作不利于农村经济社会的发展与公共服务体系的提升（李珍刚和罗华林，2018），这使得农户内生动力难以激发，从而不能很好地保证农户集体行动与合作的意向。

"群体与网络"对多维贫困识别与多维贫困程度分别在 5% 和 10% 的显著性水平下，具有负向影响。这说明农村社会人与人间的交往可以显著降低农户陷入多维贫困的概率，并减轻农户多维贫困。传统农村社会的关系网络可以在人们面临医疗、教育等方面风险时，起到提供资源、分担风险、平滑消费的作用。同时，从增收角度讲，河南农村社会在一定意义上仍处于相对封闭的状态，然而这种状态却可以在借贷发生时，从某种程度上有效缓解因信息不对称而导致的逆向选择与道德风险等问题。也就是说，群体与网络中的成员居住邻近、交往密切、知根知底，这便能很好地降低监督成本，从而起到了防范道德风险发生的作用；再者，群体与网络中的成员彼此熟悉、相互了解，也便于借贷者轻易判断出低信用、高风险的成员（郭云南、姚洋和 Foltz，2012）。

"信息与交流"对多维贫困识别与多维贫困程度分别在 5% 和 1% 的显著性水平下，具有负向影响。即，"信息与交流"能够显著降低农户陷入多维贫困的概率，并减轻农户多维贫困。这表明，农民在学习与工作生活中，通过人际交往收获的知识与信息对改善自身的贫困状况起到了显著的促进作用。一是，人们通过交往与交流，巩固并补充了自己的知识体系，实现了教育信息的共享，在增进了技术的同时，深化了对教育的渴求。二是，在交流过程中人们获得了许多医疗保健方面的生活常识（孙博文、李雪松和伍新木，2016）。三是，密切的交流利于人们在投资、交易的过程中及时获取关键信息，降低交易成本。四是，作为社会资本的信息与交流承担了劳动力迁移过程中的信息共享、配给工作。

"赋权与政治行动"对农户多维贫困识别与多维贫困程度的影响为负，但是并不显著。不过，负向影响在一定程度上也暗示了农户个体探求自身政治权，树立积极的权利意识，对于农户减轻多维贫困仍是必要的。对于此部分未能得到验证，本章认为可能的原因在于，在实际生活中，农民行使自身权利、采取政治行动的意识并不强烈，这可能导致我国农村社会内部民主程度相对不高，从而难以保障个体资产与福利的获得（葛笑如，2015）。对于我国传统农村社会来说，村庄的治理往往遵循着人情逻辑（邢成举，2017），不善于表达权利意识的贫困个体，在村庄事务中往往被政治边缘化，在扶贫资源分配中处于被忽视的状态（邢成举和李小云，2018），从而难以获得相应的保障，贫困状况也就难以获得改善。

"社会凝聚力"对农户多维贫困识别与多维贫困程度的影响为负，但是并不显著。对于此部分未能得到验证，本章给出如下解释：当前农户仍旧存在一定程度上的贫富分化，这是不利于提高村民的社会凝聚力的，社会凝聚力不强，贫困户难以减轻多维贫困，也不利于从整体上降低多维贫困发生的概率。这是因为当社会凝聚力不强时，难以在村民内部形成合作互惠的关系，从而不易于形成良好的社会规范，也就不能够打破旧有的社会形态，影响经济的发展与转型（李晴，2014）。

农户特征变量的回归结果显示，河南省农户的人口规模对多维贫困识别与多维贫困程度呈现正向影响，也就是说，家庭人口规模越大多维贫困程度越高。其中的原因可能在于，我们对家庭成员数的确定依据是家庭成员是否实行财产独立，而在农村家庭中，多以中青年作为家庭的主要收入来源，家庭人口规模大，意味着家中老人与幼儿、青少年多，人口抚养比较大，由此农户多维贫困程度较高。户主年龄与农户多维贫困状况呈"U"形变化关系，在拐点之前，由于正值户主精力体力最丰富、学习能力最强的时期，农户的多维贫困状况是逐渐改善的，过了拐点之后，随着户主记忆力、体力等方面的衰退，劳动力的利用价值逐渐变小，身体状况不如从前，多维贫困程度逐渐升高。对河南农户的调查也发现，户主的婚姻状况并不对农户的多维贫困识别与多维贫困程度构成显著影响。

村庄特征变量的回归结果显示，河南省农户所在村庄的县域属于贫困县，对农户的多维贫困状况有显著正向影响，村庄位于贫困县的农户更容易陷入多维贫困。结果同时也显示，就河南而言，村庄是否设有小学以及村庄路面状况并不对农户多维贫困造成显著影响。

2. 工具变量法回归

为了缓解社会资本的内生性问题，我们使用工具变量法进行估计。由于可以找到的工具变量在数量上的有限性，我们此处选择仅对社会资本总量进行检验。已有文献中的一种做法是使用前往最近集市花费的时间作为工具变量（贺志武和胡伦，2018）。结合这一做法并考虑数据获得的有限性，我们选取了前往最近集镇的车票价格作为工具变量。一般来说，这一票价越高，则代表村庄与集镇距离越远，村庄封闭性越强。同时，价格越高，愿意经常出行与外界交流的村民便越少。综合以上两点，前往最近集镇车票价格较高村庄的人们，交往半径较小，对外界的认知更少，社会资本总量更小。故前往最近集镇的车票价格会对农户的社会资本产生影响，而前往最近集镇的车票价格并不会对农户多维贫困程度产生影响，前往最近集镇的车票价格可以看作相对外生变量。

在2SLS回归的第一阶段，F检验的P值接近于0（见表6-11），表明工具变量"前往最近集镇的车票价格"对内生变量"社会资本总量"有较好的解释力。弱工具变量检验结果显示，F统计量的值为12.739，大于10，拒绝了"存在弱工具变量"的原假设。"社会资本总量"的系数为-0.413，且在1%的水平上显著，说明河南省社会资本的确减轻了农户多维贫困。

表6-11 社会资本影响多维贫困的工具变量回归结果

变量		系数
社会资本变量	Soc	-0.413*** (0.152)
村庄特征变量	PS	0.023 (0.022)
	PC	0.002 (0.026)
	NPC	0.036 (0.024)
	RC	-0.033* (0.019)

续表

变量		系数
农户特征变量	*Member*	0.046 *** （0.006）
	Marriage	− 0.070 （0.102）
	Age	− 0.003 （0.008）
	Ages	0.000 （0.000）
Constant		0.127 （0.220）
N（个）		755
第一阶段 F 检验		0.0008
弱工具变量检验		12.739

注：第一阶段 F 检验报告的是 P 值，弱工具变量检验报告的是 F 统计量。

（二）稳健性检验

为了保证本章实证结果的稳健性，我们使用了以下两种方法进行稳健性检验：改变计量方法、调整社会资本衡量指标。

1. 改变计量方法

使用 Logit 模型和 OLS 模型，对河南省社会资本影响农户多维贫困进行回归分析，模型回归的最终结果如表 6 - 12 所示。观察社会资本变量的系数，结果发现，所得回归结果与 Probit 模型及 Tobit 模型所得回归结果的方向及显著性基本是一致的。

表 6 - 12　稳健性检验：社会资本对多维贫困的影响

变量		Logit 模型		OLS 模型	
		（1）*IP*	（2）*IP*	（3）*MP*	（4）*MP*
社会资本 总量及各 维度社会资本	*Soc_1*	− 0.245 *** （0.088）		− 0.014 ** （0.007）	
	Soc_2	− 0.082 （0.086）		− 0.000 （0.006）	

续表

变量		Logit 模型		OLS 模型	
		（1）*IP*	（2）*IP*	（3）*MP*	（4）*MP*
社会资本总量及各维度社会资本	*Soc_3*	-0.170 ** (0.083)		-0.012 * (0.007)	
	Soc_4	-0.181 ** (0.082)		-0.024 *** (0.006)	
	Soc_5	-0.099 (0.086)		-0.011 (0.007)	
	Soc_6	-0.140 * (0.084)		-0.009 (0.007)	
	Soc		-0.902 *** (0.205)		-0.067 *** (0.017)
Constant		0.137 (1.639)	-0.015 (1.630)	0.356 ** (0.150)	0.386 *** (0.150)
控制村庄特征变量		YES	YES	YES	YES
控制农户特征变量		YES	YES	YES	YES
N（个）		755	755	755	755
R^2		0.1014	0.0990	0.1725	0.1632
Wald 卡方值/F 值		83.93 ***	82.24 ***	12.06 ***	17.38 ***

注：Logit 模型中的 R^2 为伪 R^2。

2. 调整社会资本衡量指标

通过重新对社会资本总量进行度量，再次估计河南省农户社会资本与多维贫困间的关系。参考已有文献，选取"人情支出的对数"作为社会资本的衡量变量（章元和陆铭，2009），人情支出在一定程度上衡量了农户社会资本的广泛性，是我国农村社会家庭间维护"关系"的重要渠道。从表 6-13 中可以看出，人情支出对农户多维贫困识别和多维贫困程度的影响与前文的实证结果相似。本章回归结果具有较强稳健性。

表 6-13　稳健性检验：人情支出对多维贫困的影响

变量	Probit 模型（*IP*）	Tobit 模型（*MP*）
Soc	-0.103 *** (0.042)	-0.017 *** (0.004)

变量	Probit 模型 (*IP*)	Tobit 模型 (*MP*)
Constant	1.613 (1.392)	0.447 *** (0.154)
控制村庄特征变量	YES	YES
控制农户特征变量	YES	YES
N（个）	755	755
Pseudo R²	0.0575	2.8987
Wald 卡方值/F 值	31.42 ***	17.54 ***

四 结论及政策建议

关注农村多维贫困问题，对于中国农村社会脱贫工作有着重要的意义。本章通过实地调查数据，分析了河南省农户的多维贫困状况及社会资本情况，并重点关注了不同维度的社会资本对农户多维贫困的影响。通过 Probit 模型、Tobit 模型等实证检验了社会资本对多维贫困的影响，运用 Logit 模型与 OLS 模型对实证部分主要结论进行了稳健性检验。本节运用实证分析结果给出相关结论，并进一步提出解决农户多维贫困问题的政策建议。

（一）结论

首先，本章对多维贫困和社会资本进行了定义。贫困不应仅仅从收入维度进行衡量，收入不是定义农户贫困的唯一标准，应当基于多个维度对贫困进行衡量。基于此，本章借鉴已有研究文献，从收入、教育、健康、生活水平等 4 个维度对农户多维贫困进行分析并建立起相应的指标体系。按照世界银行所划分的六大类标准对社会资本进行定义与分类，将社会资本分为六个维度：信任、集体行动与合作、群体与网络、信息与交流、赋权与政治行动以及社会凝聚力。在实证部分按照存在多维贫困与不存在多维贫困对农户进行划分，并比较它们的社会资本。农村多维贫困家庭仅在信任与社会凝聚力方面优于不存在多维贫困的家庭。贫困农户的关系网络间联结存在一定的问题，较少与他人进行交流，这便不能更好地改变贫困农户的思想与技能状态，同时它们行使政治权利的意愿较低。总的来说，贫困程度较深的家庭，所拥有的各维度的社会资本更少。

其次，利用河南省农户调查数据，对社会资本影响农户多维贫困进行实证分析，得出本章研究的核心结论。对于社会资本总量而言，社会资本能够显著降低农户陷入多维贫困的概率，并减轻农户多维贫困。对于社会资本各维度而言，"信任""信息与交流"以及基于人与人之间交往的"群体与网络"三个维度的社会资本均能显著降低农户发生多维贫困的概率，并对农户多维贫困起到减轻的作用。虽然"集体行动与合作""赋权与政治行动"以及"社会凝聚力"对多维贫困的影响在统计上并不显著，但仍然是负向的，一定程度上可以说明这些社会资本的作用是不可忽视的。同时，考虑到社会资本的内生性问题，使用"前往最近集镇的车票价格"作为工具变量进行 2SLS 回归，得出相同的结论。并且，稳健性检验结果表明，本章的实证结论是可靠的。

（二）政策建议

1. 建立农户多维贫困指标体系

从收入贫困与多维贫困的关系来说，是人类基本能力的缺失造成了贫困，而不单单是收入不足这一表面的原因。贫困包含货币与非货币两个方面，收入贫困线可用于衡量贫困的货币方面，却无法显示贫困非货币方面的信息。一般来说，人们收入的提高将在一定程度上改善人们货币与非货币方面的福祉，后者有可能出现市场失灵的情况，因为单从市场角度来说，低收入群体在市场中能够获得的教育、医疗等公共服务是极其有限的。所以，本章认为从收入贫困与多维贫困两个视角测度经济与社会方面的贫困，有利于减贫政策的制定；同时，多维贫困数据库的建立将在扶贫工作中起到关键的作用。

从多维贫困的测量等方面来看，首先应当结合中国农村现状与已有研究和认知来建立省级层面的多维贫困指标体系，从而更加精准地衡量农户的多维贫困状况。多维贫困指标体系应当包括收入、教育、健康、生活水平等多个方面，在指标体系相对成熟之后，加入被调查者的主观心理感受、金融服务等一系列指标，并兼顾区域差异。贫困农户建档立卡的数据，并不能够相对全面地涉及多维贫困状况，也难以衡量它们的贫困程度。因此，建立一个有针对性的追踪监测数据库，有利于为贫困农户提供更加精准的帮扶。其次，在建立起全面的识别标准框架之后，应当根据新近研究并结合省情及人们的需求不断地完善测度指标，不断改进并强化测度方式以更为精准地识别与度量。在此基础之上，选取合理的权重进行计算。再次，在取得完善的识别标准体系之后，一方面，及时有效地清退脱离贫困的人员，为杜绝返贫现象的发生，进行一段时间的跟踪调查，并保证将尚未识别的贫困人口纳入工作；另一方面，为提高贫困识别的精准度，需要通过完善的培训制度与岗前培训体系来提高基层工作人员的综合能力，也可通过第三方机构对贫困识别工作进行监督并增加基层工作人员的力量。最后，数据监测体系应当与计算机技术相结合，实现数据的智能化监测与管理，提高贫困识别工作的效率。

2. 完善农户多维福利体系

收入不足是农户产生贫困的关键原因，农户收入脱贫要从三个方面着手。首先，加大资金管理力度，增加财政投入。其次，加速贫困地区的土地流转，加快贫困地区产业结构升级，完善劳动力就业体系与社会保障体系。最后，发展贫困地区的生产力，鼓励当地群众规模生产，促进农民增收。鉴于我国传统农村社会目前的情况，解决农户贫困问题，提高与保障农户福利，除了从收入方面入手，还应当在教育、健康等多个领域的福利体系上下功夫。

教育扶贫是指从国家层面对贫困地区与贫困人口进行教育帮扶，主要目的是提升贫困地区的教育质量与贫困人口的综合素质，从而使得这部分人口在一定程度上拥有摆脱贫困的劳动技能，在实现扶贫的同时，保证教育公平，实现社会公正（钟慧笑，2016）。近年来，我国义务教育政策被广泛实施，且普及力度较大，儿童辍学问题得到了有效地缓解。但是，对于我国农村社会来说，成年劳动力的受教育程度较低。教育是一项投入时间长、见效慢的事业，但是能够促进区域内整体发展水平的提高，当地区内的教育水平较低时，难以实现产业转型，导致劳动力的技能水平较低，工资水平无法得到保障，从而也就无法改善家庭状况。因此，首先，政府在基础教育方面不能松懈，应当注重提高基层教育者的福利水平，并对他们进行更为系统的培训，以提高义务教育的质量，杜绝因为贫困出现的失学辍学现象。其次，政府还需注重农民工职业技能培训，对文盲或半文盲先进行文化知识的培训，增强他们的理解领悟能力以便于他们更好地学习知识技能，然后再对他们进行系统的职业培训。

在我国农村贫困地区，由于经济发展水平有限，医疗资源紧缺，基本的医疗设施并不完备，基层医疗工作者专业素养不够等多种原因，农民健康状况较差。因此，政府在进行健康扶贫的过程中，一是要加强医疗设施建设，对医疗工作者进行专业培训，完善医疗保障体系，进行医疗卫生知识的宣传与普及；二是应当建立各大医院医务工作者免费下乡巡回制度，解决贫困地区人民看病难、看病贵的问题，并对一些疾病早发现、早治疗，避免更为严重的疾病发生。

从农户生活方面来说，首先，在住房方面，注意解决好现有贫困农户的住房问题。其一是在贫困农户建设住房的过程中，对他们进行合理的指导，使得住房功能分区规划适宜。其二是为住房安全系数较低的贫困农户提供合理的信贷与资金补贴，同时也可以提供合适的农村廉租住房，使得每一个农户都能住上满意的房子。其次，政府还应当在农户耐用消费品方面进行适当的补贴，在带动农户消费的同时，提高农户生活水平。

此外，结合当前我国农村的耕地情况，认为当前我们应当加强耕地资源的整治工作。一方面，加大对农村耕地生产设施的投入力度，改善农业生产的条件，使得农业生产更加现代化、机械化。另一方面，切实地落实并完善农村耕地政策，为耕地资源保护与整治工作提供良好的方案，通过技术手段，加强土地环境保护，减少破坏，保证耕地质量，保障农户生产，为国家粮食安全做出重要的贡献。

3. 强化社会资本参与多维贫困治理的推动作用

作为"穷人的资本"，社会资本这样一种非正式制度，可以被用来弥补农村传统社会经济发展过程中所存在的制度、规范等方面的缺陷，并有效地缓解农户多维贫困的问题。为了更好地解决农户多维贫困的问题，应当从政府、社会以及贫困户个体角度分别讨论社会资本所发挥的重要作用。

政府的决策者应当重视社会资本在解决多维贫困问题中的作用。首先，对于农户与地方基层组织来说，政府要适当地增强它们之间的联结性，使得地方公共信任充分发挥成效，提升农民对地方基层的信任度。其次，注重农民群体间社会关系的建立，引导人们重视由亲朋邻里组成的社会网络在解决贫困问题时的主导作用，使人们意识到在关键时刻社会网络的重要性，并更好地去使用它们。最后，通过多种渠道增加人们的社会资本。比如，组建培训机构，实施精准扶持，使得农户获得更多的网络资源与信息交流渠道。此外，政府应当重视发展农村集体经济，通过合作的形式促进村庄内部的发展，开展组织教育培训，构建集体合作平台，强化农民参与集体行动与合作的意愿。同时，需要鼓励县乡干部驻村了解民意，充分发挥村干部在扶贫过程中对贫困户的引导作用，使得农民有更强的赋权与政治行动意识。此外，实施更多的公共项目，增强农户的参与性、互动性，在造福农户的同时，增强农户的社会凝聚力。

社会团体与社会组织，也应当通过多种途径推动社会资本积累来解决农村多维贫困问题。首先，通过媒体的作用，重视宣传社会主义核心价值观，这有利于公共信任更好地形成。再次，应当积极开展多种公益帮扶项目，使得贫困农户在参与项目的过程中彼此了解，加强群体与网络间的联结，构建丰富的社会网络。最后，加强网络媒介的引导，整合社会资源，促进农户形成信息与交流意识。同时，社会团体与社会组织还应当承担起社会责任。比如，涉及教育、医疗及农业生产的企业深入农村，引入相应的管理理念，促进村民更好地参与集体合作。再比如，法律等方面的非政府公益组织应当重视对公民法律意识的普及，让更多的公民树立起权利意识，捍卫自身权利，提高公民的政治参与感。另外，还可以通过自媒体形式，加强对村民群体的文化宣传，增强他们之间的社会凝聚力。

对于贫困者而言，一是应当提升个人信任感，无论是对他人的信任还是对社会的信任，营造和谐的社会氛围。二是要学会构建并运用自身的社会网络，充分重视社会网络的作用。三是应当重视与他人的信息交流，提升获取信息的能力。在此基础之上，贫困者还要增强集体观念，积极参与集体行动与合作，形成良好的合作关系。面对社会公共事务，要能够积极主动参与，并加强自身政治权利意识。在社会事务中，秉持包容心态，为增强社会凝聚力贡献自己的一分力量。

第七章　社会资本、贫困代际传递
与农村减贫

一　研究背景与文献评述

（一）研究背景

作为世界上最大的发展中国家，我国的贫困问题具有复杂性和广泛性，表现出人口基数大、分布广、分布不均匀、贫困程度深等特征。贫困代际传递的实质就是父辈的贫困直接导致子女也陷入贫困，这在农村的表现尤为突出，要从根源上解决贫困问题则需要打断这根链条，让贫困代际传递现象不再发生。但传统的减贫办法很难阻断贫困代际传递，而社会资本理论的提出则为贫困代际传递的研究提供了新的视角。

根据社会资本理论审视贫困代际传递问题，不难发现它与社会资本的缺乏有着直接的关系。外部社会资本比如政府对贫困户的补助，包括教育补贴、社保补助、医疗补助和住房补助等，可以缓解贫困户生活的贫困和弥补贫困户子女教育资金的缺乏；内部社会资本如贫困家庭成员的受教育水平普遍较低，人力资本质量始终不高。这种人力资本质量的家庭，势必无法通过就业获得足够的维持家庭运转的资金，且家庭中下一辈的教育同样无法获得有效转变，贫困会在家庭中延续下去。要打断贫困代际传递的链条，一个有效的途径就是提高贫困家庭的社会资本水平，家庭只有拥有更多社会资本，才会创造更多的发展机会，进而阻断贫困代际传递。

（二） 文献评述

1. 社会资本

Hanifan（1916）在对社会资本进行界定时，认为社会资本本质上还是建立在一种社会关系的基础上，人们由此来获得自身发展所需要的各种资源或资本。所以，社会资本的流动依赖的是人与人之间的关系，它能够促进家庭不断地发展。该学者还认为，社会资本是连接人与社会的纽带，一个人或者一个家庭所具备的社会资本多少，也决定了他或它在社会以及社交活动中的地位。通过梳理发现，学者们对社会资本的理解有三种。第一种是社会资源观。Bourdieu（1980）最早提出了社会资本的本质还是实际的资源，指出建立在长期稳固关系基础上的资源集合，以及资源所依托的体制化关系网络就是社会资本的全部形态。第二种是社会规范观。普特南认为社会资本包括三个组成部分，即社会活动参与者、社交关系网络以及关系网络中的规范。第三种是摄取能力观。布朗（2000）指出，个体从社会网络里摄取社会资源的能力是需要不断培养的，而且由于个体发现了社会网络中蕴含着可以产生财富的资源，所以产生了关系上的理性嵌入和结构嵌入。

2. 贫困代际传递

贫困代际传递（inter-generational transmission of poverty）最早是美国经济学家在社会学研究中提出来的，这一概念可追溯至马克思无产阶级贫困化理论。目前，国外对贫困代际传递的研究主要形成了如下几种观点。

第一种是代际流动理论，这一理论是主张社会分层的学者所提出的，他们认为绝大多数的贫困家庭都是生活在一个相对封闭的社会网络中的，这个社会网络的构建范围有多大，主要依赖于家庭中父母辈的个人能力、社会地位以及受教育程度。第二种是贫困恶性循环论，该理论由 Narkse（1953）提出，提出这一概念主要基于对发展中国家的大样本调查，并认为贫困实际上就是一种从父辈到子辈的恶性循环，打破循环才能摆脱贫困。第三种是贫困文化论，该理论是由 Lewis（1959）提出的，他在研究贫困代际传递问题时，采用的是文化视角，并通过大量的实证数据发现，某地某家庭的贫困与他们坚信的文化有着密切联系。

我国对扶贫问题的研究始于 20 世纪 80 年代，而后逐渐形成了关于贫困代际传递的相关研究脉络，归纳起来主要有如下几个方向。第一，贫困与社会政治资本的关系。李昌平（2017）通过长时间的实证研究发现，贫困和当地的政治体制有着密切联系。第二，贫困与社会文化资本有关。尹海洁和关士续（2004）的研究发现，子辈的贫困情况与父辈的受教育程度有关，父辈受教育程度越高，子辈贫困的现象就越少，二者之间存在显著的负相关关系。第三，贫困和社会人力资本有关。谢勇和李放（2008）指出，人力资本在父辈和子辈之间很难实现代际传递，如果子辈没有机会提升自己的人力资本水平，那么将有很大可能遗传父辈的贫困现状。第四，贫困与交易效率有关。张定胜和杨小凯（2000）在运用新古典理论的研究方法展开研究后指出，贫困地区的现状之所以持续，就是因为当地的交易效率太低。

3. 社会资本和贫困代际传递

关于社会资本与贫困代际传递的关系，现有学者主要从体制机制、教育水平、家庭现状以及个人因素等方面开展了研究。相关研究显示，上述各种因素与脱贫致富的能力之间存在一定关联。农村地区的社会舆情、民风民俗会通过农民的个人价值观对他们摆脱贫困的主观能动性造成影响。从经济发展角度来看，个人进入市场的便利程度越低，当地的经济发展速度就越慢，越容易陷入贫困。此外，家庭成员的数量特别是劳动力的数量对摆脱贫困有十分显著的影响。可见，贫困代际传递的过程和机理是比较复杂的。一部分学者认为，农村的发展受制于资本流动不畅。而其中社会资本的流动受阻，也会导致贫困在父辈与子辈之间的传递和延续。

综上，贫困问题的研究随着对不同类型国家的实践总结和理论阐述，已经形成了丰富的反贫困理论体系。国内的贫困问题研究虽然起步较西方国家晚，但目前也已经形成了较为繁杂的体系，特别是，针对我国贫困问题的案例研究和总结形成了较为丰富的政策体系。对于贫困代际传递问题，国内外学者的关注都不是特别多，该领域的研究开展实证计量的可操作性较弱，大多数学者对该类问题的实证研究就是通过个别经济指标如收入弹性、贫困家庭收入等实现的；有些学者则从个体层面开展了研究，发现父辈的受教育程度、收入水平甚至是部分天赋、价值观、职业类型等都会对子辈造成影响。将社会资本纳入贫困代际传递的研究中具有重要的研究价值，同时也是当前研究的一个新领域。

二　调查设计与样本特征

（一）调查设计

基于研究的需要和研究的可行性，笔者所在课题组利用大学生暑期实践活动进行了一次集中的调查，此次调查在河南省一个乡的区域内进行，该乡为平原乡，有农村家庭 11725 户，农业生产条件较差，人均耕地 1.03亩，84.5% 为旱地。该乡设有一所初中和两所小学，教育资源贫乏。

世界银行定义了两类贫困，即绝对贫困和相对贫困。绝对贫困是以人们的每日绝对支出水平来衡量的，相对贫困则是一个相对指标，指收入低于平均收入水平的一半。本章采用相对贫困作为研究尺度，根据舒黎（2017）等人的研究，将年人均（纯）收入的一半作为判断相对贫困的标准，而本次调查区域的年人均收入为 7886 元。根据本章研究主题，选取父辈和子辈均在村中生活，且已分家独立生活的家庭进行调查，采取入户调查方式，最终获得有效问卷 600 份。

（二）社会资本指标设计

根据普特南的定义，社会资本的维度主要有信任、规范和社会网络三个方面。但由于在具体测度中存在操作层面的问题，对社会资本进行测量难度非常大。因此，学者经常会使用相应的工具来对社会资本进行间接的测量。

Grootaert（1999）在对印度尼西亚的社会资本进行研究和评价时，提出了六个测量指标，这些指标主要与协会密切相关。但是对于我国社会资本的研究而言，更重要的是侧重于社会网络，特别是礼尚往来的活动。张爽、陆铭和章元（2007）从家庭与社区的层面对社会资本进行测量，指出：在家庭层面，以本家庭成员以外的在行政事业单位任职的亲友来衡量；在社区层面，用除了本家庭以外的农村社区亲友数量来判断社会网络情况，用各家庭平均信任程度来测量公共信任程度。赵剑治和陆铭（2009）使用了家庭人口数、亲友数、人情支出来判断家庭社会网络的大小。陆铭、张爽和佐藤宏（2010）的研究则认为组织、信任和互助三个指标是重要的。吴本健、郭晶晶和马久杰（2014）直接使用了世界银行的社会资本指标，并特别强调组织、团结、信任和信息传播的重要性。

此外，Guiso、Sapienz 和 Zingales（2004）指出，将本地投票率和献血率作为衡量社会资本的重要指标，能够客观反映变量的检验要求，又能够克服指标的内生性问题。因此，它们在回归分析中较常被采用。

本章关注的是我国农村家庭贫困代际传递问题，在指标选择上，一方面可以参考上述学者提出的社会资本指标，另一方面需要结合所考察地区的社会文化情况。

基于此，选择以下六项指标来测量贫困农村家庭的社会资本。第一，邻里融洽程度，主要测量的是贫困家庭在本地社会网络中相互之间的密切程度以及相互信任的水平；第二，家庭外出务工人数，这一指标可以间接测量贫困家庭的社会网络；第三，转移性支出，该指标主要是送礼等人情往复方面的开支；第四，对政策信任程度，主要测量的是家庭对公共机构的信任水平；第五，参与村务管理程度；第六，与村干部关系，可以用来测量网络垂直联系。

（三）样本描述

表 7-1 显示的是本次调查中样本的结构和特征情况。在设置样本特征指标时，本章关注了家庭特征、父辈特征以及子辈特征三个方面。在家庭特征方面，家庭人均收入达到 6638 元，家庭总人口数达到 4.40 人，家庭劳动人口数达到 3.86 人。父辈特征方面，父辈年龄为 53.28 岁，父辈收入水平为 7649.39 元；子辈特征方面，子辈年龄为 26.48 岁，子辈收入水平为 7849.39 元。

表 7-1　样本特征统计

	指标	均值	标准差
家庭特征	家庭人均收入（元）	6638	1745
	家庭总人口数（人）	4.40	1.26
	家庭劳动人口数（人）	3.86	0.79
父辈特征	父辈年龄（岁）	53.28	6.22
	父辈收入水平（元）	7649.39	2212.68

指标		均值	标准差
子辈特征	子辈年龄（岁）	26.48	4.89
	子辈收入水平（元）	7849.39	2129.31

表 7 - 2 中显示的是样本的职业分布情况。从父辈和子辈的职业分布情况看，父辈在农业劳动者和农民工两项上出现的频数之和是要明显多于子辈，而在雇工、农民知识分子以及个体农户和工商户三个类别上出现的频数之和明显少于子辈。这表明，与父辈相比，贫困家庭子辈更多地跳出了传统农业的领域，而向新型职业农民或农业产业以外的领域流转，表现出明显的职业差异。

表 7 - 2　样本职业分布情况

指标		频数（个）	占比（%）
子辈职业	农业劳动者	86	14.33
	农民工	187	31.17
	雇工	240	40.00
	农民知识分子	12	2.00
	个体农户和工商户	75	12.50
父辈职业	农业劳动者	129	21.50
	农民工	210	35.00
	雇工	198	33.00
	农民知识分子	2	0.33
	个体农户和工商户	61	10.17

（四）社会资本变量描述

本章根据罗连发（2012）的划分方式，将农村贫困家庭的社会资本划分为邻里融洽程度、家庭外出务工人数、转移性支出、对政策信任程度、参与村务管理程度、与村干部关系六个维度。

1. 邻里融洽程度

我国农村社会有着显著的关系文化特征，在邻里交流上比城市社会更加频繁和深入。对于贫困家庭而言，邻里融洽程度能够间接反映出日常获得邻里援助和支持的水平。在测量农村贫困家庭社会资本的过程中，由于农户之间的互帮互助是我国农村社会长久以来的风俗和文化传统，所以邻里越是和睦的贫困农户，就越能够与周围邻居和谐相处，获得更多社会支持，进而越可能缓解贫困问题或者摆脱贫困状态。特别是，父辈的邻里关系质量越高，就越能够为子辈提供丰富的社会资本。

中国文化脱胎于传统农业社会的关系文化。人与人之间的和谐共处、互帮互助是传统美德。基于社会资本理论，邻里融洽与否，对邻里之间是否愿意将家庭资源共享，发挥着决定性作用。如果农村贫困家庭与邻里之间有着密切的关系往来，则邻里会自然而然地将自己的资源用以帮助贫困家庭摆脱贫困，尤其是，在中国孝文化及亲子文化中，父辈不愿意看到子辈受苦，家庭邻里之间的融洽关系，更为直观地表现为邻里愿意为贫困家庭的子女摆脱贫困提供必要的援助。

与此同时，基于本章的实证研究思路，首先要验证的是父辈社会资本对子辈社会资本的影响，所以，父辈们之间如果有更好的邻里关系，则子辈之间更容易相处融洽，进而延续父辈的好关系，从而更有利于社会资本传递和发挥减贫作用。因此，本章认为，父辈邻里融洽程度越高，子辈的邻里融洽程度也就越高，进而子辈越容易从中获得脱贫所需的资源。

根据得到的描述性统计结果（见表7-3）可知，调查样本中大部分的邻里关系比较融洽。

表 7 - 3　邻里融洽程度情况

邻里融洽程度	比例（％）
很不融洽	12.4
一般	21.6
比较融洽	49.7
非常融洽	16.3

2. 家庭外出务工人数

从我国目前农村劳动力流动情况来看，越来越多的适龄农村劳动力从传统农业中走出来，到城市工作，成为农民工的一分子，有很多获得了城市户口，或者永久在城市定居，不再回到农村生活。农民工的收入是要高于传统农业收入的，所以很多农村贫困人口将成为农民工作为改善家庭贫困状况的重要途径。不仅是子辈愿意到外地务工，而且很多农村贫困家庭的父辈，为了帮助家庭积累资金，为子辈创造更加丰富的物质生活条件，或者将子辈带出农村上学，选择在中年时期成为农民工，希望能够通过务工增加收入，摆脱农民身份。

家庭外出务工人数越多，则意味着贫困农村家庭与外界的联系，特别是与有助于减贫的外界主体之间的联系越多，比如工友、务工企业，乃至在务工一段时间之后积累的其他社会关系。家庭外出务工人数越多，在外界的资源就越多，为了帮助子辈脱贫，父辈甘愿动用这类关系资源，并将之传递给子辈，使得子辈的家庭外出务工人数增多，而务工人数增多，就意味着有更多的收入来源，进而对贫困有直接的影响。基于这一点分析，笔者认为父辈外出务工会带动子辈外出务工，并进而增加子辈脱贫的机会。

通过对家庭外出务工人数的统计（见表7-4）可知，样本家庭中，有1人外出务工的情况最为常见，占比为48.6%，有2人外出务工的情况也较多，有29.5%，甚至有2.5%的家庭有3人及以上外出务工，而从外出务工家庭占比看，达到80.6%，可见外出务工是农村贫困家庭常见就业模式。

表7-4 家庭外出务工人数情况

家庭外出务工人数	比例（%）
0人	19.4
1人	48.6
2人	29.5
3人及以上	2.5

3. 转移性支出

本章采用学者们对人情支出的学术表达，即转移性支出。我国农村社会中，人情开支是一种重要的联络感情、维系社会网络的形式。农村的婚丧嫁娶礼仪繁杂，对人情往复的重视程度很高，无论是喜事还是丧事，农村人都愿意相互之间赠予一定数额的金钱，以表达心意。这种方式主要用途是维系二者之间的社会联系，并且通过相互表示积累信任、密切关系。这种人情支出即转移性支出，常常被人认为是一种对人际关系的投资。家庭在转移性支出方面水平越高，保持人际关系的投入也就越大，从某种程度上看，就越能够获得稳固的人际关系，进而越能增加自身社会资本的总量。

与此同时，对于农村贫困家庭，父辈在人际关系上投入的经费越多、开支越高，就越能够为家庭积累丰富的社会网络。这些网络还可能会因为投入的增加而不断扩展，在得到改进和巩固的社会网络中，很可能会出现一些让子辈获得更好发展的机会，这些机会有助于子辈摆脱家庭贫困的现状，因此可以作为影响贫困代际传递的重要因素。

转移性支出在父辈与子辈之间，既包含一种资源的传递性，父辈通过转移性支出维系了人脉，这些人脉可以因为父辈的"情面"而为子辈所用；又包含一种行为的习得性，父辈通过转移性支出巩固人际关系、获得社会资本的行为方式，能够被子辈所习得，并在日后的脱贫过程中，逐渐学会使用这种社会资本获得方式，增加脱贫的资源。基于这点，父辈转移性支出越多，则子辈越倾向于有较多的转移性支出。

通过对转移性支出的统计（见表7-5）可知，农村贫困家庭的转移性支出基本上处于年均500~1000元的水平，与其家庭收入相比，占比偏低；但也有26.4%的家庭转移性支出在年均1000元及以上。

表7-5　转移性支出情况

转移性支出	比例（%）
基本无	6.4
500元以下	22.5
500~1000元	44.7
1000元及以上	26.4

4. 对政策信任程度

为彻底打赢脱贫攻坚战、实现全面小康的战略目标，我国近年来陆续出台了反贫困和精准脱贫的政策，包括农村扶贫工程项目的建设和农村惠农政策措施的落实。对政策的信任程度影响农户在政策执行时的配合程度以及投入程度。从某种程度上看，国家出台的扶贫政策都是为了贫困农户摆脱贫困现状，对他们是有利的。如果农户能够理解政策的初衷，掌握政策的内容，并配合政策的实施，就意味着对政策十分信任，因而能够获得政策的红利，这对改变贫困面貌是有益的。

农村贫困家庭的父辈如果愿意响应国家的政策号召，按照政策的指引开展相应的创业活动或者争取相应的补助，那么就会给家庭创造很大的发展机会，进而为子辈在有限的时间里摆脱贫困提供必不可少的帮助和资源。比如，一些农户，响应政策的号召，参与了政府组织的土地流转活动，将自己的承包地流转给农业企业或其他经营主体，这就使得家庭收入结构大为改观，并且为子辈将来不依赖传统农业生产、从事新的工作，提供了有益的帮助。

从本质上看，父辈对政策的信任程度能够在极大程度上影响子辈对政策的信任程度。因为，如果父辈能够从信任政策的过程中获得一定的家庭收入，则这样的客观结果会成为子辈对政策保持、提升信任感的重要物质刺激。基于这一点考虑，父辈对政策信任程度越高，子辈对政策信任程度也往往越高。当前我国对农村减贫出台的各项政策，是非常有助于贫困家庭脱贫的。因此，越是信任政策，越是有机会摆脱贫困。

从对政策信任程度的统计（见表7-6）来看，样本家庭中有近一半对脱贫政策的信任程度处于一般水平，比较信任的达到30.7%，很不信任的占到21.6%。这说明，贫困家庭对脱贫政策的信任程度还应进一步提升。

表 7-6　对政策信任程度情况

对政策信任程度	比例（%）
很不信任	21.6
一般信任	47.7
比较信任	30.7

5. 参与村务管理程度

党的十九大提出，要加大农村社会治理创新力度。所谓社会治理创新，就是要突出农村社会的自治，充分发挥农民自我管理事务、自我推动发展的能力。在推动农村社会自治的过程中，农民参与村务管理的程度，反映了农民对自我发展的决策权，以及主动权。从脱贫攻坚的角度看，农民越是能够决定自己的事务，越是能够自我决定发展的方向，就越能够迸发出脱贫的主动性，越能够结合自身及家庭需要找到适合自己的发展方向。本章将参与村务管理程度作为考察社会资本的一个重要指标和方面。

当父辈能够参与到村务管理中时，就自然而然地和其他农户结合成一个整体，和有利于农村发展与农民脱贫的政策有更深度的结合，能够得到更多的发展机会，而这些发展机会，将作为社会资本存量，留给家里的子辈，对子辈开创自己的事业，实现自我发展、自我脱贫，发挥重要的作用。

村民自治是我国农民依靠自身力量摆脱贫困的一种重要方式。比如当前很多地方都在通过发展农村集体经济来帮助农民脱贫，这种减贫方式，就需要农民能够主动参与到集体经济发展中来，为集体经济的壮大发挥自己的决策作用。如果父辈积极参与村集体经济的事务，就有可能为家庭创造更多的收入，并增强脱贫的主动性，而同时，这一过程形成的良性循环，则会促使父辈引导子辈参与到村务管理过程中。

通过对参与村务管理程度情况的统计（见表7-7）发现，44.2%的样本家庭表示一般情况会参与村务管理，但是经常参与的只占到了17.5%，说明贫困家庭对村务管理的参与度并不高。

表7-7　参与村务管理程度情况

参与村务管理程度	比例（%）
从不参与	11.8
偶尔参与	26.5
一般情况会参与	44.2
经常参与	17.5

6. 与村干部关系

党的基层组织是帮助农民脱贫致富的关键力量，村干部掌握的政策信息最多，相对而言能够为农民脱贫提供更加切合实际的方向指引以及必要的社会支持。农村贫困家庭如果能够与村干部保持密切的关系，特别是父辈能够从村干部方面获得社会支持，那么就有利于家庭选择合适的产业项目，走上新的发展路径。从农村贫困家庭贫困代际传递的角度来看，父辈与村干部的关系越密切，就越能够为家庭积累丰富的社会资本，特别是子辈可以继续与村干部保持密切的联系，在参军、承包农村经营项目、参与村集体资产的市场化运营、开展土地流转等方面有更多的机会，进而帮助家庭转变贫困落后的局面，实现更好的自我发展。

通过对与村干部关系的统计（见表7-8）发现，绝大部分的贫困家庭与村干部的关系在一般水平及以上，甚至有 49.6% 的贫困家庭与村干部关系很好。这一情况的出现主要是由于，在政府实施扶贫政策时，上门扶贫的主要工作人员是村干部，所以双方之间建立了良好的关系。

表 7 - 8　与村干部关系情况

与村干部关系	比例（%）
不好	16.5
一般	33.9
很好	49.6

这里要注意的是，上文已经分析了六个社会资本维度下，父辈对子辈同一维度的影响，那么社会资本是否仅仅只有在同一个维度下才能够传递，比如，父辈的邻里融洽程度，是否能够对子辈家庭外出务工人数产生影响呢？笔者认为是存在这种可能的。因为父辈与邻里关系融洽，则可以通过邻里之间的务工信息共享，使得自己的子辈获得更加充分的务工信息；同时也就可能会将关系较好的家庭外出务工的成功案例向子辈讲述，形成对子辈外出务工的正向激励，这种结果会带来子辈外出务工人数的增加。但父辈与子辈之间的社会资本各维度具体存在何种相互影响，仍然需要通过实证检验来验证。

三　社会资本与农村家庭贫困代际传递关系分析

本节在对父辈到子辈的贫困代际传递研究中，加入社会资本的影响，分析不同类别的社会资本对贫困代际传递的作用。

（一）社会资本与农村家庭贫困关系分析

国内外学者对社会资本与农村家庭贫困的关系有比较成熟的研究。比如，我国学者张顺和陈芳（2012），就认为社会资本的增加，可以壮大和稳固社会网络，增进农民之间、农民对政府的信任，进而使农民争取到更多有利于家庭发展的各种机会，获得脱贫致富的各种物质资源、就业门路甚至是创业项目。此后，陆铭等学者（陆铭、张爽和佐藤宏，2010；陆铭、蒋仕卿和陈钊等，2013）分别从不同的社会资本分类出发，解释了家庭社会资本、政府社会资本、行业社会资本等对贫困代际传递的内在影响机制。

本章在充分梳理现有研究的基础上，对社会资本与农村家庭贫困之间的关系进行分析，把父辈邻里融洽程度、父辈家庭外出务工人数、父辈转移性支出、父辈对政策信任程度、父辈参与村务管理程度、父辈与村干部关系作为变量，并延伸出子辈邻里融洽程度、子辈家庭外出务工人数、子辈转移性支出、子辈对政策信任程度、子辈参与村务管理程度、子辈与村干部关系。在此分别将父辈和子辈的社会资本与农村家庭的收入进行相关分析，以得出具有解释力的结论。

通过表7-9中的统计检验结果发现，农村家庭父辈社会资本与家庭人均收入的相关系数达到了0.445，P值为0.004＜0.01，说明存在显著的正相关性。而子辈社会资本与家庭人均收入的相关系数为0.468，P值为0.008＜0.01，同样可以判断二者之间存在显著的正相关性。基于上述检验结果可以判断，父辈和子辈社会资本越充足，农村家庭人均收入水平就越高，社会资本是影响农村家庭贫困程度的重要因素。

表7-9　社会资本与农村家庭人均收入相关性检验结果

变量	系数
父辈社会资本	0.445***
子辈社会资本	0.468***

注：****、***、*分别表示1%、5%、10%的显著性水平；本章余同。

（二）农村贫困家庭社会资本的代际传递分析

对于农村家庭社会资本对贫困代际传递的影响，需要通过解释父辈社会资本对子辈社会资本的影响来做初步的检验。因为社会资本的六个方面均为定距变量，所以选择最小二乘法来建立多元回归模型，判断因素之间的相互影响及其程度。在此分别就上述六个子辈的指标建立6个回归模型，模型建立如下：

$$y = \beta_0 + \beta_1 x_1 + \beta_2 x_2 + \cdots + \beta_n x_n + \varepsilon \qquad (7-1)$$

其中，x_n表达的是影响子辈社会资本某个维度的解释变量；β_0为常数项，β_1、β_2、$\cdots$、β_n 表示的是 n 个解释变量所对应的回归系数，所表达的是不同解释变量对被解释变量的影响方向和程度，ε 作为随机误差项。

1. 对子辈邻里融洽程度的影响

在此使用多元线性回归模型检验父辈社会资本对子辈邻里融洽程度的影响，结果如表 7 - 10 所示。

表 7 - 10　父辈社会资本对子辈邻里融洽程度的影响

父辈社会资本	系数
父辈邻里融洽程度	0.676 ***
父辈家庭外出务工人数	0.328 ***
父辈转移性支出	0.335 ***
父辈对政策信任程度	0.294 ***
父辈参与村务管理程度	0.384 ***
父辈与村干部关系	0.428 ***
调整后的 R^2	0.493
F 值	54.398
P 值	0.000

从回归结果中可以发现，F 值对应的 P 值为 0.000，在 1% 的水平下，解释变量对被解释变量的影响显著；调整后的 R^2 值为 0.493，说明回归模型具有较高的拟合优度，父辈六个维度的社会资本对子辈邻里融洽程度具有较强的解释力。

从回归结果来看，父辈邻里融洽程度对子辈邻里融洽程度的回归系数为 0.676，在 1% 的水平上显著，说明存在显著的正向影响。陆铭和张爽（2008）的研究指出，农村家庭中，父辈与邻里之间的关系越融洽，子辈就越能融入这种融洽的邻里关系，并从中获得相应的社会支持，从而子辈的邻里融洽程度就会越高。赵静（2018）的研究虽然没有直接解释父辈邻里融洽程度对子辈邻里融洽程度的影响，但是通过回归分析，验证了子辈可以从父辈那里继承邻里关系资源，保持与邻里的融洽关系。从某种程度上看，我国农村社会中，家庭与家庭之间的融洽关系，常常以父辈之间、子辈之间的关系为纽带，父辈之间的关系越融洽，子辈之间成为朋友或保持更加密切关系的可能性就越大。因此，该项检验的结果具有一定的社会学理论基础。

父辈家庭外出务工人数经检验对子辈的邻里融洽程度有显著的正向影响，回归系数为 0.328，在 1% 的水平上显著。相邻的农村家庭之间在有成员外出务工时会事先做好约定，即留守家人相互之间照应生活，互帮互助。同时，如果父辈之间的关系较好，子辈之间在父辈外出务工的情况下，自然能够相互紧密依靠、相互帮助，保持融洽的邻里关系。比如，留守的子辈会遵照父辈的要求，照顾家庭及邻居家庭的患病人员或幼小子辈。罗连发（2012）的研究证实，在父辈外出务工后，子辈会自觉地承担起维护邻里关系的重任，并协助双方家庭克服贫困对生活的影响。因此，这一点验证了检验结果。

父辈转移性支出对子辈邻里融洽程度具有显著的正向影响，回归系数为 0.335，在 1% 的水平上显著。江媛（2015）认为人情支出是社会资本的重要形式，父辈的人情往复会对子辈间关系的融洽发挥积极作用。此次检验结果同样证实，父辈在乡间邻里之中的人情往复，有助于不同家庭的子辈之间形成更加深厚的情感、关系，并成为提高邻里融洽程度的重要方式。在中国乡土文化情境下，人情往复、随份子等形式，都是人与人、家与家之间表达良好关系、增进情谊的重要途径，通过这种开支，家庭之间的关系更为稳固；有时根据人情支出的多少，可以判断出家庭之间的关系紧密程度，随份子越多，两家之间的关系就越紧密，两家之间相互支持的意愿也就越强。

父辈对政策信任程度对子辈邻里融洽程度存在显著正向影响，回归系数为 0.294，在 1% 的水平上显著。张爽、陆铭和章元（2007）的研究认为贫困家庭对政府出台政策的信任，能够对农户落实政策、参与到扶贫政策所涉及的活动中，发挥重要作用；与此同时，对政策保持同等信赖程度的家庭之间，往往关系更为紧密。从本章研究的情景来看，父辈对国家扶贫政策的信任，往往会使得同样信任政策的其他家庭与之参与到相同或相似的生产经营活动中，这时，家庭之间围绕同一目标开展的脱贫活动会增进彼此之间的友谊。在此带动下，不同家庭的子辈之间会建立更加稳固和紧密的联系，融洽程度较高。

父辈参与村务管理程度对子辈邻里融洽程度有显著的正向影响，回归系数为 0.384，在 1% 的水平上显著。父辈因为要实现脱贫的目的，主动参与村务管理，这是对村集体、对家庭负责态度的一种展示。参与到村务工作中后，必然会和与自己具有相同利益的其他村民家庭提出一致的主张，这时这些家庭之间会建立更加紧密的联系，子辈之间的融洽程度也就更高。

父辈与村干部关系对子辈邻里融洽程度有显著正向影响，回归系数为0.428，在1%的水平上显著。这意味着，父辈与村干部的关系越密切，不同家庭子辈之间的邻里融洽程度就越高。父辈与村干部关系好，就容易成为大多数村民间及与村干部间的关系纽带，进而其他家庭与之的联系就更为密切，子辈就能够与其他家庭建立更密切更融洽的关系。

2. 对子辈家庭外出务工人数的影响

在此使用多元线性回归模型检验父辈社会资本对子辈家庭外出务工人数的影响，结果如表7-11所示。

表7-11 父辈社会资本对子辈家庭外出务工人数的影响

父辈社会资本	系数
父辈邻里融洽程度	0.426 ***
父辈家庭外出务工人数	0.616 ***
父辈转移性支出	0.359 ***
父辈对政策信任程度	0.312 ***
父辈参与村务管理程度	0.481 ***
父辈与村干部关系	0.324 ***
调整后的 R^2	0.573
F 值	55.234
P 值	0.000

从回归结果中可以发现，F值对应的P值为0.000，在1%的水平下，解释变量对被解释变量的影响显著；调整后的 R^2 值为0.573，说明回归模型具有较高的拟合优度，父辈六个维度的社会资本对子辈家庭外出务工人数具有较强的解释力。

从回归结果来看，父辈邻里融洽程度对子辈家庭外出务工人数存在显著的正向影响。仅仅就个案而言，父辈邻里关系融洽，并不一定会导致子辈外出务工，但是从整个农民群体来看，有些家庭有外出务工的子辈，那么与之关系很好的其他家庭，必然会因为父辈之间的和睦关系，而接触到外出务工的经验，从而推动外出务工人数的增加。

父辈家庭外出务工人数经检验对子辈家庭外出务工人数有显著的正向影响，回归系数为 0.616，在 1% 的水平下显著。父辈外出务工，为家里挣来了更多的金钱，改善了家庭物质生活条件。这时，作为家长，父辈常常会将打工的好处和经验，不断地向子辈传达，教育子辈尽力从农村走出去，开创新的事业天地。这种情况下，子辈外出务工的倾向就会增强。

父辈转移性支出对子辈家庭外出务工人数具有显著的正向影响，回归系数为 0.359，在 1% 的水平下显著。舒黎（2017）认为父辈人情往复开支的增加，往往预示着新的社会关系被建立，而其中有不少是与本地其他已经有外出务工门路的家庭建立的联系。这时，子辈往往会因为父辈人情关系变得更加有质量，而获得外出务工的更好机会。

父辈对政策信任程度对子辈家庭外出务工人数存在显著正向影响，回归系数为 0.312，在 1% 的水平下显著。我国扶贫政策中，有很多是鼓励外出务工的政策，贫困家庭的父辈，如果认可政策中的内容，相信政策能够为改变家庭面貌发挥作用，就会动员子辈外出务工。

父辈参与村务管理程度对子辈家庭外出务工人数有显著的正向影响，回归系数为 0.481，在 1% 的水平下显著。父辈参与村务管理活动越频繁、越密集，对扶贫政策的领悟就越透彻，同时也越会认为，要想改变贫困的状况，就要走出这种传统农业发展的道路，转而到外地务工或者在本地跳出农业领域，这时子辈会受其影响，增加到外地务工的概率。

父辈与村干部关系对子辈家庭外出务工人数有显著正向影响，回归系数为 0.324，在 1% 的水平下显著。这意味着，父辈与村干部的关系越好，子辈就越容易外出务工。村干部对政策的把握更加清晰，拥有的外部就业资源更加丰富，有时候会向关系较好的人提供一些这方面的信息，这些信息对父辈向子辈传递外出务工消息具有很大帮助，直接导致子辈家庭外出务工人数的增加。

3. 对子辈转移性支出的影响

在此使用多元线性回归模型检验父辈社会资本对子辈转移性支出的影响，结果如表 7 - 12 所示。

表 7 – 12　父辈社会资本对子辈转移性支出的影响

父辈社会资本	系数
父辈邻里融洽程度	0.452 ***
父辈家庭外出务工人数	0.375 ***
父辈转移性支出	0.594 ***
父辈对政策信任程度	0.344 **
父辈参与村务管理程度	0.468 ***
父辈与村干部关系	0.339 ***
调整后的 R^2	0.499
F 值	55.772
P 值	0.000

　　从回归结果中可以发现，F 值对应的 P 值为 0.000，在 1% 的水平下，解释变量对被解释变量的影响显著；调整后的 R^2 值为 0.499，说明回归模型具有较高的拟合优度，父辈六个维度的社会资本对子辈转移性支出具有较强的解释力。

　　从回归结果来看，父辈邻里融洽程度对子辈转移性支出存在显著的正向影响。父辈与邻里之间保持融洽的关系，就自然会加强家庭之间的互动，子辈之间也因此建立了密切的联系，在父辈的影响下，加上子辈与子辈之间的友谊，子辈会学习父辈为了维持良好的社会关系而付出更多的金钱成本。因此，这一回归结果在理论上是能够解释的。

　　父辈家庭外出务工人数经检验对子辈转移性支出有显著的正向影响，回归系数为 0.375，在 1% 的水平下显著。在父辈外出务工后，家里的很多事情要由子辈来处理，那么维持与关系紧密家庭的社会关系，就自然而然地成为子辈需要完成的任务，子辈从父辈那里学习了通过转移性支出来巩固和密切人情关系的方法，并将这一方法付诸实践，为自己和家庭的社会关系付出一定程度的努力。

　　父辈转移性支出对子辈转移性支出具有显著的正向影响，回归系数为 0.594，在 1% 的水平下显著。江媛（2015）的研究认为，父辈在人情上的消费模式，往往会成为子辈效法的对象，子辈从父辈通过金钱维系与亲友关系的过程中，掌握到这一人情往复的基本手段，并运用在自己身上。这种从父辈习得的生活经验，使得父辈的社会关系维系模式被子辈所获得，并有可能成为子辈摆脱贫困的重要途径。

父辈对政策信任程度对子辈转移性支出存在显著正向影响，回归系数为 0.344，在 1% 的水平下显著。父辈对政策的信任程度看起来与子辈转移性支出没有必然联系，但是父辈对扶贫政策越是信任，越是愿意按照政策指引的方向去行事，而要达到政策所确立的目标，就必然需要有更多的社会联系。依据这一经验，父辈常常会要求子辈在人情开支上不要吝啬，只有肯投入，才能够获得更多的机会，在朝着政策指引的方向努力的时候，这种围绕人情关系支出的方式，会成为子辈应对贫困、摆脱贫困的重要生活方式。

父辈参与村务管理程度对子辈转移性支出有显著的正向影响，回归系数为 0.468，在 1% 的水平下显著。父辈参与村务管理活动越多，与其他村民特别是与和自身有着同样利益诉求的农村家庭，保持的联系就越紧密。这时，为了维系这一新建立的社会网络，在人情开支上必然会有所增加，而子辈同样会因为介入了父辈的社交网络，而增加转移性支出。

父辈与村干部关系对子辈转移性支出有显著正向影响，回归系数为 0.339，在 1% 的水平下显著。父辈与村干部关系越紧密，父辈就越会成为周围村民关注的焦点，以及村落中社会关系的纽带。这时，子辈在父辈的社交圈范围内，会与更多其他村民建立联系，为了维持这一联系，就必然会增加一部分转移性支出，以应对人情往复的需要。

4. 对子辈对政策信任程度的影响

在此使用多元线性回归模型检验父辈社会资本对子辈对政策信任程度的影响，回归结果如表 7 - 13 所示。

表 7 - 13　父辈社会资本对子辈对政策信任程度的影响

父辈社会资本	系数
父辈邻里融洽程度	0.436 ***
父辈家庭外出务工人数	0.322 ***
父辈转移性支出	0.367 ***
父辈对政策信任程度	0.583 **
父辈参与村务管理程度	0.422 ***
父辈与村干部关系	0.346 ***

父辈社会资本	系数
调整后的 R^2	0.428
F 值	55.292
P 值	0.000

从回归结果中可以发现，F 值对应的 P 值为 0.000，在 1% 的水平下，解释变量对被解释变量的影响显著；调整后的 R^2 值为 0.428，说明回归模型具有较高的拟合优度，父辈六个维度的社会资本对子辈对政策信任程度具有较强的解释力。

从回归结果来看，父辈邻里融洽程度对子辈对政策信任程度的回归系数为 0.436，在 1% 的水平下显著，说明存在显著的正向影响。对政策的深度理解，有时需要在与其他农户的交流中得以实现。父辈在与保持紧密联系的其他家庭交往的过程中，常常会一起讨论政策的问题。这时，就更容易通过他人之口，了解政策，熟悉政策，进而产生按照政策指导开展脱贫的想法。子辈在父辈的影响下，对政策的熟悉程度、信任程度也会较高。

父辈家庭外出务工人数经检验对子辈对政策信任程度有显著的正向影响，回归系数为 0.322，在 1% 的水平下显著。父辈在外出务工之后，对国家鼓励农民工转移就业、通过务工克服贫困的政策更加熟悉，这时就会引导自己的子女外出务工，这样可以多一个人增加家庭的收入，因而子辈对扶贫政策的熟悉程度和信任程度也就较高。

父辈转移性支出对子辈对政策信任程度具有显著的正向影响，回归系数为 0.367，在 1% 的水平下显著。赵静（2018）认为父辈转移性支出的增加势必带来与亲友关系的紧密，同时也会带来很多新的社会关系，这些关系中，自然有一些会通过扶贫政策使之获得增收的机会。这些案例对父辈向子辈解释脱贫的重要性发挥了支撑作用，子辈也会因为看到更多人在亲友的帮助下，在政策的支持下脱贫的情形，而更加理解和信任政策。

父辈对政策信任程度对子辈对政策信任程度存在显著正向影响，回归系数为 0.583，在 1% 的水平下显著。父辈对政策的信任，来自亲友的介绍，同时也来自按照政策行事而带来的好处，这就促使父辈向子辈传递经验，久而久之，子辈在父辈影响下，对扶贫政策的熟悉程度就有所提高，进而越来越信任。

父辈参与村务管理程度对子辈对政策信任程度有显著的正向影响，回归系数为 0.422，在 1% 的水平下显著。父辈参与村务管理活动越多，就意味着带领村民致富的行动力和决策力越强，而要实现这一目标，势必要对党和政府的扶贫政策有深入的了解。在父辈的影响下，子辈会提高对扶贫政策的熟悉程度，进而提升脱贫的能力和水平。

父辈与村干部关系对子辈对政策信任程度有显著正向影响，回归系数为 0.346，在 1% 的水平下显著。陆铭和张爽（2008）的研究认为，父辈与村干部的关系能够改变子辈对村干部的认知。从扶贫角度来看，父辈与村干部的关系越好，子辈就越信任村干部；同时，村干部是传达政策的重要信息节点，是党在基层政策的宣传基站。所以，父辈如果与村干部关系很好，子辈则可能会对政策十分信任。

5. 对子辈参与村务管理程度的影响

在此使用多元线性回归模型检验父辈社会资本对子辈参与村务管理程度的影响，回归结果如表 7 - 14 所示。

表 7 - 14　父辈社会资本对子辈参与村务管理程度的影响

父辈社会资本	系数
父辈邻里融洽程度	0.458 ***
父辈家庭外出务工人数	0.338 ***
父辈转移性支出	0.322 ***
父辈对政策信任程度	0.402 ***
父辈参与村务管理程度	0.617 ***
父辈与村干部关系	0.356 ***
调整后的 R^2	0.457
F 值	54.432
P 值	0.000

从回归结果中可以发现，F 值对应的 P 值为 0.000，在 1% 的水平下，解释变量对被解释变量的影响显著；调整后的 R^2 值为 0.457，说明回归模型具有较高的拟合优度，父辈六个维度的社会资本对子辈参与村务管理程度具有较强的解释力。

从回归结果来看，父辈邻里融洽程度对子辈参与村务管理程度的回归系数为 0.458，在 1% 的水平下显著，说明存在显著的正向影响。罗连发和叶初升（2015）认为父辈的邻里融洽能够有效带动子辈参与村民自治，建立更加广泛的基层政治连接。从减贫视角来看，父辈邻里融洽程度越高，就越可能带动子辈与邻里形成良好的社会联系，而村民自治正是村民凝聚起来、共同管理村务的一种形式，与其他村民保持较好关系的子辈，自然更有可能融入村务管理，特别是减贫方面的自治活动。

父辈家庭外出务工人数经检验对子辈参与村务管理程度有显著的正向影响，回归系数为 0.338，在 1% 的水平下显著。赵静（2015）的研究指出父辈家庭外出务工人数越多，子辈承担家庭决策的责任越重。就村务工作而言，父辈家庭外出务工人数增多以后，村务逐渐由留守的子辈参与管理，特别是本章研究关注的平均年龄在 26 岁左右的年轻人，这部分群体有了辨别是非的能力，同时也有参与村务、开展村务管理的决策能力和执行能力，因此承担的责任也就更大，参与的活动也就更多。

父辈转移性支出对子辈参与村务管理程度具有显著的正向影响，回归系数为 0.322，在 1% 的水平下显著。父辈转移性支出越多，父辈与亲友的联系就越紧密，子辈在父辈的带动下，同样会增强与其他村民的联系，进而融入村民自治的活动中，参与到村务管理的决策和执行中。

父辈对政策信任程度对子辈参与村务管理程度存在显著正向影响，回归系数为 0.402，在 1% 的水平下显著。父辈对政策的信任程度越高，在政策的指引下，越有可能逐步摆脱贫困，子辈就会在其影响之下，对政策有更强的信任，进而主动与父辈一起参与村务管理和决策。

父辈参与村务管理程度对子辈参与村务管理程度有显著的正向影响，回归系数为 0.617，在 1% 的水平下显著。父辈参与村务管理的事务越多，子辈在其影响下自然会接触到更多的村务，逐渐融入村务管理的大氛围中，成为村民自治的一员。

父辈与村干部关系对子辈参与村务管理程度有显著正向影响，回归系数为 0.356，在 1% 的水平下显著。父辈与村干部的关系越紧密，其家庭与村干部的关系也就越好，子辈作为家庭成员，对村干部的认识也就越深刻，关系自然也就越密切，进而参与到村干部所牵头的村务管理中。

6. 对子辈与村干部关系的影响

在此使用多元线性回归模型检验父辈社会资本对子辈与村干部关系的影响，结果如表 7 - 15 所示。

表 7 - 15 父辈社会资本对子辈与村干部关系的影响

父辈社会资本	系数
父辈邻里融洽程度	0.478***
父辈家庭外出务工人数	0.354***
父辈转移性支出	0.343***
父辈对政策信任程度	0.423***
父辈参与村务管理程度	0.428***
父辈与村干部关系	0.673***
调整后的 R^2	0.465
F 值	54.392
P 值	0.000

从回归结果中可以发现，F 值对应的 P 值为 0.000，在 1% 的水平下，解释变量对被解释变量的影响显著；调整后的 R^2 值为 0.465，说明回归模型具有较高的拟合优度，父辈六个维度的社会资本对子辈与村干部关系具有较强的解释力。

从回归结果看，父辈邻里融洽程度对子辈与村干部关系的回归系数为 0.478，在 1% 的水平下显著，说明存在显著的正向影响。江媛（2015）认为父辈与邻里关系越融洽，与村干部的关系就越好，越容易做出协助村干部管理村务的行动。由于父辈与邻里关系融洽，子辈自然与邻里的关系融洽，进而与村干部保持较好的关系。

父辈家庭外出务工人数经检验对子辈与村干部关系有显著的正向影响，回归系数为 0.354，在 1% 的水平下显著。父辈家庭外出务工人员越多，留守的子辈就越会参与到村务决策和管理中，与村干部的关系也就越密切。

父辈转移性支出对子辈与村干部关系具有显著的正向影响，回归系数为 0.343，在 1% 的水平下显著。父辈的转移性支出越多，在人情方面保持的社会关系也就越紧密，其中必然会包括村干部，而子辈受父辈影响，也会将村干部作为重要的社会关系成员，与之保持较好的关系。

父辈对政策信任程度对子辈与村干部关系存在显著正向影响，回归系数为 0.423，在 1% 的水平下显著。父辈对政策的信任程度越高，就越容易认同村干部的工作，进而与之保持密切的关系，子辈受父辈影响，自然也会保持与村干部的良好关系。

父辈参与村务管理程度对子辈与村干部关系有显著的正向影响，回归系数为 0.428，在 1% 的水平下显著。父辈较多参与村务管理的活动，必然会与村干部的工作有更多交集，进而带动子辈与村干部保持良好关系。

父辈与村干部关系对子辈与村干部关系有显著正向影响，回归系数为 0.673，在 1% 的水平下显著。父辈与村干部关系越紧密，村干部与子辈所在家庭的关系也就越紧密，进而子辈自身对村干部的认同程度就越高、关系越好。

（三）社会资本代际传递与贫困代际传递的相互作用

上文通过回归分析，验证了父辈社会资本对子辈社会资本具有显著的正向影响，也就说明父辈的社会资本越多，子辈的社会资本自然也就越多。那么这种社会资本的代际传递，与贫困的代际传递之间关系如何呢？这是接下来的分析所要回答的问题。由于社会资本的代际传递与贫困的代际传递之间的关系，难以通过定量统计检验，所以本章采用访谈的形式，将子辈作为访谈对象，用定性的方式分析二者之间的关联。

1. 邻里融洽程度代际传递与贫困代际传递

Narkse（1953）认为贫困的代际传递与社会资本之间的关系是十分紧密的，拥有丰富社会资本的人，普遍具有广泛而连接紧密的社会网络，进而容易获得更多人的支持，有利于在互帮互助中找到摆脱贫困、增加收入的机会。从前文的回归结果来看，父辈邻里融洽程度对子辈邻里融洽程度的影响最大（回归系数最大），这就意味着父辈与子辈之间，在邻里融洽程度上具有社会资本的代际传递效应。而这种传承往往会使得子辈获得父辈的社会资源和既有的社会网络。一方面，父辈会主动为子辈寻求脱贫的机会；另一方面，子辈会发挥与邻里关系较好家庭成员的联系作用，自主寻求社会支持，获得脱贫致富的机会，进而改变贫穷的面貌。

父辈与邻里之间的关系网络，在合作社中得到进一步巩固，并由邻里向外部进一步扩展，这些关系网络最终为原先在家务农的子辈打开了进城就业的门路。可见，父辈邻里融洽程度传递给了子辈，并成为子辈谋生和家庭脱贫增收的新出路。通过对调查数据的分析可以发现，在邻里关系上比较融洽的家庭，年人均收入均值为 8765 元，高于邻里关系不融洽的家庭（年人均收入均值为 6437 元）。进一步证实了，父辈向子辈传递的邻里融洽程度，能够对阻断贫困代际传递产生积极的影响。

2. 家庭外出务工人数代际传递与贫困代际传递

Ravallion 和 Lokshin（2010）认为外出务工是农村人口摆脱贫困的有效途径。赵静（2018）等国内学者同样认为，近年来我国实施的脱贫攻坚工作，从某种意义上说，就是帮助贫困人口实现就业，而引导农村贫困人口向城市流动，寻求更多的就业机会，也是其中一项重要的政策措施。可见，外出务工人数越多，对当地减贫工作的正面作用越大。前文回归结果显示，父辈家庭外出务工人数在诸多维度社会资本中，对子辈家庭外出务工人数的正向影响最大（回归系数最大），这意味着家庭外出务工人数存在明显的代际传递现象。陆铭、张爽和佐藤宏（2010）认为父辈外出务工，经过一段时间通常是几年的漂泊和探索，在城市积累了一定的社会关系，同时也寻求到一定的就业支持和就业信息，这为子辈外出务工提供了机会。依循这一思路，不难发现，子辈就可以通过父辈所提供的就业门路，获得外出务工增收的机会，更加有助于摆脱家庭贫困的状态。

父辈在外出务工中更容易获得外界的就业信息，并积攒一部分社会资源，这些社会资源可以用来为子辈推荐工作，使得子辈提高外出务工成功的概率，进而促使整个家庭更快地摆脱贫困。通过对问卷调查情况的统计发现，父辈和子辈同时外出打工的比重为 63%，这部分样本家庭年人均收入均值为 10134 元，大大高于父辈或子辈未外出务工的家庭（年人均收入均值 5268 元），说明父辈带动子辈外出务工，能够有效阻断贫困代际传递。

3. 转移性支出代际传递与贫困代际传递

Cerioli 和 Zani（1990）以及陆铭、张爽和佐藤宏（2010）等学者针对中国文化情境，指出人情往复的开支越多，越有助于提升人际关系和社交网络的质量，有助于获得更多的社会支持和摆脱贫困的机会。从前文回归结果来看，父辈转移性支出对子辈转移性支出的正向影响最大（回归系数最大），这就意味着转移性支出存在显著的代际传递效应。转移性支出的代际传递，会使得子辈掌握父辈建立密切社会关系的方法、手段和经验，同时也有助于子辈将父辈的社会关系承接过来，成为自己的人脉资源，使自身获得更多发展的机会，尽早实现脱贫。

父辈的人情往复开支虽然大，但是为子辈积累了丰富的资源，从而不仅解决了工作问题，还提供了新的发展机会，使得子辈有条件进一步改善生活，通过创业改变自己家庭的贫困命运。通过对问卷调查情况的统计发现，父辈和子辈同时产生转移性支出的占74%，这部分样本家庭年人均收入均值为9628元，大大高于父辈或子辈没有转移性支出的家庭（年人均收入均值为6158元），说明父辈带动子辈在人情往复上支出，能够有效阻断贫困代际传递。

4. 对政策信任程度代际传递与贫困代际传递

江燕（2016）认为，群众只有信任政府出台的扶贫政策，才能够更好地融入政策的大环境中，从中获得发展和脱贫的机会。回归结果显示，父辈对政策信任程度对子辈对政策信任程度的正向影响最大（回归系数最大），因而对政策信任程度存在显著的代际传递效应。基于这种传递，子辈就能够从政策中获得新的发展机会，从而更好地摆脱贫困。

父辈对政策的信任能够影响子辈同样信任政策，并从中发现更多的政策机会，帮助家庭摆脱贫困，这说明对政策信任程度的代际传递，能够更好地减弱贫困的代际传递效应。通过对问卷调查情况的统计发现，父辈和子辈同时对政策信任的占61%，这部分样本家庭年人均收入均值为11216元，大大高于父辈或子辈对政策不信任的家庭（年人均收入均值为6368元），说明父辈带动子辈增强对政策的信任，能够有效阻断贫困代际传递。

5. 参与村务管理程度代际传递与贫困代际传递

舒黎（2017）认为村民参与村务管理的程度越高，一方面越容易获得脱贫政策信息，另一方面在村集体组织的脱贫工程中，越有参与的积极性与主动性，甚至发挥带头作用，自我脱贫的效果越好。从前文回归结果来看，父辈参与村务管理程度对子辈参与村务管理程度的正向影响最大（回归系数最大），这意味着参与村务管理程度存在显著的代际传递效应。

父辈参与村务管理的行动，使得子辈也成为村务管理的一员，并逐渐发挥了脱贫带头人的作用。通过对问卷调查情况的统计发现，父辈和子辈

同时参与村务管理的占 39%，这部分样本家庭年人均收入均值为 12216
元，大大高于父辈或子辈不参加村务管理的家庭（年人均收入均值为 7428
元），说明父辈带动子辈参与村务管理，能够有效阻断贫困代际传递。

6. 与村干部关系代际传递与贫困代际传递

赵静（2018）认为，贫困家庭与村干部的关系越好，就越容易获得最
新的扶贫政策信息，同时也越容易争取到一些扶贫项目。通过前文回归结
果发现，父辈与村干部关系对子辈与村干部关系的正向影响最大（回归系
数最大），这表明与村干部关系这一社会资本存在显著的代际传递效应。
基于这一判断，父辈与村干部的关系越好，子辈就越会与村干部保持密切
的联系，进而越有可能获得脱贫的机会和信息。

父辈与村干部关系在传递给子辈之后，确实有助于提供更多的脱贫机
会，有助于弱化贫困代际传递效应。通过对问卷调查情况的统计发现，父
辈和子辈与村干部关系均保持良好的占 71%，这部分样本家庭年人均收入
均值为 9936 元，大大高于父辈或子辈与村干部关系不佳的家庭（年人均
收入均值为 5973 元），说明父辈带动子辈与村干部保持良好关系，能够有
效阻断贫困代际传递。

四　结论与启示

（一）结论

脱贫攻坚是党的十九大以来我国实施的重大工程，是全面实现小康社
会的最重要工作。近年来，我国在脱贫攻坚领域力度空前，各地脱贫人数
都在快速上升。本章重点关注了社会资本对贫困代际传递的影响，采用了
定量研究与定性研究相结合的方法，通过多元回归分析，验证了社会资本
中父辈邻里融洽程度、父辈家庭外出务工人数、父辈转移性支出、父辈对
政策信任程度、父辈参与村务管理程度、父辈与村干部关系对子辈相应的
社会资本指标存在显著的正向影响，并且同类指标的影响最大。这就意味
着，父辈与子辈之间在社会资本方面存在显著的代际传递效应。同时本章
检验了社会资本对贫困有显著的改善作用。进而，通过访谈法，验证了社
会资本的代际传递能够显著弱化农村家庭贫困的代际传递效应。

（二）启示

基于本章研究结论，如果要从政策层面提出促进农村减贫的建议，就必须围绕充分发挥各维度社会资本作用采取措施。从社会资本六个方面指标的具体内涵来看，最关键的就是三个层面。第一，人际关系网络层面，也就是建立贫困家庭与外界资源的关系网络连接，这个网络的分布越广泛，连接点越多，就越能够增加可用社会资本。因此，帮助贫困家庭建构与外界的联系是一个重要的政策措施，可以通过建立互助合作组织来完成对贫困家庭建构人际关系网络的引导。第二，政策效力层面，政府在帮助贫困家庭建构人际关系网络方面难以发挥直接的作用，但是能够在帮助贫困家庭承接人际关系网络带来的社会资本上发挥作用，即提高扶贫政策的效率，包括加大扶贫政策的经费支持力度以及建构参与式的扶贫机制、建立更加丰富的培训体系等，这些能够增强贫困户脱贫的技能、运用社会资本的主动性，以及有助于更好地释放社会资本的效力。第三，社会网络层面，人际关系网络是基于贫困家庭及个人建构的关系网络，而社会网络是连接个人关系网络与外部社会资本的重要桥梁，比如政府可以动员社会组织参与到扶贫工作中，通过各种社会组织、协会、团体等帮助贫困家庭摆脱贫困。

1. 完善扶贫机制

根据前文分析可知，父辈的社会资本能够对子辈的社会资本中的不同维度产生相应的影响，进而通过子辈的社会资本变化，助力子辈脱贫。这一过程并不是一蹴而就的，也不是单纯依靠社会资本就能够完成的。至少需要政府扶贫机制的引导和保障，才能够顺利地让有脱贫意愿的农村家庭在社会资本的作用下，摆脱贫困。基于社会资本的作用机理，笔者认为，社会资本要发挥减贫效应，就势必要有贫困家庭的广泛参与以及政府资金的必要扶持。为此，参与式扶贫①和高效配置扶贫资金是重点。

社会资本诸多要素中，既包括家庭与家庭之间的关系，也包括家庭和

---

① 参与式扶贫是近年来呈现的一种扶贫的新形式，这种形式在 20 世纪 80 年代被使用在世界银行及类似国际组织开展的国际援助工作当中。指，政府不只是向贫困家庭输送资金，帮助它们脱贫，而是将资金援助作为一种手段，更多的是调动贫困家庭主动发展当地经济、主动参与扶贫项目的积极性，从而实现脱贫。

村干部、自治组织等方方面面的关系。基于参与式扶贫的内涵可知，贫困农村家庭只有借助社会资本中的社会网络资源，并融入整个社会网络，才能够获得相应支持，这一获得社会支持的过程，也就是参与式扶贫的核心和关键。参与就是融入关系网络中，扶贫的关系网络就是政府部门、社会各界、村委会、农村自治组织等方方面面的主体构成的关系网络。解决农村家庭贫困代际传递的问题，主体是贫困户自身，只有调动起贫困户自主脱贫的积极性，加上政府发挥铺路搭桥的作用，才能够更好地释放社会资本的效用，并推动脱贫攻坚工作可持续地开展下去，最终达到全面脱贫的目标。

此外，须完善扶贫资金管理机制，扶贫资金管理机制是参与式扶贫的在贫困农村家庭脱贫方面的重要体现。即，贫困农村家庭需要通过扶贫资金管理的公平、高效、自主化，来主动地选择资金的使用和配置方向。根据这一点，必要通过社会资本作为中介，因为只有通过社会资本决定的关系网络，将贫困农村家庭纳入这个资金使用决策过程中，才能够更加充分地体现贫困农村家庭的需求，进而提高减贫的效率。

2. 加强贫困地区的劳动力培训

充分利用社会资本，需要贫困户自身有扎实的能力，能够承接好社会资本带来的人际关系支持。对贫困户进行常规的培训是乡镇、村的重要工作，应当针对贫困户再就业培训情况开展跟踪问效，让贫困劳动力特别是青壮年的劳动力能够接受再教育，提高他们的劳动技能和本领。贫困代际传递与贫困家庭中劳动力的工作能力较差有一定的关系，这方面应当充分发挥村干部的作用，积极向外引进新的培训人员和各种新的生产技术。有时候，贫困户对新技术是排斥的，这时村委会干部就应当及时开展宣传，将政府部门推广的各种技能培训政策宣传到位，在帮助农村劳动力转移的基础上尽快实现其工作能力的提升。

在培训模式的选择上，应当注重创新，培训方式需要多样化。例如，本地培训与本地就业相结合，培训结束后就可以在本地企业入职就业；也可以采用外地培训的方式，当地培训机构和外地培训机构联合办学，优先培训本地贫困劳动力，提高其就业率；建立贫困户、企业和培训机构三位一体的培训模式，这种情况下，为了充分发挥社会资本的作用，须将贫困户以及企业、培训机构融为一体，使得贫困户能够通过培训获得更多的社会资本和致富机会。

3. 充分利用非营利组织的作用

非营利组织的范围非常广泛，但是也正因为覆盖面广，该类组织才具备广泛的社会网络、丰富的社会资本。团体之间、协会之间等可以围绕扶贫开展合作。民间组织可以将群众自组织作为重要形式，通过非营利组织为贫困户的自组织提供帮助，进而提高贫困户的参与程度。由此，以非营利组织和贫困户为核心的关系网络就逐步建立起来，之后，就能形成更加广泛的劳动力供求网络，形成专业化的劳动力供求市场。在这一过程中，应当注重建立统一的就业服务工作平台，完善当地的乡村就业市场，尤其是发挥非营利组织员工在广泛动员社会力量、深度帮助贫困户方面的作用和价值。

第八章　社会资本的差异分配与农村减贫

一　引言

贫困不是一个简单的收入差距概念，绝不是收入比别人低多少那么简单。起初，由于计算简单且易于为大众所理解，贫困线在实践中被广泛应用，从而强化了人们从收入角度对贫困的认知（张建华和陈立中，2006）。但 Watts（1968）和 Sen（1976）认为，单纯强调收入和消费导致贫困线的外生给定，在资源有限的条件下会误导政府的反贫困政策，政府为实现政治目标倾向于补贴那些离贫困线最近的穷人，而非那些处于贫困最底层的人，从而带来发展的危害性。按照贫困的代际传递理论，贫困是自我维持的文化体系表现，它落后保守并在代际传递，渗透于穷人的社会参与、经济生活、家庭关系和社区环境之中（Lewis，1976）。如果人们能够从所在的社会网络、信任及社团等社会互动中获取社会资源，那么他们不但能够获得自身创造收入的能力和机会（Lin，Vaughn and Ensel，1981），甚至可能在某种程度上减少社会排斥（Cleaver，2005）。这正符合社会资本理论的思想，社会资本是一种存在于民众个人间交往关系中的经济资源，是一种社会网络以及由这种社会网络产生的相互信任与互惠模式，诸如信任、规范以及网络，它们能够通过促进合作来提高效率（Putnam，Leonardi and Nanetti，1993），特别是能够显著降低低收入群体的整体贫困程度，被称为"穷人的资本"（Grootaert，2001）。一些研究也发现，社会资本能够为贫困群体提供非正式保险机制（Coate and Ravallion，1993），降低外部对家庭成员的负面冲击力度（徐伟、章元和万广华，2011），同时它能够有效地促进农村劳动力的流动，增加农民工的就业和收入（郭云南和姚洋，2013）。

但令人困惑的是，在越是文化传统深厚的农村地区，贫困现象越是普遍，且具有地理上的集中连片和时间上的稳定特征。我国的贫困人口主要分布在农村，1978 年，农村贫困人口占全国贫困人口的 87%。按照我国的扶贫标准，截至 2013 年底我国还有 8249 万农村贫困人口，全国有 12 万多个贫困村。研究农村贫困的性质，并探讨农村贫困的决定因素具有重要意义。本章在 2015 年对山东、河南、陕西三省调查数据的基础上，对农村家庭贫困的性质及其与社会资本的关系进行研究，以期提供反贫困的理论依据。

二 农村家庭样本描述

山东、河南、陕西三省，大体上位于农耕经济体系的核心区域，以平原地区为主，虽然从地理空间上看依次相依，但分别处于东、中、西部——我国开发开放的三大梯度地带。调查采取入户调查的方法，由调查者向受访家庭主要成员详细介绍调查目的及数据使用范围，以消除被调查者的顾虑。同时，为避免被调查者之间对一些社会资本指标存在理解上的差异，问卷由调查者基于对被调查者的询问填写，以尽可能免除误差。调查一共回收有效问卷 461 份，分别为山东 142 份、河南 217 份、陕西 102 份，共分布在 67 个市县，样本分布如表 8-1 所示。

表 8-1 农村家庭调查中样本家庭分布

省（市县数：个）	市县（调查家庭数：户）
山东（13）	天桥（17）、邹平（9）、枣庄（8）、新泰（12）、诸城（8）、平度（9）、广饶（10）、郯城（10）、蒙阴（10）、章丘（15）、即墨（15）、临沭（8）、临朐（11）
河南（44）	新密（9）、栾川（1）、济源（5）、扶沟（9）、夏邑（8）、杞县（8）、浉河（4）、社旗（4）、临颍（7）、内黄（6）、商丘（7）、固始（15）、西平（8）、虞城（8）、睢县（4）、南阳（7）、香山（4）、沈丘（4）、泌阳（4）、开封（8）、淅川（4）、潢川（4）、太康（1）、沁阳（4）、项城（4）、登封（1）、内乡（3）、鹿邑（4）、濮阳（8）、辉县（6）、嵩县（4）、滑县（4）、上蔡（2）、遂平（4）、民权（3）、永城（4）、鄢陵（4）、许昌（5）、新郑（4）、镇平（4）、柘城（4）、睢阳（1）、襄城（1）、汤阴（4）
陕西（10）	宝鸡（10）、长安（10）、高陵（20）、汉中（12）、户县（8）、泾阳（10）、蓝田（10）、洛南（2）、商明（10）、子洲（10）

在调查中，内容主要包括两大部分。第一部分是农村家庭的基本情况，涉及农村家庭户主及构成信息、家庭收入及消费、家庭农业生产经营活动、家庭非农业经营情况等。第二部分是农村家庭社会资本情况，参考世界银行设计的社会资本指标体系，分为群体与网络、信任与团结、集体行动与合作、信息与交流、社会凝聚力与包容力、权力与政治行动六个大类，其下又划分为27个小类。

统计来看，本次调查的461户农村家庭人均纯收入为4548.38元，低于2011年全国农村居民人均纯收入6977元。但从农村家庭人口规模来看，461户家庭平均4.38人，4口家庭占全部样本的比重高达45.99%，远高于2010年全国人口普查四人户21.03%的比重。按照我国2011年人均纯收入2300元的贫困线标准，样本中贫困家庭有110户，占全部样本的23.86%，涉及人口518人，占全部样本总人口2019人的25.66%。这110个家庭在山东、河南和陕西三省分别为37户、51户和22户，占各自调查样本的26.06%、23.50%和21.57%。

由于我们在家庭基本情况部分设计了对户主政治面貌、文化程度的衡量指标，从而易于理解以户主为核心的社会资本性质。在一些重要的文献里，政治面貌被作为社会资本的重要指标来使用，并且获得了很好的经济解释（杨瑞龙、王宇锋和刘和旺，2010；胡荣，2006）。本次调查的461户中户主为党员的有45户，占比为9.76%，而贫困户中户主为党员的有7户，占比为6.36%，低于非贫困户的10.83%。从受教育程度来看，户主为初中文化程度的比重最大，在全部样本中占比为41.7%。如果把所有样本分为初中及以下组和高中及以上组，则贫困户中高中及以上文化程度的比重为21.81%，非贫困户则为24.78%，存在明显差距。

在家庭生产经营活动中，设定了种植业、养殖业、家庭手工业、工业、家庭副业、外出务工和其他共7个可多选的选项。统计结果表明，单选种植业的有58户，399户的选择包含种植业，分别占12.58%和86.55%；单选外出务工的有22户，选择包含外出务工的有334户，分别占4.77%和72.45%；单选养殖业和工业（即工业业主）的均有3户；单选家庭副业的有12户；单选其他的有17户，其中7户填写医生、8户填写跑运输、2户未填写。而对于110户贫困家庭而言，单选种植业的有17户，占比为15.45%，远高于非贫困家庭11.68%的比重，而且没有单选外出务工及其他的家庭。这表明对于贫困农户而言，高度依赖传统种植业是较为显著的特征。

对土地的态度及土地流转情况也印证了上述结果。通过设定土地流转、弃耕和对土地收益的评价三个选项来考察，发现进行土地流转的农户有 33 户，占比为 7.16%，勾选弃耕的有 14 户，占比为 3.04%①；认为种地收益太低不划算的有 75 户，认为种地收益低但仍然会种地的有 141 户，以上两项合计占 46.85%。但在贫困户中，有土地流转的仅 2 户。实际上，在实地访谈中，那些仅以种地为生的家庭多是用"不种地还能干什么呢？"来回答"为什么只想到种地"的提问，这种因果循环的问答表明了贫困与传统种植业的某种内在关系。

三 农村家庭社会资本的差异分配

根据五点量表法对六类社会资本下的 27 个小类进行赋值，并按照简单算术平均法进行汇总计算，得到家庭社会资本的直观表达。为研究社会资本在农村减贫中的作用，需要讨论农村家庭社会资本的差异分配，并通过不同类型的分组来观察这种差异的性质。贫困与非贫困两类家庭社会资本的结构差异如表 8－2 所示。

表 8－2　两类家庭社会资本结构差异

社会资本	全部家庭			非贫困家庭		贫困家庭	
	均值	标准差	F 值	均值	标准差	均值	标准差
群体与网络	6.71	1.02	0.857 ***	7.15	1.09	6.64	0.99
信任与团结	6.97	1.44	0.886 ***	7.23	1.31	6.93	1.46
集体行动与合作	5.93	1.74	0.175	5.83	1.78	5.95	1.74
信息与交流	5.03	1.48	0.134	4.76	1.49	5.08	1.47
社会凝聚力与包容力	6.17	1.29	0.290 **	6.27	1.10	6.15	1.32
权力与政治行动	5.92	1.24	0.351 **	6.06	1.41	5.89	1.21

注：***、**、* 分别表示在1%、5%、10%的水平上显著；本章余同。

① 弃耕和生产经营活动选项并不必然重合或一致，对受访者解释弃耕的含义是"耕地没有转包给别人，但有过一季度撂荒就算"。

对于两类家庭而言，社会资本赋值总体上存在差距，非贫困家庭在"群体与网络""信任与团结""社会凝聚力与包容力""权力与政治行动"等四类社会资本上均显著高于贫困家庭，而在"集体行动与合作"和"信息与交流"两类社会资本上虽然贫困家庭的均值较高，但差异并不显著。基本结论为，越高收入家庭对应越高社会资本水平。因为每一大项社会资本下均有数目不同的分项指标，并对应农村家庭的具体社会资本内容，深入分析后会有更细致的发现。

1. 群体与网络

对"群体与网络"设计的主要问题是："你有多少亲朋好友能够在你困难时帮助你？"两类家庭存在明显的差别，贫困家庭选择"很多"的有 9 户，占 8.18%，而选择"很少"的有 95 户，占 86.36%；而非贫困家庭在此项问题上的选择分别为 40 户和 180 户，占比则分别为 11.40% 和 51.28%。由于我们对"亲朋好友"的定义是"像家人但不是家人的人"，实际上是将这一圈子向具有一定血缘关系的亲戚倾斜。显然，即使在传统文化深厚的农村，收入低的群体也存在"较少朋友"的情形（见表 8-3）。

表 8-3　两类家庭群体与网络比较结果

家庭类型	均值	标准差	均值差/sig.
非贫困家庭	7.19	2.76	1.37***/0.00
贫困家庭	5.82	2.56	

进一步，我们设计了与上题相互印证的问题："如果你突然需要一大笔钱，甚至超出了你的亲属的承受能力，你可能从他们那里借到钱吗？"分组比较结果显示，贫困家庭能够借到钱的可能性远低于非贫困家庭。

2. 信任与团结

在多数研究中，人们是把信任当作社会资本来等同使用的，包括普特南等有关社会资本的早期研究文献。纽顿（2012）通过研究指出，社会信任与政治信任之间存在重叠关系，而且个体中也存在信任/不信任的天性，但在国家和社会层面应具有能够支持信任重要性的理论证据。在本次调查中，我们设计了了 3 个信任选项，分别是"社会信任：本村的人会在你困难的时候帮助你吗？""政府信任：你对省市（县）政府信任吗？""地方信任：你对村委及村民小组干部信任吗？"分组比较结果如表 8-4 所示。

表 8 - 4　两类家庭信任与团结比较结果

信任类型	家庭类型	均值	标准差	均值差/sig.
社会信任	非贫困家庭	6.22	2.463	0.80 *** /0.00
	贫困家庭	5.42	3.122	
政府信任	非贫困家庭	5.97	2.959	0.90 *** /0.04
	贫困家庭	5.07	3.305	
地方信任	非贫困家庭	8.11	3.112	-0.35 * /0.29
	贫困家庭	8.46	2.914	

　　贫困家庭在"社会信任"和"政府信任"两项上显著低于非贫困家庭，在"地方信任"项上却高于非贫困家庭。然而观察三项信任的均值发现，村民对村民小组干部的信任度高于对其他村民以及省市政府，这一结果在农村社会是有传统的。就目前而言，村民小组干部是村民自主选举出来的，也是离村民最近的"官"，换言之，是村民除家人外最信任的人。

　　3. 集体行动与合作

　　在家庭联产承包责任制实行之前，村民的生产活动是以集体为单位的，分产到户后，农村的生产活动转变为以家庭为单位进行。在调查中发现，村民所参与的集体活动基本上限于婚丧嫁娶事项，在生产领域和公共事业方面较少。

　　为考察村民对集体行动的态度，我们设计了一项公共事业的参与意愿选项："如果本村需要修通向外部的马路，你认为村里的人一起来合作做这件事可能吗？"结果在全部问卷中有 215 户选择"很有可能"，173 户选择"有可能"，二者合计占比为 84.16%。但以收入分组后发现，两类家庭在对待集体事务的态度上存在一定的差异，非贫困家庭明显好于贫困家庭（见表 8 - 5）。

表 8 - 5　两类家庭集体行动与合作比较结果

家庭类型	均值	标准差	均值差/sig.
非贫困家庭	8.05	2.13	0.33 ** /0.13
贫困家庭	7.72	2.61	

4. 信息与交流

在较早的文献中，主要使用人们使用电话的次数和时长来考察他们对外信息交流情况，但由于电话通信包括正式的工作联系，也包括传统亲缘联系，这一指标的可信度并不高。在互联网普及的当下，亲情联系更多地被互联网即时通信替代，电话在信息交流中的重要性反而更突出。我们通过"过去一个月内您接听和打出电话有多少次？"来度量这一指标，填写10次以下或"不多""很少"的有115户，而填写10～49次或"较多"的有232户，填写50次以上及"很多"的有114户，分别占24.95%、50.33%和24.73%。而贫困户的上述选项占比分别为32.2%、48.5%和20.3%，并没有显著差别。有意思的是，为了进一步考察村民对外信息交流的内容和性质，问卷中对打电话的目的设计了4个选项，分别为：工作、亲人联系、生活需要、消费。总体来看，单选"工作"的仅有29户，选择包含"工作"的有167户，占比为36.23%，而单选"亲人联系"的有143户，选择包含"亲人联系"的有343户，占比分别达到31.02%和74.40%，这表明基于业缘的联系在农村已经有了较大进展。

在我国经济结构转型期，民众与政府之间的信息交流及其交流渠道也是非常重要的，为此，我们设计了对村民了解政府行为的信息渠道问题，并且设计了14个选项来考察这一问题。由于要求受访者只能从14个备选答案中选择3个，所以我们能够在后续数据处理中进行赋值处理。结果显示，选择通过"亲戚、朋友或邻居"和"电视"的分别有346户和372户，占比非常高，分别为75.05%和80.69%，其他的如"村庄公告栏""村庄领导""国家报纸""广播"分别有105户、107户、105户、109户选择，而"团体组织或协会""企业""非政府组织"的仅有4户、1户和6户选择。显然，与村民生活相关的传统渠道是村民获取政府信息的主渠道，现代社会所强调的非政府团体组织等的作用仍嫌薄弱。

5. 社会凝聚力与包容力

这一项目考察的主要是人们对与他人差异的认识，以及安全感。本选项有两个问题。其一是："和你在一个地方生活的人在收入、社会地位、种族、信仰、年龄等方面有不同，你觉得这些不同会给你的生活带来影响吗？"我们姑且称之为"社会认同"。另一个问题是："当你一个人在家时你感到安全吗？"总体来看，回答"很安全"的有 224 户，占 48.59%，回答"适度安全"和"适中"的有 209 户，占 45.34%，而回答"有点不安全"和"很不安全"的仅分别有 20 户和 8 户，分别占 4.34% 和 1.74%。安全感是理解村民社会信任的重要方面，而在多数文献里，社会信任被等同于社会资本，在一个信任度高的社会里工作，能够促进交往，也能够有效地降低交易成本，从而利于经济效率的增进（袁振龙，2007），上述数据表明农村目前来看仍然是一个"熟人社会"。但两类家庭仍然存在差异，统计结果显示，不论是社会认同还是安全感，非贫困家庭仍然显著高于贫困家庭（见表 8-6）。

表 8-6　两类家庭社会凝聚力与包容力比较结果

方面	家庭类型	均值	标准差	均值差/sig.
社会认同	非贫困家庭	6.98	2.56	0.67***/0.00
	贫困家庭	6.31	3.16	
安全感	非贫困家庭	7.94	2.68	0.31**/0.01
	贫困家庭	7.63	2.74	

6. 权力与政治行动

权力与政治行动既包括村民行使权力和参与政治的意识，也考察实际的情况。在这一部分里有两个问题。其一是："一般情况下你觉得自己幸福吗？"另一个则是："你觉得你有能力来改变你的生活吗？"有 14 户回答"完全不可能"，而有 53 户则回答"完全有能力"，回答"大部分情况下不能"和"大部分情况下能"的分别为 214 户和 175 户。虽然总体上来看，持肯定和怀疑态度的基本持平，但近一半人不相信自己有能力改变自己，这一比例是显著过高的。由表 8-7 可见，两类家庭在权力和政治行动上存在一定的差别。

表 8-7　两类家庭权力和政治行动比较结果

方面	家庭类型	均值	标准差	均值差/sig.
幸福感	非贫困家庭	6.70	3.14	0.34***/0.02
	贫困家庭	6.36	3.45	
能力认同	非贫困家庭	4.82	2.94	0.17/0.61
	贫困家庭	4.64	2.788	

四　农村贫困的"关系"性质

从上述数据分析结果可见，总体而言贫困家庭的社会资本水平低于非贫困家庭，尽管社会资本是它们可利用的为数不多的资源。这给我们以强烈的暗示，社会资本影响农村家庭收入。但社会资本是如何影响农村家庭收入的？对此仍存在较多争议，文献大多使用人均收入作为衡量居民收入的指标，但对于农村家庭而言，用家庭总收入来衡量收入水平以讨论社会资本的作用更符合实际，因为社会资本是一种网络性资源，不论是一个家庭内某一个体还是整个家庭的网络资源，它对收入的作用都应该是一种"家庭边际"的贡献。另外，在调查中我们也发现，虽然农村家庭人口规模存在差异，但家庭主要劳动者的数量较为接近，成员较多的家庭往往具有较多的没有劳动能力的老人或未成年子女，他们对家庭收入的贡献显然不能用"平均"来描述。为了讨论社会资本与农村家庭收入的关系，根据Narayan 和 Pritchett（1999）等的思路，我们建立模型：

$$\ln I_i = \alpha + \beta_1 SC_i + \beta_2 Z_i + \varepsilon_i \tag{8-1}$$

其中，I 表示家庭收入，SC 为家庭社会资本，Z 为家庭特征变量，包括家庭人口规模、户主受教育程度、户主政治面貌、土地流转情况等，ε 为随机项。

对模型（8-1）进行回归，结果如表8-8所示。从列（1）可见，家庭特征和社会资本在家庭收入中的作用不尽相同。户主受教育程度与家庭收入之间存在显著正相关，这印证了教育回报在农村家庭层面是存在的。此外，户主政治面貌也影响家庭收入，户主是中共党员的家庭收入显著要高。在一些文献中，农村家庭户主的中共党员身份是社会资本的一种替代（李爽、陆铭和佐藤宏，2008）。总体而言，6 类社会资本对家庭收入均具有正向影响。显然，农村仍然是一个传统社会，基于传统社会关系的社会资本对农村家庭收入具有重要作用。但不同类别的社会资本的作用程度和效果存在差异，"群体与网络"和"信任与团结"显著影响家庭收入，这表明对于农村家庭而言，传统的亲缘关系和地缘关系仍然是人们进行经济活动的主要纽带，具有越多亲缘圈层的家庭会有越多的获得收入的机会。

在本次调查中，由于我们更多地从农民对地方政府、村民小组干部的信任角度来定义信任，则"信任与团结"的影响高度显著的结果也表明，农民的经济行为仍然较多地从传统经营中获得，这种来自基层组织中的信息和资源是农民获得收入的主要依靠。

表 8－8　农村家庭收入的回归结果

变量	（1）全样本	（2）非贫困家庭	（3）贫困家庭	（4）四口及以上家庭	（5）三口及以下家庭
常数项	9.083*** (0.090)	8.284*** (0.302)	8.408*** (0.340)	9.092*** (0.322)	9.020*** (0.366)
户主受教育程度	0.022* (0.422)	0.029* (0.076)	0.093* (0.085)	0.043* (0.099)	0.017* (0.219)
户主政治面貌	0.122** (0.121)	0.027 (0.098)	0.024 (0.151)	0.219** (0.127)	-0.018 (0.484)
家庭人口规模	0.119*** (0.032)	0.211*** (0.044)	0.173*** (0.035)		
土地流转情况	-0.103 (0.113)	0.025 (0.095)	-0.153* (0.123)	-0.093 (0.118)	0.027 (0.681)
群体与网络	0.064*** (0.013)	0.040*** (0.011)	0.005* (0.014)	0.074*** (0.014)	0.030** (0.036)
信任与团结	0.016*** (0.011)	0.004 (0.012)	-0.005 (0.011)	0.007 (0.014)	0.041* (0.038)
集体行动与合作	0.002 (0.013)	0.003 (0.012)	0.001 (0.011)	0.008 (0.014)	0.051* (0.038)
信息与交流	0.008 (0.011)	0.018** (0.020)	0.002 (0.012)	0.008* (0.012)	-0.006* (0.026)
社会凝聚力与包容力	0.006* (0.011)	0.008* (0.010)	-0.005 (0.010)	0.008 (0.012)	0.005 (0.026)
权力与政治行动	0.007* (0.012)	0.007* (0.011)	-0.001 (0.015)	0.009 (0.013)	0.003 (0.032)
安全感	-0.005 (0.013)	0.008* (0.012)	-0.013** (0.010)	-0.012* (0.014)	0.023* (0.036)
模型决定系数 R^2	0.149	0.276	0.292	0.139	0.102

注：括号内的值是标准差。

为了观察社会资本在不同收入家庭中的作用，我们分别对非贫困家庭和贫困家庭进行了回归，结果如列（2）和列（3）所示。总体而言，各类社会资本在非贫困家庭中对收入的作用均比贫困家庭要强，但作用机制发生了一些变化。列（3）中，"信任与团结"的系数为负，但不显著，可能的解释是贫困家庭与基层组织之间具有不紧密的关系，它们利用地方资源和关系的能力要劣于非贫困家庭。在列（2）中，"信息与交流"的系数显著为正，这体现了非贫困家庭与外界沟通的现状和能力。列（3）中，贫困家庭"社会凝聚力与包容力""权力与政治行动"两类社会资本的系数均为负，虽不显著，但也暗示了穷人群体对社会事务的观察和参与是有限的，对个人的政治权利的重视不够，从而不能在相关领域获得资源。

在调查中，我们发现农村家庭以大家庭为主，4口及以上家庭是农村家庭的主体，这不仅大于城市家庭人口规模，也高于全国第六次人口普查的数据。人口增长与经济发展之间存在极其重要的关系，人口提供了投入所需的劳动要素，但人口也是产出的消费者。在传统经济下，劳动是主要投入，这也凸显了人口对家庭收入的重要性。为考察家庭人口规模与收入的关系，我们在列（4）和列（5）中分别就四口及以上家庭和三口及以下家庭进行回归，结果显示，6类社会资本在四口及以上家庭中对收入的作用总体上要优于三口及以下家庭。

我们也考察了土地流转对不同家庭收入的作用，土地流转在很多农村地区已经占有较高比例。在调查中我们发现，农民对待土地流转的态度存在差异，以农业生产经营为主要收入来源的家庭，以及人口较多的家庭对土地有较深的感情，不愿意进行土地流转。而长年外出务工人员则对土地的态度较为客观。从回归结果来看，贫困家庭和四口及以上家庭的土地流转情况系数为负，表明土地流转实际上对其收入存在负面影响，这也印证了调查时的部分猜想。此外，我们把"社会凝聚力与包容力"中的一个独立指标，即"当你一个人在家时你感到安全吗？"纳入了回归，发现两类家庭存在差异，贫困家庭体现出明显的不安全感，在民风淳朴的农村，即使是一个熟人社会，收入差距仍然带来人们对社会认识的差异。

五 结论与启示

基于本章研究得到如下结论。（1）农村家庭的社会资本在不同收入家庭中的分配存在明显差异，贫困家庭的社会资本水平明显低于非贫困家庭。（2）社会资本对贫困家庭收入的作用总体上优于非贫困家庭。社会资本作为一种关系型资本，蕴含着农民可从中获得的资源和机会，贫困家庭可使用的社会资本虽然少于非贫困家庭，但由于它们在其他方面可利用的资源更少，从而凸显了社会资本在贫困家庭中的作用。（3）贫困家庭主要依赖传统的农业经营，其行为方式也更加具有传统农耕体系下的特征，子女较多，家庭人口规模大，对现代社会经济的认知程度较低。

农村贫困长期制约落后地区的发展和现代化转型，推进农村贫困家庭的减贫脱贫对我国实现区域总体性脱贫、奠定转型发展的结构基础具有重要意义。本章研究得到的主要结论，给农村地区的经济发展带来诸多启示。第一，投资社会资本，提高和增加农村家庭获得资源的能力和机会。作为一种关系型资本，社会资本不像物质资本和人力资本那样具有清晰的投资路径，投资效果也无法在短时期内体现，但我们仍然可以通过改善农村的信息网络体系、健全农村基层管理规范、加强农村与外界的交流来营建促进社会资本积累的宏观环境。第二，转变农业发展方式，推进农村社会的现代化转型。我国农业发展落后的根本原因在于农业生产方式的传统性质，家庭既是生产主体又是消费主体，导致农民只有基于消费来进行生产决策，因而能够利用的资源局限于农业生产体系内部。转变农业发展方式，引进农业生产的企业化主体，使农民能够借助现代市场体系来配置优化资源，从根本上改变其社会资本的结构和性质，从而获得摆脱贫困的能力。

参考文献

[1] 阿马蒂亚·森.2002.以自由看待发展［M］.任赜，于真，译.北京：
    中国人民大学出版社.

[2] 埃莉诺·奥斯特罗姆.2003.社会资本：流行的狂热抑或基本的概念?
    ［J］.经济社会体制比较（2）：26－34.

[3] 车四方.2019.社会资本与农户多维贫困［D］.西南大学博士学位论文.

[4] 陈鹏，李建贵.2018.财政支农资金的减贫增收效应分析［J］.西北农
    林科技大学学报（社会科学版），18（5）：137－145.

[5] 陈伟，白彦.2013.城乡一体化进程中的政府基本公共服务标准化
    ［J］.政治学研究（1）：85－93.

[6] 陈燕凤，夏庆杰.2018.中国多维扶贫的成就及展望［J］.劳动经济研
    究（6）：70－93.

[7] 陈云松，范晓光.2011.社会资本的劳动力市场效应估算——关于内
    生性问题的文献回溯和研究策略［J］.社会学研究（1）：167－195.

[8] 崔姹，孙文生，李建平.2011.基于 VAR 模型的农业贷款、财政支农
    对农民收入增长的动态性分析［J］.广东农业科学（1）：235－238.

[9] 戴亦一，潘越，刘新宇.2014.社会资本、政治关系与我国私募股权
    基金投融资行为［J］.南开管理评论（4）：88－97.

[10] 邓菊秋，王祯敏，尹志飞.2018.改革开放 40 年我国财政支农政策
    的成效、问题与展望［J］.贵州财经大学学报（5）：11－16.

[11] 丁建军.2014.多维贫困的理论基础、测度方法及实践进展［J］.西
    部论坛，24（1）：61－70.

[12] 方迎风.2012.中国贫困的多维测度［J］.当代经济科学，34（4）：
    7－15.

[13] 冯海发，李溦.1993.我国农业为工业化提供资金积累的数量研究

[J].经济研究 (9)：60-64

[14] 冯贺霞，王小林，夏庆杰.2015.收入贫困与多维贫困关系分析
[J].劳动经济研究，3 (6)：38-58.

[15] 高虹，陆铭.2010.社会信任对劳动力流动的影响——中国农村整合
型社会资本的作用及其地区差异 [J].中国农村经济 (3)：12-24.

[16] 高群，华晓月.2018.江西省财政支农资金绩效评价及优化建议
[J].广东农业科学，45 (1)：151-159.

[17] 高远东，温涛，王小华.2013.中国财政金融支农政策减贫效应的空
间计量研究 [J].经济科学 (1)：36-46.

[18] 葛笑如.2015.农民工参与流入地基层民主政治的行动逻辑——以苏
南农村为例 [J].湖北社会科学 (12)：28-35.

[19] 官建强，张兵.2008.农户借贷对其收入影响的实证分析——基于江
苏农户调查的经验数据 [J].江苏社会科学 (3)：223-227.

[20] 郭建宇，吴国宝.2012.基于不同指标及权重选择的多维贫困测量——
以山西省贫困县为例 [J].中国农村经济 (2)：12-20.

[21] 郭敬，邢帅.2019.劳动力转移、土地流转对我国农业生产和农民收
入的影响 [J].哈尔滨师范大学社会科学学报 (2)：57-60.

[22] 郭娅娟.2013.农村劳动力转移中的社会资本约束及突破 [J].农业
经济 (9)：85-86.

[23] 郭云南，姚洋，Jeremy Foltz.2012.宗族网络、农村金融与平滑消费：
来自中国11省77村的经验 [J].中国农村观察 (1)：32-45.

[24] 郭云南，姚洋.2013.宗族网络与农村劳动力流动 [J].管理世界
(3)：69-81.

[25] 贺志武，胡伦.2018.社会资本异质性与农村家庭多维贫困 [J].华
南农业大学学报 (社会科学版) (3)：20-31.

[26] 洪业应.2020.农业劳动力转移的减贫效应分析——基于重庆涪陵的
实践检验 [J].台湾农业探索 (1)：30-35.

[27] 胡必亮.2004."关系"与农村人口流动 [J].农业经济问题 (11)：
36-42+80.

[28] 胡枫，陈玉宇.2012.社会网络与农户借贷行为——来自中国家庭动
态跟踪调查 (CFPS) 的证据 [J].金融研究 (12)：178-192.

[29] 胡金焱.2015.民间借贷、社会网络与贫困脆弱性[J].山东师范大学学报（人文社会科学版），60（4）：17-27.

[30] 胡静林.2016.加大财政扶贫投入力度 支持打赢脱贫攻坚战[J].行政管理改革（8）：12-15.

[31] 胡荣.2006.社会资本与中国农村居民的地域性自主参与——影响村民在村级选举中参与的各因素分析[J].社会学研究（2）：61-85.

[32] 黄寿峰.2016.财政支农、金融支农促进了农民增收吗？——基于空间面板分位数模型的研究[J].财政研究（8）：78-90.

[33] 江燕.2016.社会转型背景下中国农村村级治理改革探析[J].经济研究导刊（10）：31-32.

[34] 江媛.2015.社会资本理论下的贫困代际传递问题研究——以江西吉水县农村贫困研究为例[D].南昌大学硕士学位论文.

[35] 蒋乃华，卞智勇.2007.社会资本对农村劳动力非农就业的影响——来自江苏的实证[J].管理世界（12）：158-159.

[36] 肯尼斯·纽顿.2012.信任、社会资本、公民社会与民主[J].于宝英，索娟娟，译.国外理论动态（12）：58-66

[37] 李冰冰，王曙光.2013.社会资本、乡村公共品供给与乡村治理——基于10省17村农户调查[J].经济科学（3）：67-71.

[38] 李昌平.2017.大国策：市场化小农户与反贫困长效机制建设[J].海派经济学，15（4）：168-175.

[39] 李谷成，李烨阳，周晓时.2018.农业机械化、劳动力转移与农民收入增长——孰因孰果？[J].中国农村经济（11）：112-127.

[40] 李恒.2006.外出务工促进农民增收的实证研究——基于河南省49个自然村的调查分析[J].农业经济问题，27（7）：23-26.

[41] 李华，李志鹏.2018.社会资本对家庭"因病致贫"有显著减缓作用吗？——基于大病冲击下的微观经验证据[J].财经研究（6）：77-93.

[42] 李晴.2014.具有社会凝聚力导向的社区公共空间特性研究——以上海创智坊和曹杨一村为例[J].城市规划学刊（4）：88-97.

[43] 李锐，李宁辉.2004.农户借贷行为及其福利效果分析[J].经济研究（12）：96-104.

［44］李爽，陆铭，佐藤宏.2008. 权势的价值：党员身份与社会网络的回报在不同所有制企业是否不同？［J］.世界经济文汇（6）：23－29.

［45］李溦.1993. 农业剩余与工业化资本积累［M］.云南人民出版社：302－303.

［46］李祥云.2010. 我国农业财政投入绩效评估及进一步提升之见解［J］.现代财经（天津财经大学学报），30（10）：57－62.

［47］李小云，张雪梅，唐丽霞.2005. 当前中国农村的贫困问题［J］.中国农业大学学报，10（4）：67－74

［48］李燕凌，刘远风.2013. 城乡差距的内生机制：基于公共服务资本化的一个分析框架［J］.农业经济问题（4）：15－23.

［49］李燕凌，欧阳万福.2011. 县乡政府财政支农支出效率的实证分析［J］.经济研究，46（10）：110－122＋149.

［50］李玉恒，王艳飞，刘彦随.2016. 我国扶贫开发中社会资本作用机理及效应［J］.中国科学院院刊（3）：11－18.

［51］李珍刚，罗华林.2018. 走出困局：民族地区农村集体经济回归与成长中的公共治理——以广西德保县东凌镇新屯村为例［J］.贵州社会科学（1）：139－147.

［52］林南，俞弘强.2003. 社会网络与地位获得［J］.马克思主义与现实（2）：46－59.

［53］林南.2005. 社会资本：关于社会结构与行动的理论［M］.上海：上海人民出版社.

［54］林万龙.2007. 中国农村公共服务供求的结构性失衡：表现及成因［J］.管理世界（9）：62－68.

［55］林毅夫，孙希芳.2005. 信息、非正规金融与中小企业融资［J］.经济研究（7）：35－44.

［56］刘彬彬，陆迁，李晓平.2014. 社会资本与贫困地区农户收入——基于门槛回归模型的检验［J］.农业技术经济（11）：41－51.

［57］刘坚，主编.2006. 新阶段扶贫开发的成就与挑战［M］.北京：中国财政经济出版社.

［58］刘林平，张春泥.2007. 农民工工资：人力资本、社会资本、企业制度还是社会环境？——珠江三角洲农民工工资的决定模型［J］.社会

学研究（6）：114 - 137.

[59] 刘祖云，韩鹏云.2012. 乡村社区公共品供给模式变迁：历史断裂与接合——基于乡村秩序演进的理论视角［J］.南京农业大学学报（社会科学版）（1）：1 - 8.

[60] 陆铭，蒋仕卿，陈钊，佐藤宏.2013. 摆脱城市化的低水平均衡——制度推动、社会互动与劳动力流动［J］.复旦学报（社会科学版），55（3）：48 - 64 + 166 - 167.

[61] 陆铭，张爽，佐藤宏.2010. 市场化进程中社会资本还能够充当保险机制吗？——中国农村家庭灾后消费的经验研究［J］.世界经济文汇（1）：16 - 38.

[62] 陆铭，张爽.2008. 劳动力流动对中国农村公共信任的影响［J］.世界经济文汇（4）：77 - 87.

[63] 罗东，矫健.2014. 国家财政支农资金对农民收入影响实证研究［J］.农业经济问题（12）：48 - 52.

[64] 罗连发，叶初升.2015. 社会资本、技术采用与扶贫政策质量——基于计算经济学的仿真分析［J］.财经科学（2）：100 - 110.

[65] 罗连发.2012. 社会资本与农村减贫研究［D］.武汉大学博士学位论文.

[66] 骆永民，樊丽明.2012. 中国农村基础设施增收效应的空间特征［J］.管理世界（5）：71 - 87.

[67] 马红梅，陈柳钦.2012. 农村社会资本理论及其分析框架［J］.河北经贸大学学报（2）：10 - 19.

[68] 马宏，张月君.2019. 不同社会关系网络类型对农户借贷收入效应的影响分析［J］.经济问题（9）：25 - 31.

[69] 马轶群，孔婷婷.2019. 农业技术进步、劳动力转移与农民收入差距［J］.华南农业大学学报（社会科学版）（6）：35 - 44.

[70] 彭文慧，李恒.2018. 社会资本的差异分配与农村减贫——基于山东、河南、陕西三省的调查分析［J］.经济学家（9）：98 - 104.

[71] 彭文慧.2007. 外出务工、智力回流与欠发达区域经济发展问题研究［J］.河南大学学报（社科版）（3）：99 - 103.

[72] 彭文慧.2013. 社会资本与区域经济增长——基于空间计量经济学的

研究 ［M］.北京：社会科学文献出版社.

［73］ 彭文慧.2014. 社会资本、劳动力流动与农民收入区域差异 ［J］.当代经济研究（1）：84－88.

［74］ 彭志敏.2018. 财政支农对农业经济增长的影响实证 ［J］.农业工程，8（12）：115－117.

［75］ 漆学科.2017. 改革开放以来我国财政支农政策的演变历程及启示 ［J］.攀登（4）：62－65.

［76］ 申云.2016. 社会资本、二元金融与农户借贷行为 ［J］.经济评论（1）：80－90＋146.

［77］ 沈扬扬，詹鹏，李实.2018. 扶贫政策演进下的中国农村多维贫困 ［J］.经济学动态（7）：53－66.

［78］ 史恒通，赵伊凡，吴海霞.2019. 社会资本对多维贫困的影响研究 ［J］.农业技术经济（1）：86－99.

［79］ 世界银行.2001. 世界发展报告（2000/2001）［M］.北京：中国财政经济出版社.

［80］ 舒黎.2017. 人力资本视域下农村家庭贫困代际传递研究 ［D］.华中农业大学硕士学位论文.

［81］ 孙博文，李雪松，伍新木.2016. 社会资本的健康促进效应研究 ［J］.中国人口科学（6）：98－106.

［82］ 孙泽宇，齐保垒.2020. 非正式制度的有限激励作用——基于地区信任环境对企业创新影响的实证研究 ［J］.山西财经大学学报（3）：31－46.

［83］ 唐为，陆云航.2011. 社会资本影响农民收入水平吗——基于关系网络、信任与和谐视角的实证分析 ［J］.经济学家（9）：77－85.

［84］ 托马斯·福特·布朗.2000. 社会资本理论综述 ［M］.木子西，译.北京：社会科学文献出版社.

［85］ 汪海洋，孟全省，亓红帅等.2014. 财政农业支出与农民收入增长关系研究 ［J］.西北农林科技大学学报（社会科学版），14（1）：72－79.

［86］ 王爱琴.2014. 西方公共选择理论述评 ［J］.齐鲁学刊（5）：103－106.

［87］ 王博.2017. 农村劳动力流动减贫效应实证研究——基于甘肃省14个贫困村的调查 ［D］.西北师范大学硕士学位论文.

[88] 王春超，周先波.2013.社会资本能影响农民工收入吗？——基于有序响应收入模型的估计和检验 [J].管理世界（9）：55-68.

[89] 王德文，蔡昉，张国庆.2008.农村迁移劳动力就业与工资决定：教育与培训的重要性 [J].经济学（季刊）（7）：1131-1148.

[90] 王恒，秦国庆，王博，朱玉春.2019.社会资本、金融借贷与农户多维贫困——基于秦巴山区3省的微观调查数据 [J].中国人口·资源与环境（11）：167-176.

[91] 王恒彦，卫龙宝，郭延安.2013.农户社会资本对农民家庭收入的影响分析 [J].农业技术经济（10）：28-38.

[92] 王红.2018.农村劳动力转移减贫的作用机理 [J].农业经济（11）：72-73.

[93] 王洪涛，李伟，于海霞.2010.促进农村劳动力转移有效增加农民收入的几点建议 [J].农业与技术（5）：9-10.

[94] 王萍萍，徐鑫，邸彦宏.2015.中国农村贫困标准问题研究 [J].调研研究（8）：3-8.

[95] 王喜鹊.2019.社会网络对苹果专业户收入的影响 [D].西北农林科技大学硕士学位论文.

[96] 王小林，Sabina Alkire.2009.中国多维贫困测量：估计和政策含义 [J].中国农村经济（12）：4-10.

[97] 王银梅，刘丹丹.2015.我国财政农业支出效率评价 [J].农业经济问题，36（8）：49-55+111

[98] 王志标.2005.阿马蒂亚·森的贫困思想述评 [J].北京工业大学学报（社会科学版），5（3）：5-10.

[99] 温忠麟，张雷，侯杰泰等.2004.中介效应检验程序及其应用 [J].心理学报（5）：614-620.

[100] 吴本健，郭晶晶，马九杰.2014.社会资本与农户风险的非正规分担机制：理论框架与经验证据 [J].农业技术经济（4）：4-13.

[101] 武美闯.2005.家庭社会资本与家庭收入关系的实证检验 [J].太原理工大学学报（社会科学版）（4）：38-41.

[102] 谢爱磊，洪岩璧.2017.社会资本概念在教育研究中的应用——综述与评论 [J].清华大学教育研究，38（1）：21-30.

[103] 谢勇，李放 . 2008. 贫困代际间传递的实证研究——以南京市为例 [J]. 贵州财经学院学报（1）：94 - 97.

[104] 辛冲冲，陈志勇 . 2017. 我国财政支农支出与农业经济增长——基于 LMDI 分解法的研究 [J]. 上海经济研究（3）：78 - 86.

[105] 邢成举，李小云 . 2018. 超越结构与行动：中国特色扶贫开发道路的经验分析 [J]. 中国农村经济（11）：32 - 47.

[106] 邢成举 . 2017. 结构性贫困对贫困代际传递的影响及其破解——基于豫西元村的研究 [J]. 中州学刊（2）：42 - 47.

[107] 徐刚，鲍旺虎 . 2003. 农村劳动力转移与农民收入增长关系的探讨 [J]. 安徽农业大学学报（社会科学版）（4）：32 - 34.

[108] 徐伟，章元，万广华 . 2011. 社会网络与贫困脆弱性——基于中国农村数据的实证分析 [J]. 学海（4）：122 - 128.

[109] 徐振斌，彭小菊，冯建林 . 2008. 四川农村劳动力转移、农民收入及消费调查 [J]. 宏观经济研究（3）：24 - 28.

[110] 许经勇 . 2001. 我国农民收入增幅减缓的症结：剩余农业劳动力转移受阻 [J]. 财经问题研究（7）：3 - 8.

[111] 严丽娜 . 2019. 农村劳动力转移的减贫效应研究——基于多维贫困视角 [D]. 云南财经大学硕士学位论文 .

[112] 阳俊雄 . 2004. 我国农村劳动力转移速度放慢 [J]. 中国国情国力（5）：18 - 19.

[113] 杨晶 . 2014. 多维视角下农村贫困的测度与分析 [J]. 华东经济管理，28（9）：33 - 38.

[114] 杨瑞龙，王宇锋，刘和旺 . 2010. 父亲政治身份、政治关系和子女收入 [J]. 经济学（季刊），9（3）：871 - 890.

[115] 叶静怡，周晔馨 . 2010. 社会资本转换与农民工收入——来自北京农民工调查的证据 [J]. 管理世界（10）：34 - 46.

[116] 尹海洁，关士续 . 2004. 城市贫困人口贫困状况的代际比较研究 [J]. 统计研究（8）：45 - 49.

[117] 余攀 . 2010. 改革前后我国城乡居民收入差距比较研究 [D]. 武汉科技大学硕士学位论文 .

[118] 袁振龙 . 2007. 社会资本与社会安全——关于北京城乡结合部地区

增进社会资本促进社会安全的研究 [J].兰州学刊（10）：96-99.

[119] 张定胜，杨小凯.2000.从交易成本的角度看贸易模式、经济发展和二元经济现象 [J].武汉大学学报（人文社会科学版）（3）：314-318.

[120] 张桂文，王青，张荣.2018.中国农业劳动力转移的减贫效应研究 [J].中国人口科学（4）：18-29.

[121] 张红丽，孙明雪.2018.制度环境、社会资本与财政支农减贫效应分析 [J].北方园艺（18）：185-192.

[122] 张建国，郭平.2018.广西财政支农的效率问题研究 [J].湖北农业科学，57（1）：141-145

[123] 张建华，陈立中.2006.总量贫困测度研究述评 [J].经济学季刊，5（4）：675-694.

[124] 张建杰.2008.农户社会资本及对其信贷行为的影响——基于河南省397户农户调查的实证分析 [J].农业经济问题（9）：28-34+111.

[125] 张杰飞.2019.农村劳动力转移对减贫的影响——基于区域异质性的视角 [J].社会科学家（1）：53-61.

[126] 张磊，伏绍宏.2019.劳动力转移促进还是抑制了贫困户脱贫？——基于凉山彝族聚居区237户农民的调查 [J].云南民族大学学报（哲学社会科学版）（5）：55-63.

[127] 张强，张映芹.2015.财政支农对农民人均纯收入影响效应分析：1981-2013——基于陕西省县际多维要素面板数据的实证 [J].西安交通大学学报（社会科学版），35（5）：93-98.

[128] 张全红，李博，周强.2017.中国多维贫困的动态测算、结构分解与精准扶贫 [M].财经研究（4）：31-40.

[129] 张全红，周强.2015a.中国贫困测度的多维方法和实证应用 [J].中国软科学（7）：29-41.

[130] 张全红，周强.2015b.中国农村多维贫困的动态变化：1991—2011 [J].财贸研究（6）：22-29.

[131] 张爽，陆铭，章元.2007.社会资本的作用随市场化进程减弱还是加强？——来自中国农村贫困的实证研究 [J].经济学季刊（2）：540-560.

[132] 张顺，陈芳 .2012. 社会资本与城市居民社会经济地位认同 [J]. 西安交通大学学报（社会科学版），32（3）：95 – 100.

[133] 章元，陆铭 .2009. 社会网络是否有助于提高农民工的工资水平？[J]. 管理世界（3）：45 – 54.

[134] 赵剑治，陆铭 .2009. 关系对农村收入差距的贡献及其地区差异——一项基于回归的分解 [J]. 经济学季刊（1）：363 – 390.

[135] 赵静 .2015. 中国农村小额信贷发展对策研究 [D]. 山东大学硕士学位论文 .

[136] 赵静 .2018. 中国农村居民贫困代际传递的统计研究 [D]. 安徽财经大学硕士学位论文 .

[137] 赵羚雅 .2019. 社会资本、民间借贷与农村居民贫困 [J]. 经济经纬（5）：33 – 40.

[138] 赵伟，李芬 .2007. 异质性劳动力流动与区域收入差距：新经济地理学模型的扩展分析 [J]. 中国人口科学（1）：27 – 35.

[139] 赵延东，洪岩璧 .2013. 网络资源、社会闭合与宏观环境——教育获得中的社会资本研究及发展趋势 [J]. 社会学评论，1（4）：42 – 51.

[140] 赵振宗 .2011. 正规金融、非正规金融对家户福利的影响——来自中国农村的证据 [J]. 经济评论（4）：89 – 95.

[141] 钟成林，巢文 .2013. 农业现代化、人力资本、财政支农与农民增收研究 [J]. 湖南工业大学学报（社会科学版），18（5）：60 – 64.

[142] 钟慧笑 .2016. 教育扶贫是最有效、最直接的精准扶贫——访中国教育学会会长钟秉林 [J]. 中国民族教育（5）：22 – 24.

[143] 周常春，刘剑锋，石振杰 .2016. 贫困县农村治理"内卷化"与参与式扶贫关系研究——来自云南扶贫调查的实证 [J]. 公共管理学报（1）：81 – 89.

[144] 周广肃，樊纲，申广军 .2014. 收入差距、社会资本与健康水平——基于中国家庭追踪调查（CFPS）的实证分析 [J]. 管理世界（7）：12 – 21.

[145] 周群力，陆铭 .2009. 拜年与择校 [J]. 世界经济文汇（6）：19 – 34.

[146] 周文，李晓红 .2008. 社会资本与消除农村贫困：一个关系——认知分析框架 [J]. 经济学动态（6）：67 – 70.

[147] 周晔馨，叶静怡.2014.社会资本在减轻农村贫困中的作用：文献述评与研究展望［J］.南方经济（8）：35-57.

[148] 周晔馨.2012.社会资本是穷人的资本吗？——基于中国农户收入的经验证据［J］.管理世界（7）：83-95.

[149] 周晔馨.2013.社会资本在农户收入中的作用—基于中国家计调查（CHIPS2002）的证据［J］.经济评论（4）：47-57.

[150] 周玉龙，孙久文.2017.社会资本与农户脱贫——基于中国综合社会调查的经验研究［J］.经济学动态（4）：16-29.

[151] 朱万里，胡瑜杰.2019.财政支农、农业技术创新对农业经济增长的影响效应研究［J］.科学与管理（4）：73-80

[152] 朱信凯，彭廷军.2009.新型农村合作医疗中的"逆向选择"问题：理论研究与实证分析［J］.管理世界（1）：79-88.

[153] 邹薇，方迎风.2011.关于中国贫困的动态多维度研究［J］.中国人口科学（6）：49-59.

[154] 佐藤宏.2009.中国农村收入增长：1990-2002年［J］.世界经济文汇（4）：52-62.

[155] Alkire S，Foster J. 2008. Counting and multidimensional ［M］// Vom B J，Hill R V，eds. The Poorest and Hungry：Assessment，Analysis and Actions. Washington DC：International Food Policy Research Institute.

[156] Alkire S，Foster J. 2011. Counting and multidimensional poverty measurement ［J］. Journal of Public Economics，95（7）：476-487.

[157] Alkire S. 2002. Dimensions of human development ［J］. World Development，30（2）：181-205.

[158] Ambrus A，Mobius M，Szeidl A. 2010. Consumption risk-sharing in social networks ［R］. Harvard University Working Paper.

[159] Atkinson A B，Bourguignon F. 1982. The comparison of multi-dimensioned distributions of economic status ［J］. Review of Economic Studies，49（2）：183-201.

[160] Atkinson A B. 2003. Multidimensional deprivation：Contrasting social welfare and counting approaches ［J］. The Journal of Economic Inequality，1（1）：51-65.

[161] Bandiera O, Rasul I. 2006. Social networks and technology adoption in northern Mozambique [J]. The Economic Journal, 116 (10): 869 –901.

[162] Bourdieu P. 1980. Le capital social: Notes provisoires [J]. Actes De La Recherche En Sciences Sociales (3): 3 – 6.

[163] Bourdieu P. 1983. Forms of capital [M] // Richardson J G, ed. Handbook of Theory and Research for the Sociology of Education. New York: Greenwood Press: 241 – 258.

[164] Bramoullé Y, Kranton R. 2007. Risk – sharing networks [J]. Journal of Economic Behavior and Organization, 64 (3): 275 – 294.

[165] Cerioli A, Zani S. 1990. A fuzzy approach to the measurement of poverty [M]//Dagum C, Zenga M, eds. Income and Wealth Distribution, Inequality and Poverty. Heidelberg: The Springer Press: 272 – 284.

[166] Chantarat S, Barrett C B. 2011. Social network capital, economic mobility and poverty traps [J]. Journal of Economic Inequality, 2 (2): 1 – 22.

[167] Cleaver F. 2005. The inequality of social capital and the reproduction of chronic poverty [J]. World Development, 33 (6): 893 – 906.

[168] Coate S, Ravallion M. 1993. Reciprocity without commitment: Characterization and performance of informal insurance arrangements [J]. Journal of Development Economics, 40 (1): 1 – 24

[169] Coleman J S. 1988. Social capital in the creation of human capital [J]. The American Journal of Sociology, 94: 95 – 120.

[170] Coleman J S. 1990. Foundations of Social Theory [M]. Cambridge: Belknap Press.

[171] Collier P. 2002. Social capital and poverty: A microeconomic perspective [M]// Grootaert C, van Bastelaer T, eds. The Role of Social Capital in Development: An Empirical Assessment. Cambridge: Cambridge Press: 19 –41.

[172] Conchas, G Q. 2002. Family and nonfamily roots of social capital among Vietnamese and Mexican American children [J]. Research in the Sociology of Education (13): 41 – 72.

[173] Easterly W. 2006. The White Man's Burden: Why the West's Efforts to

Aid the Rest Have Done So Much Ill and So Little Good [M]. Oxford: Oxford University Press.

[174] Fan S, Zhang X. 2004. Infrastructure and regional economic development in rural China [J]. China Economic Review, 15 (1): 203 – 214.

[175] Frug G R. 2010. Fragmentation of local governance in America [J]. Journal or Urban and Metropolitan Affairs, 10 (2): 8 – 81.

[176] Gibson J, Olivia S. 2010. The effect of infrastructure access and quality on non-farm enterprises in rural Indonesia [J]. World Development, 38 (2): 717 – 726.

[177] Grootaert C, Narayan D, Jones V N, et al. 1998. Measuring social capital: An integrated questionnaire [R]. World Bank Working Paper No. 18.

[178] Grootaert C. 1999. Social capital, household welfare and poverty in Indonesia [R]. World Bank Policy Research Working Paper No. 6.

[179] Grootaert C. 2001. Does social capital help the poor: A synthesis findings from the local level institutions studies in Bolivia, Burkina Faso and Indonesia [R]. Local Level Institutions Working Paper No. 10.

[180] Grootaert C. 2002. Social capital, household welfare and poverty in Burkina Faso [J]. Journal of African Economies, 11 (1): 24 – 38.

[181] Guiso L, Sapienza P, Zingales L. 2004. The role of social capital in financial development [J]. American Economic Review, 94 (3): 526 – 556.

[182] Hagenaars A. 1987. A class of poverty indices [J]. International Economic Review (28): 583 – 607.

[183] Hanifan L J. 1916. The rural school community centre [J]. Annals of the American Academy of Political and Social Science, 67: 130.

[184] Karlan D. 2001. Microfinance impact assessments: The perils of using new members as a control group [J]. Journal of Microfinance, 48 (2): 76 – 85.

[185] Kugler A D. 2003. Employee referrals and efficiency wages [J]. Labour Economics, 10 (5): 531 – 556.

[186] Lewis O. 1959. Five Families: Mexican Case Studies in the Culture of

Poverty ［M］. New York：Basic Books.

［187］ Lewis O. 1976. Five Families：Mexican Case Studies in the Culture of Poverty ［M］. Souvenir Press.

［188］ Li H, Liu P, Ma N, Zhang J. 2005. Economic returns to communist party membership：Evidence from Chinese twins ［R］. Working Paper, Chinese University of Hong Kong.

［189］ Lin N, Vaughn JG, Ensel W M. 1981. Social resources and occupational status attainment ［J］. Social Forces, 59 （4）：1163 - 1181

［190］ Lin N. 2001. Social Capital：A Theory of Social Structure and Action ［M］. New York：Cambridge University Press.

［191］ Luo R, Zhang L, Huang J, et al. 2007. Elections, fiscal reform and public goods provision in rural China ［J］. Journal of Comparative Economics, 35 （3）：583 - 611.

［192］ Moyo D. 2009. Dead Aid：Why Aid Is Not Working and How There Is a Better Way for Africa ［M］. London：Allen Lane.

［193］ Munshi K, Rosenzweig M R. 2009. Why is mobility in India so low? Social insurance, inequality, and growth ［R］. NBER Working Papers No. 14850.

［194］ Narayan D, Pritchett L. 1999. Cents and sociability：Household income and social capital in rural Tanzania ［J］. Economic Development and Cultural Change, 47 （4）：871 - 897.

［195］ Narkse R. 1953. Problems of Capital Formation in Underdeveloped Countries ［M］. Oxford University Press.

［196］ Nussbaum M. 2003. Capabilities as fundamental entitlements：Sen and social justice ［J］. Feminist Economics, 9 （2）：33 - 59.

［197］ Ostrom E. 1999. Social capital：A fad or a foundamental concept? ［M］ // Dasgupta P, Serageldin I, eds. Social Capital：A Multifaceted Perspective. World Bank.

［198］ Putnam R D, Leonardi R, Nanetti R. Y. 1993. Making Democracy Work：Civic Traditions in Modern Italy ［M］. Princeton, NJ：Princeton University Press.

［199］ Putnam R D. 1995. Bowling alone：America's declining social capital

[J]. Journal of Democracy, 6 (1): 65 – 78.

[200] Ravallion M, Chen S. 1997. What can new survey data tell us about recent changes in distribution and poverty? [J]. World Bank Economic Review (11): 357 – 382.

[201] Ravallion M, Lokshin M. 2010. Who cares about relative deprivation? [J]. Journal of Economic Behavior and Organization, 73 (2): 171 – 185.

[202] Ream R K, Palardy G J. 2008. Reexamining social class differences in the availability and the educational utility of parental social capital [J]. American Educational Research Journal, 45: 238 – 273.

[203] Sachs J. 2005. The End of Poverty: Economic Possibilities for Our Time [M]. New York: Penguin Press.

[204] Sato H. The impact of village—Specific factors on household income in rural China: An empirical study using the 2002 CASS CHIP survey [R]. Discussion Papers 2006 – 09, Graduate School of Economics, Hitotsubashi University.

[205] Schultz T W. 1961. Investment in human capital [J]. The American Economic Review, 51 (1): 1 – 17.

[206] Sen A. 1976. Poverty: An ordinal approach to measurement [J]. Econometrica, 44: 219 – 231.

[207] Sen A. 1979. Issues in the measurement of poverty [J]. Scandinavian Journal of Economics, 81 (2): 285 – 307.

[208] Shigetomi S. 2006. Organizational capability of local societies in rural development: A comparative study of microfinance organizations in Thailand and the Philippines [R]. IDE Discussion Paper, No. 47.

[209] Sicular T, ed. 1989. Food Price Policy in Asia: A Comparative Study [M]. Ithaca: Cornell University Press.

[210] Smith S R. 1996. The transformation of public services: The contract rental of social and medical services in America [J]. The Journal of Public Administration, 74 (1): 74 – 76.

[211] Stiglitz J. 2000. Formal and informal institutions [M]// Dasgupta P, Serageldin I, eds. Social Capital: A Multifaceted Perspective. Wash-ington

DC：World Bank Publications.

[212] Tsai L L. 2007. Accountability Without Democracy：Solidary Groups and Public Goods Provision in Rural China ［M］. Cambridge University Press.

[213] UNDP. 2010. The Real Wealth of Nations：Pathways to Human Development ［M］. New York：Palgrave Macmillan.

[214] Watts H. 1968. An understanding definition poverty ［M］// Moynihan D P, ed. On Understanding Poverty. New York：Basic Books.

[215] Winters P, Davis B, Carletto G, et al. 2009. Assets, activities and rural income generation：Evidence from a multicountry analysis ［J］. World Development, 37（3）：1435 – 1452.

[216] Woolcock M, Narayan D. 2000. Social capital：Implications for development theory, research, and policy ［J］. World Bank Research Observer, 15（2）：225 – 249.

[217] World Bank. 2003. Measuring social capital—An integrated questionnaire (2003) ［R］. Working Paper No. 18

[218] World Bank. 2015. Purchasing Power Parities and the Real Size of World Economies ［M］. World Bank Press.

[219] World Bank. 1990. World Development Report 1990 ［M］. New York：Oxford University Press：2, 26 – 29

[220] Xu Y, Yao Y. 2009. Social networks enhance grassroots democracy：Surname groups and public goods provision in rural China ［R］. CCER Working Paper.

[221] Zak P, Knack S. 2001. Trust and growth ［J］. Economic Journal, 111：295 – 321.

[222] Zhang X, Fan S, Zhang L, et al. 2004. Local governance and public goods provision in rural China ［J］. Journal of Public Economics, 88（12）：2857 – 2871.

[223] Zhang X, Li G. 2003. Does guanxi matter to nonfarm employment? ［J］. Journal of Comparative Economics, 31（2）：315 – 331.

图书在版编目（CIP）数据

社会资本与农村减贫：理论及证据／彭文慧著. --
北京：社会科学文献出版社,2022.3
（河南大学哲学社会科学优秀成果文库）
ISBN 978 - 7 - 5201 - 9853 - 0

Ⅰ.①社… Ⅱ.①彭… Ⅲ.①社会资本 – 作用 – 农村
– 扶贫 – 研究 – 中国 Ⅳ.①F323.8

中国版本图书馆 CIP 数据核字（2022）第 040010 号

·河南大学哲学社会科学优秀成果文库·
社会资本与农村减贫：理论及证据

著　　者／彭文慧

出 版 人／王利民
责任编辑／田　康
责任印制／王京美

出　　版／社会科学文献出版社·经济与管理分社（010）59367226
　　　　　地址：北京市北三环中路甲 29 号院华龙大厦　邮编：100029
　　　　　网址：www. ssap. com. cn
发　　行／社会科学文献出版社（010）59367028
印　　装／三河市东方印刷有限公司

规　　格／开　本：787mm × 1092mm　1/16
　　　　　印　张：13.75　字　数：219 千字
版　　次／2022 年 3 月第 1 版　2022 年 3 月第 1 次印刷
书　　号／ISBN 978 - 7 - 5201 - 9853 - 0
定　　价／128.00 元

读者服务电话：4008918866